Bier! Das neue Lexikon klappt nach dem ziemlich teuer erkauften Erfolg von *Bier! Das Lexikon* (Leipzig 1997) den Deckel zu. Die letzten Geheimnisse werden gelüftet und gnadenlose, ja skrupulöse Urteile darüber gefällt, wie es um den aktuellen Stand der Weltbierproduktion bestellt ist. Kann die Menschheit hoffen, auch künftig vernünftige Rauscherzeuger serviert zu bekommen? Oder bahnt sich der totale Triumph der »Gerstenmultis« (Holger Sudau) an? *Bier! Das neue Lexikon* schreckt vor globaler Betrachtung genausowenig zurück wie vor kleingeistiger Partikularanalyse. Ob's dem Leser »schmeckt«? Er darf 1.742 neu geprüfte Marken »zur Brust« nehmen.

Jürgen Roth, geboren 1968, ist »Schnitzelethnologe« (Michael Rudolf) und lebt in Frankfurt am Main. Letzte Buchveröffentlichungen: *Kultur? Betrieb! – Essays und Polemiken zu Literatur und Geistesleben* (Münster 1999) und (zus. mit Kay Sokolowsky) *Der Dolch im Gewande – Komplotte und Wahnvorstellungen aus zweitausend Jahren* (Hamburg 1999). Demnächst erscheint: *Verona Feldbusch – Geschichte eines Lebens* (Zürich).

Jürgen Roth

Bier!

Das neue Lexikon

RECLAM VERLAG LEIPZIG

Mit 4 Abbildungen

ISBN 3-379-01676-4

© Reclam Verlag Leipzig 1999

Reclam-Bibliothek Band 1676
1. Auflage, 1999
Reihengestaltung: Hans Peter Willberg
Umschlaggestaltung: Stefan Seeberger
Gesetzt aus Stempel-Garamond
Satz: Peter Conrad, Brandis
Druck und Bindung: Ebner Ulm
Printed in Germany

Inhalt

Anhang

Grußwort

Hier ist es nun, das heißersehnte »Lexikon« des erklärten
Weizenbier- und Lagerfreundes Jürgen Roth – Weizenbier
und Lager, weil die jetzt »in« sind, wie er sagt. Schließlich
schmeckt ihm nur, was »in« ist. Bis zu dieser Erkenntnis war
es ein langer, steiniger Weg, das können Sie mir glauben.
Doch wenn irgendein dahergelaufener Deutscher Brauer-
Bund je auch nur ein Jota an diesem heiligen Werk zu
bemängeln hat, dann werde ich mit donnernder Faust auf
den Biertisch tippen und daran erinnern: Dieser Wahnsin-
nige hat sämtliche Getränkefachmärkte unserer Mutter Erde
systematisch leergekauft, ganze Lagerkeller komplett ausge-
trunken, fränkische Dorfwirte zu Millionären gemacht und
somit eine Nachfrage fintiert, die nicht nur kurzfristig den
Weltbierprokopfverbrauch in seiner Talfahrt bremste, sondern vielmehr zu himmlischen Höhen emporschnellen ließ.
Gewiß, die Methoden des Bonvivants Jürgen »Sektfrüh-
stück« Roth gelten in Fachkreisen mehrheitlich als umstrit-
ten. So läßt er sich noch immer nicht – auch nicht mit Geduld und guten Worten – davon abbringen, seine Biere eins
zu eins als Herrengedeck zu verkosten. Schampus ist bei ihm
ein »Muß«. Da fehlt die leitende Hand. Wie oft habe ich ihn
erinnern müssen: Jürgen, der Schaum ist immer oben. Oder:
Ein Doppelbock ist immer stärker als ein Helles. Oder:
Nimm die Zigarette beim Trinken aus dem Mund. Oder:
Nicht aus den Schuhen der Kellnerin trinken. Außerdem
schielt sie, hat Brüste für fünf, ein Holzbein und könnte
deine Großmutter sein.
Zu meinem Alptraumstandardrepertoire gehört der hier:
Eines gar nicht mal so fernen Tages wird er – wie immer mit-
ten in der Nacht – anrufen und brüllen, er habe neulich ein
Alpha Centauri Lager Weizen oder vom Planeten CX 320 B.

das Export Schwarzbier bekommen, das sei so sagenhaft, ob ich das schon kenne. Nein, würde ich dann gewohnt langmütig und mit festen Schlafkrümeln in den Augen entgegnen, nein, Jürgen, Lager Weizen von Alpha Centauri und Export Schwarzbier vom CX 320 B. hätte ich noch nicht. Und, würde ich ergänzen, so was gibt es auch gar nicht, Jürgen. Ist gut jetzt, leg' dich 'ne Stunde hin. Wir reden morgen noch mal drüber.

Nun aber, da ich diese Zeilen niederlege (auf dem Rad den kreuzverfickten Berg von Aufseß nach Heiligenstadt hinauf), sehe ich vieles klarer: Dieser Mann wird seinen Weg gehen. Ich fühle es.

Aufseß/Heiligenstadt, im Mai 1999   *Michael Rudolf*

Vorbemerkung

> Sprache ist ein Meißel, der alles weghaut.
> *Max Frisch*

> Man muß immer trunken sein. Darin liegt alles:
> das ist die einzige Frage.
> *Charles Baudelaire*

> Ich trinke Bier jetzt mit ganz anderen Augen.
> *Vater Karsten Ringel nach der Lektüre von* Bier!
> Das Lexikon

Was »Bier-Satire« dürfe, fragte der Chefredaktor des unparteiischen Verbandsblattes *Brauwelt* im Frühjahr 1997 und entschied, die Herren Rudolf und Roth seien doch erheblich zu weit gegangen. Deren Chuzpe, es den großen Braukonzernen mit der kleinen Münze des Geistes heimzuzahlen, ihr übermächtiger Mut, der Wahrheit gegenüber der Unfehlbarkeit des deutschen Biergewerbes zu ihrem Recht zu verhelfen, und die Unbestechlichkeit ihrer Voten provozierten ablehnende Stellungnahmen seitens der Hersteller – sofern sie und ihre Getränke ungünstig taxiert worden waren. Sofern wir gerechtfertigtes Lob verteilt hatten, schenkte man uns Anerkennung und Freifässer.
Vier Auflagen erlebte *Bier! Das Lexikon*, auch durch Justitias Eingriffe. Allen Turbulenzen zum Trotz tranken wir weiter und legen mit *Bier! Das neue Lexikon* die gewünschte Ergänzung des ersten Bandes vor. Jeder Brauer, der glaubte, davongekommen zu sein, muß sich eines Besseren belehren lassen. Die Beiträge changieren zwischen Poesie und Polemik, Essay und Anekdote, Kurzkritik und längerer Erörterung, Erzählung und Gedicht, Warentest und tastender Er-

wähnung. Auf Anmut im Ausdruck und Schärfe im Urteil wurde großer Wert gelegt. Neben den Bieren dieses Landes finden zahllose ausländische Produkte ihre Würdigung.

Seit 1997 ist einiges in Bewegung geraten. Durch Zusammenschlüsse, Übernahmen, Geschäftsaufgaben verschwanden Marken oder erschienen unter anderen Namen. Rezepturen änderten sich, die Lohnbrauerei grassiert. Deshalb verwarfen wir den Plan einer erweiterten Neufassung, schon wg. des zu erwartenden Umfangs. Wir haben manch frühere Einschätzung revidiert, Anträge auf Besserstellung und Mißachtung zur Kenntnis genommen, Raritäten aus den Augen verloren und eben vorrangig frische Bewerbungen berücksichtigt. Zu 99 Prozent.

Keine der in *Bier! Das Lexikon* traktierten Marken wurde noch mal verkostet. Wer beide Bände besitzt, muß Sortimente »zusammenlesen« (z. B. **Pfungstädter Edel Pils**, 1997, und **Pfungstädter Maibock**, 1999). Wer nur diesen sein eigen nennt, braucht auf die zehn meistverkauften bundesdeutschen Biere (Stand: Herbst 1998) trotzdem nicht zu verzichten. Warsteiner, Krombacher, Bitburger, Beck's, DAB, Holsten, Karlsberg, Veltins, König und Henninger sowie Radeberger (13.), Jever (15.) und Binding (27.) ereilte die Ehre der zweiten Erwähnung – zzgl. einiger anderer, aus »politischen« Gründen oder aus Schusseligkeit.

Weitgehend beiseite gelassen haben wir biertechnologische und -geschichtliche Stichworte. *Bier! Das Lexikon* bleibt auch diesbezüglich gültig. *Bier! Das neue Lexikon* kommt somit einem reinen Markenführer nahe – dessen Anhang den Rahmen des Bieruniversums sprengt und die Demarkationslinien der Degustationsliteratur überschreitet hin zur Prosa, zur Pöbelei und zur gattungstotalen Problembetrachtung auf dem Feld des Trinkens im beinahe ganz allgemeinen, nämlich die drei großen Ws Wasser, Wein und Wodka einbegreifend.

Die böhmische Bierwelt, wie Des Landes Bierführer zusammen geschrieben mit Michael Rudolf, erschien zuerst in der *jungen Welt* vom 1. Juli 1996 und 8. Juli 1996, Die Reise nach Wetzlar in der *Frankfurter Rundschau* vom

25. Juli 1998, Sei voll! oder: Ein Land säuft ab in *konkret* 1/1999, Natriumwert 3.687 in der *taz* vom 7. Januar 1997. Vom Affen zum Wein und zurück wurde am 11. Juni 1999 auf WDR 3, *Das Kritische Tagebuch*, gesendet, Beim Bier geht's um die Wurst am 20. Mai 1999 als Vortrag im Museum der Stadt Miltenberg gehalten.

Kürzdörfer Landbier stand bereits im *Magazin der Süddeutschen Zeitung* vom 4. Dezember 1998, Gesundheit in *konkret* 3/1997, Fussball, Bier und in *HATTRICK* 6/1997, Oktoberfest in der *taz* vom 27. September 1997, *BierKultur* in der *taz* vom 17. Juni 1999, Bützen, brüllen, brechen in der *taz* vom 16. Februar 1999, Übernahme, feindliche in *konkret* 7/1999, Tests in *Häuptling eigener Herd* 2/1999 (hrsg. von Vincent Klink).

A

Abbaye d'Aulne 6° 7,0%, gebraut für Ets. Leveau Charleroi/Belgien. In Fruchtfleisch und Wasser gekommenes blondes Paradoxon, nämlich Industrieklosterbier. Kirschiger geht das faselfuselige **Tradition Abbaye d'Aulne 8°** (8,0%) auf uns los. Geht ja prima los.

Abbrechen, das Geduld, Geduld. Zweihundertfünfzig Seiten, und wir sind fertig.

Abscheu/Ekel Die erstmals von Michael Rudolf (vgl. *Bier! Das Lexikon*) dingfest gemachte Bezeichnungsidiosynkrasie hinsichtlich solch sinn- und geistverwehender Diminutive wie Bierchen, Schlückchen, Fäßchen, Kronkörkelchen usf. als auch rabiater Idiotative wie Hopfenkaltschale, Gerstensaft oder Arbeitersekt gilt unvermindert und vielleicht noch dringlicher angesichts des vom ruhmreichen Gruner+Jahr-Flaggschiffchen *stern* (23/1997) aus der Jauchegrube gehobenen Neueinsteigers »blonder Gärsaft«.
»Blödes Görsäftchen« wollen wir aber bitte nicht lesen – »oder mögt [ihr] einem Schoppen Gerstensaft zusprechen« (Karl Kraus: *Die letzten Tage der Menschheit*)? Es wäre widerwärtig, widersinnig, weinselig, bierfeindlich, der Abgesang auf und der denkbar schlechteste Start in dieses Buch.

Achternbusch, Herbert Hat sich die frühe Erwähnung durch seine filmischen Bierabstecher, etwa *Das Andechser Gefühl*, verdient. Die *Neue Zürcher Zeitung* (14. Oktober 1997) nannte A. einen »Künstlerdarsteller«. »Abends um halb elf geht der Dichter ins Wirtshaus.« A.s *Der letzte Schliff* (1997) argumentiert: »Ich bin ja zum Biertrinken da.« Meint: »Ich habe mich zurechtgetrunken. That's all.«

Achterpack Neuerung, verrät *Bilds* In/Out-Liste (12. Juli 1997), die von Beck's (siehe Beck's Spitzen-Pilsener) ausgehen soll und nach dem Willen unseres auf kürzeste Verfallszeiten gebuchten Kulturgedächtnisses als Deszendent des legendenumrankten Six-Packs gilt; um bei der Gelegenheit den allzu spektakulär fuhrwerkenden Epidemieforscher Donald W. Goodwin (*Alkohol und Autor*, Zürich 1995) mit dem wasserdichten Satz in die Runde zu werfen: »Sport, Frauen und das Six-Pack wurden in meinem Kopf eins. Das sind sie noch heute.«

Adler Bräu Privat Pils 4,9% Privatbrauerei Herbert Werner Zuzenhausen. »Sie sind ein Pimpf!« (Herbert Wehner) Und kein Bier der Tathandlung. Wer's trinkt, dem trauen wir der grausamsten Abirrungen zahlreiche zu.

Adler-Bräu Vollbier 4,8% Brauerei Amtmann Schlüsselfeld. Goldsichelnd, mollig und herzlich, vierschrötig Malz, walnussige Aromabegleiterscheinungen. Die einzige Amtmann-Marke, zum Pläsier nicht nur des Präzeptors Schlüsselfeldae. Die Bauernschar freut sich mit. Gegönnt sei ihnen unser halskratzgemindertes Juchhei!

Adler Hefe-Weizen/Kristall-Weizen 4,9%/4,9% Brauerei Schwarzer Adler Wassertrüdingen. Die Idee kommt beim Bier. (Diogenes) Ja, wo verweilt sie denn? Nehmen wir die: »Die Natur hat schon gute Ideen gehabt, keine Frage.« (Birgit Schrowange: *So viel Lust zu leben*, München 1998) Zwei davon sehen Sie hier. Eine dritte und schlechte würden wir Ihnen zeigen: das Photo, auf dem unsere monumentale Fernsehtrulla neben dem sichtlich plirren H. Karasek einherstampft. Doch Adorno geht vor. –

Adornos Amorbach »Die Dampfbahn-Nostalgie im Odenwald« (*ZU GAST* 4/1999) und »ein Mittelgebirge wie aus dem Bilderbuch« müssen dem Frankfurter Professor nicht vor Augen gestanden haben, als er einen seiner zartfühlendsten Texte verfaßte, *Amorbach* (in: *Ohne Leitbild – Parva*

Aesthetica, Frankfurt/Main 1967). Der Berg Wolkmann,
»breit gestreckt über dem Städtchen, das er von den Wolken
grüßt«, sinnierte er, sei evtl. unterirdisch mit dem »Amorbacher Konventsbau« verbunden, dem »jede energische
Gliederung« fehle und an dem er »zum erstenmal [erfuhr],
was Architektur sei«.
Beuchen, Boxbrunn, Neudorf und Reichartshausen heißen
Amorbachs Stadtteile. »Die Barockstadt besteht seit mehr
als 1250 Jahren.« Adorno ging »am Konventsbau das Wesen
von Stil« auf, als »Verzicht auf jeglichen Eklat«, geduckt,
»kunstvoll versteckt an dem von Karpfen bevölkerten, sym-
pathisch riechenden Weiher«. »Die denkmalgeschützte Altstadt« liegt »genau im Dreiländereck von Bayern, Hessen
und Baden-Württemberg«, inkl. Praxis für Krankengymna-
stik und Massage. Das Restaurant *Schmelzpfanne* macht gut
Hunger. »In Amorbach ragt die Vorwelt Siegfrieds«, das
Gasthaus Engel erwartet Besuch. Vorzüglich die Fähre über
den Main gen Kloster Engelburg hat »nicht die Spur des wil-
lentlich Bewahrten von Trachtenverein und historischem
Denkmal«, sondern eine prägende »Schönheit des Zweck-
mäßigen«. Und »etwas von dem üppigen Lebensstil mit Ka-
viar und Champagner teilte sich der geliebten Post mit«;
zudem die spätbarocke Abteikirche »ein monumentales
Meisterwerk von höchster Barock- und Rokokokunst sei«.
Derweil die »Anbetung des Lamms« einem »beeindrucken-
den Beweis fränkischen Kunsthandwerks« gleichkomme,
fühlte Adorno sich »aufgenommen in die Welt der Erwach-
senen und in die geträumte, noch nicht ahnend, wie unver-
söhnlich beide sind. Auf jene Tage geht zurück, daß ich die
Meistersinger-Takte ›Dem Vogel, der da sang, dem war der
Schnabel hold gewachsen‹ […] als Amorbach empfinde. Das
Städtchen ist nur achtzig Kilometer von Frankfurt entfernt,
aber in Franken.« Und drückt und rückt ins zeitgenössische
Bewußtsein eine Bäckerei, eine Mühle des Klosters mit Ditt-
mann-Stukkaturen, il Ristorante bei *Arcadio* am Marktplatz,
»das älteste Rathaus im gesamten Odenwald« und die Ka-
pelle Amorsbrunn, wo irisch-schottische Wandermönche,
»vom Gaugrafen Ruthard ins Land geholt, den Odenwald

christianisiert haben« und soffen, daß die Spechte flohen. Der Flügelaltar ist aber auch sehr die Spitze.

»So gut hatte mein Städtchen mich behütet«, schwaberte Adorno, »daß es mich noch auf das ihm gänzlich Entgegengesetzte vorbereitete.« Auf die andererseits wieder liebsamen Barockorgelkonzerte mit »der größten Barockorgel in Europa« als der »bedeutendsten Orgel Frankens«. Einem Aktivinstrument; zu Diensten den Kulturhighlights. So »in der Amorbacher Abteikirche wieder hochklassig besetzte Amorbacher Orgelmusiken« statthaben. »Die Orgel wird gespielt von Professor Klemens Schnorr aus Freiburg, einem gebürtligen Amorbacher«, der nichts anbrennen läßt. Der C-Dur-Bach beherrscht.

Der aber das Immergleiche auch perpetuiert. »Die Standardisierung, Produkt von Technik und Monopol, beängstigt. Man meint, die qualitativen Differenzen wären derart aus dem Leben verschwunden, wie sie fortschreitende Rationalität in der Methode ausmerzt.« Es ist ein Problem. An dem Amorbach nolens volens Anteil nimmt. Zumal »außergewöhnliche Künstler« sich hier »etablierten«. »Die Abteikirche mit ihrer berühmten Orgel und den nicht minder berühmten Orgelkonzerten sind ohnehin nicht mehr wegzudenken.« Ohnehin sollen »die musikalischen Sinne angesprochen werden« und knollern. Nun, »der Unterschied zwischen Amorbach und Paris ist geringer als der zwischen Paris und New York«. Die Zollstätte der Mainzer Kurfürsten gebar »blühenden Weinbau«, zwei Kastelle, »Sehenswürdigkeiten wie aus dem Bilderbuch« und eine Landfeste, »um seinen Einflußbereich gegen Würzburg zu sichern«. Und Würzburg abzublocken.

An der Alten Amtskellerei lungert das Museum der Stadt Miltenberg »als regionales Schwerpunktmuseum« mit Schwerpunkt Römerreich am Schnatterloch. »Zu Unrecht und zu Recht ist mir Amorbach das Urbild aller Städtchen geblieben«, sackt Adorno die Thematik ein. Doziert, daß man, via Reuenthal, ein Tor erreicht, »das man der Kälte der waldigen Örtlichkeit wegen Schnatterloch nennt. Durchreitet man es, so ist man plötzlich, ruckhaft ohne Übergang wie

in Träumen, auf dem schönsten mittelalterlichen Marktplatz.« Yeah. *Geflügel Udo*: schwer i. O.
Crêpebäcker Karl-Heinz Jalufka und Frau plädieren für
Bier. »Ich trinke Würzburger Hofbräu, weil mich das rich-
tig auf Trab bringt«, grunzt die Videomaschine. »Dort, wo
die Landschaft noch Landschaft ist«, ergänzt Rundfunk-
Will-Bräu. Kölsche Käsesuppe schwuppt. Der Museums-
hausmeister installiert den Gasgrill. »Dehnungsmägen« kul-
tiviere Afrika. Die Mannschaft flieht in den *Staffelbrunzer*.
»Im Bücherautomaten des Miltenberger Bahnhofs« mit den
»Reclambändchen« heißt es: »Miltenberg brennt.«
Durst will »gelöscht« sein. Da sei der Adorno ganz drin.
»Sooft er einen über den Durst trank«, stand er hier, bis auf
einen innerlichen Anruf hin alle vier zum Abgang riefen,
Biere einsam gefüllt verblieben und der Wirt die Welt nicht
mehr verstand. Wie sie da prangten. Die Pilspokale. Unge-
nutzt.
Herr Neubart, bereits im Türrahmen, flüsterte: »Hätte ich
ein Leitbild, so wäre es jenes Bier, das weilt.« Und Jalufka
sang ans Firmament: »Wenn der Himmel so blau wär' wie
wir, hätte der Grieche noch offen.«

Afreeka Mango-Bier-Mixtur. Anläßlich des »Trends zum
Spezialbier« (Erich Dederich, Sprecher des Deutschen
Brauer-Bundes) 1997 via Mitsubishi lancierter Marktfeger.
War wohl nichts.

Ahornberger Landbier 4,8% Private Landbrauerei Ströss-
ner-Ahornberg Konradsreuth. Büßte gegenüber der 97er
Notierung glatte 0,6% an dazumal lobenswertem Schmackus
ein. Das **Landbier Märzen** (5,3%), leicht schwerer, wiegt
schwerer.

Aichinger Ohne Etikett und Angaben Brauerei Drei Kronen Aichinger Heiligenstadt. Die, die vergessen oder nie gelernt haben, was »Modernisierung« ist, erfreuen im Winkel.
Auch wenn der Wirt mißtraute uns, da wir von dannen
schritten, zwei Pullen entführend, sei er gebenedeit für seine

milde Hopfengabe und den Leib Malz. Wir stellen ihn unter Naturschutz. Und damit klar ist, wo es hier »langgeht« (*Karlsberg intern* 12/1996): »Bier kennt kein Vaterland, das Deutschland heißt.« (Artur Crispin, USPD, Leipzig 1922)

Aktien Pilsner 4,9% Bayreuther Bierbrauerei AG. Gehört zu Maisel und bekleidet das Pils-Dunkel-»Innovations«-Amt. Achtbar fruchtig, schaumglückselig, dauertrunkig, obgleich stark exportverdächtig – das gängige Sorteverwechseldichspiel. Typischer und aber sofort – welch zeitige Verwirrnis – topmodisch-dumpfer das **Aktien x-tra Dry** (4,8%) als topmodisch-dumpfe Stiernacken-Longneck-Abfüllung. Quatscht in der Jeansjacke dumm rum. »Ein zusätzlicher Gärprozeß«? Zusätzlicher Hirnschwund? »Fett 0 g!« Das schmalzfreie Fluidum henkelltrocken wie eine Handvoll Waschmittel pur. Wo bleiben die CO_2-Megaperls? Der Schaum des **Aktien Fassquell** (4,8%) beweist Steherqualitäten, Rest gesichtslos. Verdächtig. Müßten Sie vom F. ein Fahndungsphoto malen, Sie schüfen verschwommene Landschaftsaquarelle. Würzig das **Jubiläums Spezial** (5,6%). Brillant zum gebutterten Käseweißbrot. In der Abschlußkundgebung meldet sich das **Aktien Dunkel** (4,9%) zu Wort. Wurde auf Pilstemperatur serviert, fiel hernach etwas spitz aus, den Malzball, den »kleinen Plüschball« (G. Koch), flach gehalten. Allein seine Schaumkraft macht es so ergiebig. Da weiß man, was man nicht hat. Guten Abend.

Albquell Bräuhaus Edelbier 5,0% Albquell Bräuhaus Fam. Auberger-Schmid Trochtelfingen. Popelig, unhaltbar. Albtraum. Der **Urtrunk** (5,1%) gravitätischer, farblich eine kleine Wucht, als Zwickel zwickt er neckisch.

Aldersbacher Abtei-Weizen/Dunkel-Weizen 5,2%/5,2% Brauerei Aldersbach Frhr. v. Aretin. Liebe Gisela, lieber Werner! Danke für eure Post und vor allem die dedizierten Etiketten. Euch scheint's ja geschmeckt zu haben. Was aber meint ihr, wie wir uns fühlen beim Anblick der schmucken

Papiere? Und beim Kauen? Es gibt schönere Momente im Leben eines Autors. Denkt doch bitte das nächste Mal auch an die Inhalte. Auf bald und die Flaschen!

Alkohol »Sollte er verschwinden, wäre die Menschheit dem Untergang geweiht« (Kingsley Amis) und raste im »Entzugs-Delir« (Michael Rutschky) an den nächsten Kometen.

Alkoholfreies Bier Die gute Nachricht: »Der Durst hat nachgelassen, von einem dauerhaften ›Clausthaler-Effekt‹ bei den Verbrauchern keine Spur. Nur zwei bis drei Prozent aller verkauften Biere sind nach Auskunft des Deutschen Brauer-Bundes alkoholfrei, der erhoffte Boom blieb aus.« (*S & K* 7/1997)

Alkoholiker Erzählen nachmittags bei *Hans Meiser* (RTL), sie seien »willenlos, charakterlos, labil, schlechte Mütter, schlechter Mensch«, lägen »besoffen im Bett«, hätten »vom Alkoholismus nichts gewußt«, würden »eine Gehirnerschütterung mit Schlaftabletten behandeln« und »Tabletten reinschütten wie Alkohol«. Warum habt ihr zu diesem Buch gegriffen? (siehe Videotafel 357)

Allgäuer Brauhaus Teutsch Pils 4,8% Allgäuer Brauhaus Kempten. Trotz des befremdlichen, ablehnungs- und abschiebungswürdigen Namens ein mit Haltung gehopftes Pils der gediegenen Küche. Das **1394 Premium Lager** (4,7%) schien uns den Münchner Paulaner-Brüdern nachzueifern und Richtung ordentlichen Pizzeriaschank zu trainieren. Weniger ist weniger, wie die Traditionsspezialität **Edelbräu** (5,5%) demonstriert, der angesichts ihrer »herzhaften« Würze »ein Stück weit« (Volker Rühe) Zeitgenossenschaft nicht schaden dürfte – allzu pfundig, einschmeichelnd das schwere Malz. Das **Urtyp Export** (5,3%) spielt seine sortentypischen Fähigkeiten (voll, gereift) aus. **Das Helle** (4,7%) werde »immer noch gern getrunken«. Immer noch? Kann den Abgang gar nicht mehr erwarten? Für »gärende Begeisterung« (Hegel) steht das donnernd **Urbairisch Dun-**

kel (5,0%) gerade, »mit i statt y«, uns piepenhagen. Keinen
Vergleich scheuen müssen die gipfelgeile **Alt Kemptener
Weisse** (5,0%) und das losigere, nichtsdestoweniger erfolgversprechende **Fürstabt Weizen** (5,0%). Neben dem Quo-
tenbier **Kaiser Weizen Leicht** (2,9%) gefällt das zutunliche
Fürstabt Weizen Kristallklar (5,0%), ergänzt durch einen
bemerkenswert bierigen dunklen Doppeldecker, den **Cam-
bonator** (6,9%), sowie den **St. Magnus Hellen Bock**
(7,0%), welcher würzig und dauerhaft. Alright, weil ihr alles geschickt habt: das **Martin Leichtle** (ihr spinnt! 2,9%!)
am Schluß der Schlachtplatte.

Allsopp's Export Lager 4,9%, unter Lizenz und Aufsicht
der Ind. Coope Ltd. London gebraut von Birra Menabrea
Biella/Italien. Muß denn ein »Famous Original« in Bella Italia zur Welt gebracht werden? Wo seit Jahrhunderten kein
Sud zustande kam, der über die Grenzen der Landwirtschaft
hinaus als brauchbar gilt? Das auf der Insel angerührte Famous Original **Long Life** (4,2%) hat gleichfalls keine große
Zukunft, wenigstens in unseren Kühlschränken nicht.

Alpirsbacher Klosterbräu Spezial 5,2% Brauerei Glauner
Alpirsbach. Von der Milde eines Schwarzwaldklaren, von
der Lieblichkeit eines stillgelegten Hochofens. Ausgedient,
unnötig. Das »feintrübe« **Kloster-Hefeweissbier** (5,2%)
»geht« in sonnendurchfluteten Küchen mit »lieben Gästen«.
Andernfalls nach technischen Textilien. Merkwürdig: Das
Pils war ehedem 1 a (siehe auch Bierpraline).

Alsfelder Rathaus Pilsner 4,9% Brauerei Alsfeld. Eiernd'
Malz, jedoch einfühlend gehopft. Das **Spezial Export**
(5,0%) notgerade konsensfähig. **Weizen Hefe-Hell** (5,4%):
Wer meckert, dem gehort das Schandmaul zerrissen.

Alt-Bamberger Dunkel 5,2% Bamberger Kaiserdom Spe-
cialitäten-Brauerei. Säuerlich-inkomparable Machenschaft.
Bei geschlossener Flasche und per Anblick verkosten. Fürs
Pilsener »Extra Dry« (4,9%) den extralahmen Extrapre-

miumdampfzug genommen. Da klappt halt überhaupt nichts mehr. Man sollte mit Zigaretten nachwürzen.

Altdorfer Hell 4,8% Brauhaus Altdorf. Süß-genehm. Schaum zum Verrecken. **Das Altdorfer** (4,8%) sei das »Bier der Wallenstein-Spiele«, schaut karamelfarben aus, zieht Gischtsteilwände ein und leuchtet unsereinem kraftvoll heim. Taubenmalzig die **Alte-Weiße** (4,8%), ihr Schnee splitterfaserzart. In toto wahnwitzig ausgeglichen. Das **Hefe-Weizen** (5,0%) hinwieder birnig und bobbelerund. Das **Pils** (4,9%) flirrt nicht wie die Gemüsetheke Ihres Supermarktes? Kann es gar nicht? Kann es. Und sehr gut kann es das.

Altenauer Edel-Pils 5,0% Brauerei Paul Kolberg Altenau. Das Auge trinkt vorsichtshalber mit, auf daß es nicht trocken bleibe. Der **Doppelbock** (7,5%) umschifft die Imponderabilien seiner Sorte und ist im grünen Bereich.

Altenmünster Maibock 7,5% Privatbrauerei F. J. Sailer/ Brauhaus Marktoberdorf. Verfehlt phenolig. Und die Welt betrinkt sich doch. – Und nimmt hin: das **Original Metzgerbier** (4,9%), das zerrüttete **Altenmünster urig schwarz** (4,9%) sowie sage und klage neun Versionen **History 1000 Jahre Biergeschichte, History 1000 Jahre Biergeschichte, History 1000 Jahre Biergeschichte, History 1000 Jahre Biergeschichte, History 1000 Jahre Biergeschichte, History 1000 Jahre Biergeschichte, History 1000 Jahre Biergeschichte, History 1000 Jahre Biergeschichte, History 1000 Jahre Biergeschichte.** »Der verrückteste Brauer Deutschlands« (*WELT-Report Bier*, 10. September 1997) und (er über sich) »voralpine Querdenker und queralpine Vordenker« verjubelt zusätzlich »Jägerbier« und »Deutschland-Krüge«, weil er »stolz darauf ist, Deutscher zu sein«.

Alt-Ergenzinger Spezialbier Hell 5,2% Privat-Brauerei W. Grammer Ergenzingen. Delikater Duft (Whisky?). Das **Spe-**

zialbier **Dunkel** (4,9%) begeistert: Malztuscher, Röschtlirei-
bereien und ein froher Nebenton. Stimmungslos das
Hirschbräu Spezial (5,0%), fast einfallslos das in der Hop-
fenanwartschaft höher bewertete **Hirschbräu Edel-Pils**
(4,6%), und das bescheidene **Pilsner** (4,7%) war einen Prozent höher denn unsre Stimmung gestimmt. Hoch, höher,
Hirsch.

Alt-Gießen Helles Gasthausbrauerei Alt-Giessen. Selbstverständlich führt man alternativ die Schreibweise »Alt
Giessen«. Die Westanlage, der stadtinterne Autobahnring,
verleiht dem putzigen Gebäudeensemble die passende Aura.
Rund um den Goldfischteich hocken Gießens gesammelte
Arschgeigen, die unterbelegte Servicemannschaft schmier-
grinsend zu terrorisieren. Idylle pur seit 1992.
Der halbe Garten »mit uraltem Baumbestand« (Karte) gleicht
einem Parkplatz, auf dem das Helle (Pilsener Art) herumge-
tragen wird. Schwankt zwischen Wir-sind-Erlebnisbrauer-
und-sparen-uns-deshalb-die-Filtration und einer Stehhalben.
Blindfader Billighopfen im Abgang. Das **Dunkle** schäumig
nicht unbedeutend. An der Sorte hat man sich dennoch gründlich verhoben. Eine Nanospur Röstmalz reicht nicht. Womöglich zu gebrauchen das helle **Hefe-Weizen**, von welchem
ein okayer **Kristall**-Wider- bzw. -Ergänzungspart existiert.

Alt Neunkirchener Landbier 4,9% Privatbrauerei Polster
Neunkirchen a. Br. Dunkeldiener vor der nölenden Kundschaft. Manierlich das **Neunkirchener Edelpils** (4,8%). Die
Neunkirchener Weiße (4,9%) arg trübe, mit Schinkenbro-
dem und überschießender Rezens. Mehr Disziplin wäre op-
portun. In Mittel- und Schlußtrunk arm. Zu weiteren Aussagen nicht bereit.

Altöttinger Dult-Märzen 5,8% Altöttinger Hell-Bräu.
Samtig bis zutzelig. Zu schwer, zu likörig. Könnte ein besseres Bier sein. Zumindest besser als das **Fein-Herb**. Da war
man zu bequem, um irgendwas zu protokollieren, beispielsweise die Volumenprozente.

Alt Vollbier Hell 4,5% Brauerei Alt Dietzhof. Die einen sagen so, die anderen so. Die Knoblauchwurst auch sehr gut.

Ancla Premium Beer 4,8% Cerveceria Ancla Bogota/Kolumbien. Hört, hört, »Hallertau Hops«! Mullbinden sind ein Genuß dagegen.

Andechser Dunkel 4,8% Klosterbrauerei Andechs. Dürr, schlaff, flache Hopfung, Sahelfinish, schleppt sich zur Tränke. Leistungsfroher Schaum, überkompensierend, Angsttrieb. Gleich Haarwasser argumentiert der **Bergbock Hell** (6,8%). Seine meterlange Schnapsfahne können Sie ins Toupet schmieren. Unsinnig mager das **Dunkle Weissbier** (5,0%), das **Weissbier hefetrüb** (5,5%) akzeptieren wir, der **Doppelbock Dunkel** (7,1%) glaubwürdig. Das Ganze ist das Unwahre.

Andreas Pils 4,9% Privatbrauerei C. H. Andreas Hagen. Daß in Hagen Bier gebraut wird – unfaßbar. Und wir durften's trinken. Unentschuldbar. Eine Krone aus Glasbausteinen und Plastikgold. Zusätzlich grüßt Dr. Pasteur, der sich die fugendicht billige Paste ans eigene Bein pappen soll.

Ansbacher Hofbräu Gründung 1670, 10.000 hl pro Jahr. Das zonal illuminierte, flach und wackelig sich erstreckende Hofensemble stimmt skeptisch. Bei Schnee und Nacht empfangen uns verbogene Sandsteingebäude. Ein gebeutelt-gebeugter Mann stapft herzu und hinfort. Hofbräus Biere gelten in Ansbach als unwiederbringlich verschollen. Der Betrieb sei kaputt, hören wir an jeder Ecke.
Der Brauereiausschank *Hofbräuhaus* bietet Schutz vor kaltem Nordost. Von den fünf Hofbräu-Sorten führt man zwei. Ein Telephonat macht Mut. Die erlesen zerlumpten Gäste wünschen uns viel Glück.
Wir treffen den Schlurfer wieder, den Brauer. Seine Frau malt in ihr Bilanzbuch. Schleppend geben sie fünf Flaschen heraus. Die Kasse war bereits »gemacht«.
Auf ihre drei Vorkriegs-Lkws laden sie dreimal pro Woche

ein naives **Pilsner** (4,9%), ein erschöpftes **Spezial** (5,7%), das sauerfrische **Hell** (4,8%), ein allseits wegrappelndes, keksmürbes **Export** (5,5%) und den ausgebrannten **Bock** (7,4%). Jammertal, du bist durchschritten.

Arco Schloss Hell 4,9% Arco Bräu Moos. Gefiel uns nicht.

Ärger Silvester 1997, Köln. Man präpariert sich für den Jahreswechsel. Kölschfässer rollen lachend durch die Altstadt. Ein Pläuschken hie, ein Schluck, ein Jux, ein Uz da.
Aber dann – der *EXPRESS* wird ausgeliefert. Titelseite. Leiterhohe Lettern. »Das gibt Ärger! Amerikaner brauen Kölsch.« Mein Gott, das darf doch nicht wahr sein!
Den schlimmen Verdacht bestätigt Seite drei. Amerikaner brauen Kölsch, **Hollywoods Blonde,** unter der Ägide von Maribeth Raines-Caselman, »promovierte Biochemikerin und Professorin an der Universität Kalifornien«. Wahnsinn. Heiliger Strohsack. Verdammte Hacke.
Raines-Caselman kam 1995 in die Domstadt. »Sie nahm gleich zwei Hefekulturen des köstlichen Kölner Gebräus mit.« Und jetzt das …
»Doch die Amis haben die Rechnung ohne die Kölner Brauer und die Kölsch-Konvention gemacht.« Die werden sich umsehen. Die werden ausgebombt. »So wird die ›Great Beer Company of L. A.‹ in den nächsten Tagen bitterböse Post aus Köln bekommen.« Köln-Kosovo wehrt sich. Bis zum nächsten »Kölsch-Schock« (*EXPRESS*, 16. November 1998), wenn es wieder heißt: »Kölsch super! Aber sauteuer«. (siehe auch Bützen, brüllen, brechen)

Arnschwanger Bären-Weisse 5,0% Brauerei Mühlbauer Arnschwang. Potenzen schlummern. Der Rezensstau tut wenig Gutes. Ob ihr, Brauer, das lest, ist noch die Frage.

Asahi Super »Dry« 5,0% Asahi Breweries Tokio/Japan. Ein hartes Stück flüssig' Brot.

Astra Ratsherrn Premium Pilsener 4,8% Bavaria-St. Pauli-Brauerei Hamburg. Hopfendurchschuß ins Ofenrohr. Dünn wie die Sommerhosn. Ad **Astra Exclusiv Export** (5,2%): Meine Herren, das ist kein Sud, das ist beatmete Mikroflora. **Astra Urtyp** (4,9%): Astra –, schwer liegt's im Magen, / alter Beschäumung Bann, / die Brauer halten die Wagen, / eine zögernde Stunde an. // Noch einmal die goldenen Farben, / der Simpel, der Wicht, der Tor, / was brauen die alten Plagen / unter den schwärenden Suden vor? Bzw.: »Astra. Was dagegen?« (Hamburger Litfaßwerbung 1998/99) Eine Prise Biergeschmack bekam das **Grenzquell Pilsner** (4,9%) ab, die Schaumkronen auf der Elbe sind ansehnlicher. Erledigt das ZDF-Bräu **Guldenburg Premium Pils** (4,9%). Man hat auch seine guten Seiten.

Auerhahn Helles Alt 4,9% Auerhahn-Bräu Schlitz. Muß es nicht geben, ein helles Alt. Gibt es aber. Sowie das maßvoll farbgemälzte **Bütten Alt** (4,9%) und einen **Vogelsberger Urstoff** (4,9%), der nicht gefehlt.

Auer Spezial 5,2% Schloßbrauerei Au. In den Kinderschuhen des Brauens steckengeblieben. **Pils** (4,9%; »Bayerns Premium Pilsener«) geschmacklich unsichtbar. Ruhig *hinter* die Binde kippen. Was ist los, Hallertau Downtown? Der preiswerte, berühmte Hopfen sollte helfen. Allein, unsere Hoffnungen wurden bitter, d. h. nicht bitter enttäuscht. Das **Auer Dunkel** (5,2%) tragisch belanglos, das **Auer Hell** (4,7%) tut weh. Die **Holledauer Weisse** (5,3%) knispert und knuspert beschaulich. Echtes Bier macht keine Zugeständnisse.

Aufsesser Pils 4,9% Privatbrauerei Rothenbach Aufseß. Am Saisonende unter Einkaufspreis abzugeben. Eine Vertragsverlängerung fürs plastische **Zwicklbier** (5,1%) wäre geboten. Das **Festbier** (5,1%) wiegt ausgewogen und uns gewogen in den etwas trägen Hüften. Das **Hefe-Weizen** (5,1%) ist den Satz nicht wert, der hier steht. Aufs Wesentliche konzentrieren.

Augustinerbräu Dunkel 5,5% Augustinerbräu München. Schwer trägt Lober Roth an der Literlast, die alte Sau. Loben will er, loben muß er das 5,4%-**Weissbier** und dessen schweineschöne Farbe, lückenhafteren Schaum, pfeffrigen Antrunk, das aromatische Engagement auf der Ausklangasymptote. Und ein »Hopfen vor, noch ein Tor!«-herbes-**Pils** (5,4%).

Augustinus Klosterbräu-Classic 4,8% Eschweger Klosterbräu. Kompaktschaum, Kirschflair und Aufmerksamkeit stiftende Grillfleischtönungen, die im Nachtrunk reflexiv interagieren und das Konzept des guten Bieres schwungvollmühelos reanimieren, stacheln den abtrünnigen Herrn Rudolf ergänzend auf, »eine schöne Köstritz-Coverversion« sei das **Augustinus Schwarzbier** (4,8%). Ginge es immer so zu, Gott hätte einen besseren Stand.

Aukofer Bräu Hell 5,0% Brauerei und Hotel Johann Aukofer Kelheim. Hierin ist Waldsterben. In der **Klösterl Weisse** (5,5%) darbt der letzte Hopfenkrümel.

Ayinger Bräu Hell 4,9% Privatbrauerei Franz Inselkammer Aying. Geht laut hellfreundlicher Bierverkäuferin zu München-Giesing »gar nicht gut«. Hopfen ist die Seele des Spiels! Wir spendieren fünf Anything-goes-points. Ein dunkler **Weihnachts-Bock** (7,0%) präsentierte sich im vollen Schaumornat. Die Gelegenheit möchten wir nutzen für folgendes Zitat: »Heutzutage verhärten die Muskeln schneller als früher, hab' ich den Eindruck.« (Marcel Reif auf RTL, 20. November 1996) Der sämige Schaum des **Jahrhundert-Biers** (5,5%), sein strukturierter Mitteltrunk, kräftiges Hopfenaroma, gedrungenes Finish: erweckt alles unsere Sympathie. – Exemplarisch, das öffentliche Narrenleben röhrt, der Werbealarm um die »Dorfbrauerei« (M. Jackson). »Aying ist heile Bier-Welt.« (Höllhuber/Kaul) Wir glauben es trotzdem nicht. Unerwartet herb schlägt das tropfsteinhöhlenfarbene **Altbairisch Dunkel** (5,0%) an. Ferner luftig-fruchtig, zirka Puffreis. Gehetzter Abmarsch. Zu hoch gehandelt. Die in der Mangel gestärkte **Ur-Weisse** (5,8%) rinnt wie ein Batzen Riedsediment. Verhangen-diesiges Hefelichtspiel. Die **Bräu-Weisse** (5,1%): Erfrischungsgetränk der durchschnittlichen Machart. Fürs schäbige **Frühlingsbier** (4,9%) verwendet sich via Etikett ein unvergleichlicher süddeutscher Cartoonist: Es promenieren prostend Dr. Stoiber und Renate Schmidt, ehrlos, zynisch. »'nauf auf die Harleys! Und 'naus nach Aying!« (Anzeige im *Münchner Merkur*, 5. Mai 1997) Und net retour.

B

Badebier Den mittelalterlichen Brauch des Bierplanschens wiederbelebt die Neuzeller Klosterbrauerei mit ihrem **Original Badebier**. »20 Minuten in einem 33 Grad warmen Vollbad aus Wasser plus 50 Liter Schwarzbier […] kosten 225 Mark. Geht aber auch billiger: 5 l Bier plus Zusatz aus Hopfen und Hefe für 45 Mark.« (*NEUE REVUE*, 4. September 1997) Ökonomisch ein Sturm in der Seifenlauge.

Bad Tölzer Traditionsbier Hell 5,2% Grüner Brauerei Bad Tölz. Dürfen sie sich was drauf einbilden. Die verstörend geformte, zementträge in der Hand liegende Flasche: zu Ehren des nahebei (Rottach-Egern) hausenden Mammuthopfensacks Schalck-Golodkowski konzipiert? Die **Edle Weiße Hell** (5,2%) Tropfen für Tropfen Qualität, die **Edle Weiße Dunkel** (5,2%) läßt Wünsche übrig.

Bad Windsheimer Weisse 5,3% Bad Windsheimer Bürgerbräu. Alle Wetter! Sie kann sprechen. »Ich denke, also trink' mich.« Das nennen wir eine Pointe. Aber was soll man denn zum **Alt Windsheimer Kiliani** (4,5%) schreiben?

Bähr Kellerbier Brauerei Bähr Schönbrunn. Unser Lieblingskeller. Bebaumung und Unspundung auf Hochplateauniveau. Zwei Bitterstoffe ließen wir als Andenken mitgehen.

Baisinger Pilsner 4,8% Baisinger Löwenbrauerei Teufel. Knatternd gehopft, die Malze fremdeln. Wir plädieren ja keineswegs für homogene Pilsener, aber fraktales Bier muß wirklich nicht sein – wo wir uns bereits gefreut hatten: »Auf diese Weise erliegen auch Damen reihenweise dem Charme dieses besonderen Bieres.« Andererseits: das **Spezial** (5,2%) ein zufriedenstellendes »Goldexport«, speziell ja, besonders: nein. Der **Teufels-Bock Hell** (7,0%) kündigt sich »mit höllisch gut versteckten 7 Prozenten« an. Man riecht 4, nippt 3 – nach langem Wühlen im Glas. Bieriger die **Teufels Weisse Helles Hefe** (5,2%), die echten Ähren hängen allerdings zu hoch. **T. W. Kristall** (5,2%) bedenkenlos trinkbar, das **T. W. Dunkle Hefe** galt uns als alkoholisiertes Heilwasser. Die zum Schein, d. h. ideologisch mit Hopfen in Verbindung gebrachte **Gäu-Bräu Hopfen-Blume** (4,6%) stand auf der Bierleitung.

Ballermann 6 Balneario 6,9 6,9% KB-Trendgetränke GmbH Trier. Die schwerwiegendste Aberration der jüngeren Biergeschichte. Es verschlägt einem die Sprache. Trendgetränke. Ballermann. Welch (Herr Dietzsch & Co., Lauscher abschrauben!) Schweineschwedentrunkschmutzfinkdreckigelei, welch marktmobiles Abzocker-, Abseier- und Abräumergehabe werden sie uns demnächst vorsetzen?

Bamberger Herren Pils 4,6% Brauerei Keesmann Bamberg. Anständiges, wer weiß zu luschiges Pils. Die Behutsamkeit des **Hellen** (4,5%) jagte uns Schauer des Glücks über die Zunge. Schlossen wir prompt ein helles **Weißbier** (4,8%) ins Herz.

Barbarossa Pilsner 4,9% Barbarossa Privatbrauerei Artern. So langweilig kann der Bart gar nicht sein, der dem verwachsenen, holzbockstichigen Krams die Würde des Alters verliehe. Augenblick, mitteilen wollten wir: Sprechen Sie das

B. und das verschattete **Barbarossa Classic** (4,9%) nicht an, sie könnten Ihnen zusprechen.

Bärenpils 4,6% Bärenbier Vertrieb GmbH Berlin. Es ist schlimm.

Barnikel Lagerbier 5,0% Brauerei Barnikel Herrnsdorf. War nicht kalt zu bekommen. Seine strenge Hopfung versöhnte uns mit der – evtl. witterungsbedingt – dröhnenden Maischigkeit. Das **Dunkel** (4,8%) brillierte beinahe. Der nächste Anlauf dürfte die Heuer heimbringen.

Barre Bräu Pilsener 4,8% Privatbrauerei Ernst Barre Lübbecke. Wärst du nur auf deiner Bielefelder Alm geblieben, an den Banden und als »reine Papierform« (Jörg Schlockermann, Sat.1), wir hätten nicht in Versuchung kommen müssen, eine kurze, heftig ablehnende Beziehung mit dir einzugehen.

Barth-Senger Vollbier Brauerei Senger Scheßlitz. Wer beim messingfinsteren, leptös schäumenden Ausschanktrank an spinneligen Tischecken stammgastet, sieht die Sonne nicht. Brotzeit erlaubt. »Marie, laß Luft rein!«

Batavia Pils 5,0% Passauer Spezialitäten-Brauerei Innstadt. Fester Schaum, merklich malzig, Hopfen auf der Flucht erschossen (Finaler Rettungstrunk). »Aus kristallklarem Fels-Quellwasser« – wir empfehlen Leitungswasser, dann wird's keine Spezialität, aber Bier. In »einem Rutsch« konsumiert das amplitudenlose **Urbräu Hell** (4,8%). **Festbier** (5,4%) zwei, drei Streiche pummeliger, das **Alt-Passauer Dunkel** (5,2%) tut keiner Eintagsfliege was zuleide. **Original Innstadt Hefe-Weissbier** (5,0%) eben so durchgekommen. Zur **Original Innstadt Dunklen Weisse** (4,9%) fehlen passable Erinnerungen.

Batemans Victory Ale 6,0% George Bateman & Son Wainfleet/Großbritannien. Mirabellenfarben, bißchen betrübt, schlecht getimte, unfreundliche Bittere, gebrechliche Rezens, ebenes Aroma. Alles, was kein gutes Ale braucht. Dabei ein renommiertes Haus. Unerklärlich.

Bayern Halbe Vollbier 4,7% M. Hubauer GmbH & Co. Getränke und Logistik KG Gräfelfing.
– He, du, Hubauer!
– Jo schau, woas isna etz mit dir?
– Mit mir?
– Na, schmarrst mich von dera Seidn an wie a bleeder Hund. Siehst net, daß i drink?
– Freilich, scho.
– Also.
– Jo.
– Hm.
– Geh weider.
– Woas is na etz scho widda?
– Hubauer, du saufst ja a Bayern Halbe, Dunnerweederzefix!
– Na und? Bist nachert damisch worrn?
– Geh her! Aber des derfst fei net, a su a Sausoßn saufen, Hubauer. Des Zeigl macht ann greißlichen Bayernhalbebrummbierkopf, verstehst?
– Daß du na alles besser waßt, du hinterfotziger Speibeidel, willst mer des Sauffn a no verbiedn, ausgmacht dreckertes Oarschlooch!
– Hubauer, gwiß des net. Oba gwornt hob i di scho.
– Ja dann – servus! Schleich di!
Wirtschaft: Feierabend!
– Do sixst, wo die Welt hinkumma is. Aufn Hund. Hasso, los!

BBK Kaiser Pilsener 4,9% Bayerische Brauerei Kaiserslautern. Seinen Vakuumgeruch nahmen wir nicht wahr. Schaum aus der Sahnedose. Hopfen unentschlossen. Was soll ich hier? Doch der Brauer ist schlauer als das liebe Vieh.

Beamish Draught Irish Stout 4,2% Beamish & Crawford Cork/Irland. Der Röstgeschmack, symptomatisch bei irischen Dry Stouts, impliziert eine akzeptable Kaffeemimikry, die berühmten Hopfenhammerschläge hörte man fernab donnern und brummeln. Eigenartig berührte uns die bänglich aufgeworfene Frage, wie an Reste heranzukommen sei, die sich in der Schaumdüse verbergen. Als die Bohrmaschine Tropfen für Tropfen freigab, hauten wir uns vor Freude in die Fresse. Am Ende ein nachgiebiges, unlustiges Bier. – **Carling Black Label** (4,1%): Fabrikat für die Reibe. **Carling Lager** (4,1%), gebraut von Carling Brewing Company Burton-on-Trent/Großbritannien, tropft durch den integrierten Gurkensalat.

Beck's Spitzen-Pilsener 4,7% Brauerei Beck & Co. Bremen. Reich an Werbefeldzügen, erbärmlich an Schmack. Der Lumpenproletarier unter den Bierbaronen für Arme. »Rauchen ist gut. Aber das, in die Gosse, in die Gosse führt das!« wußte bereits 1986 Dr. Theo »Nährbier« Kraft. Und weil wir lieber aufrecht wankend den Kampf, *to brew a better world*, bestreiten, wählen wir unverändert den Weg des laternengeraden Genusses. Es werden keine Kompromisse geduldet, Bremer Schlafmützigkeit bestraft das Volkskommissariat durch Kopfnüsse und Kopfschüsse mit der Sudpfanne, bis der Groschen fällt, wie Pilsherstellung funktioniert. Was dauern kann.
PS: Unsere linksradikal-kritischen, fern jedes lokalpatriotischen Hartsinns agierenden Bremer Lesungsfreunde zufriedenzustellen: Nicht ausgelassen haben wir **Haake Beck** (4,8%), **Edel Hell** (4,9%), das **Dunkel** (4,9%), den **Maibock** (6,9%), das **Kräusen** (4,8%) und das überschätzte Bauarbeiterbier **Hemelinger Spezial** (4,7%) sowie, um die Ecke, **Mühlenbräu Hell** (4,8% Gasthausbrauerei Stuhrer Mühle Stuhr), **Spezial** (4,8%) und **Hefeweizen** (5,2%) – ohne ausgelassen gewesen zu sein.

Beerfelder Export Premium 5,0% Familie Schmucker Privatbrauerei Felsenkeller Beerfelden. Wir tanken Sie auf! Nein, danke. Kein andermal.

Belhaven St. Andrews Ale 4,6% Belhaven Brewery Dun-
bar/Schottland. In der Fachliteratur einvernehmlich hoch-
gelobtes Brauhaus, das seit 1719 die, heißt es, weit und breit
besten Ales herstellt. Unser Proband diente halbwegs zum
Durstlöschen. Tangential süß. Kein erkennbarer Hopfen an
Bord. Tiefe Verstörung, Ratlosigkeit. Schottlandkundschaf-
ter Karsten Singelmann strich die Segel und drehte ab.

Belle-Vue Framboise 5,2% Brasserie Belle-Vue Bruxel-
les/Belgien. »Vier oxidative Hefen« (Michael Jackson) generieren ein mit Himbeeren verschnittenes Lambic, dem seine
Früchtchen ganz schön auf der Hopfennase herumtanzen.

Bellheimer Silber Pils 4,8% Privatbrauerei K. Silbernagel
Bellheim. Ein Versuch. Dem Betriebspsychologen stehen
harte Wochen bevor. Vielleicht probiert er's mit dem **Edel-
Export** (5,2%). Anschauungsmaterial für Unstimmigkeit
bietet das **Weiz'n** (5,2%). »Man muß dem Bier auch mal
ganz nüchtern beikommen.« (*Deutschland deine Biere*,
Augsburg 1997)

Belzebuth 15,0% Brasserie Jeanne d'Arc Ronchin/Frank-
reich. Eine Sache, auf die die Welt gewartet hat. Stärker als
Samichlaus und EKU 28 (Revision und Korrektur der ent-
sprechenden 97er Passagen bitte selbst vornehmen), dergestalt Globalanführer in allen Bierunfugsfragen. Einen Bier-
unfug nennen wir feuerorangenfarbenen Gerstenschleim
ohne Schaum, der schwerwiegt wie der Klotz am Bein, die
Klette am Rock, die Kette am indischen Nutzelefantentier,
Dinge, über die man nicht schweigen darf.

Bergbräu Altstadt Dunkel 4,9% Privatbrauerei Haffner
Uslar. Null zu mosern. Solch Malzfeinheit und makellose
Bittere, Salto mortale gerstenhalmgerade gestanden. Eins
mit Mappe. Nächste Woche habt ihr Sonderurlaub; packt
euer einwandfreies, unwiderstehliches **Hefe-Weizen** (4,9%)
ein.

Berghammer Vollbier Hell 5,6% Brauerei Berghammer Oberndorf. Athletischer Geruch. Was wurde falsch gemacht? Faule Eier? Lebertran? Verabschiedet sich mit einem weniger Photo- als Monatsfinish auf verwesendem Zwiebelsorbett und Hopfenmilzbrandsalat. Das **Dunkle** liege bei etwa 5,0%, man habe kein Etikett parat, »wir machen's erst seit kurzem«, und ereilt folgende Wertung: Der Schaum ähnelt Pocken, eckig gehopft, ungroovende Aromatik in krankhafter (A. Schicklhuber) Assoziation zu Toilettenwässerchen à la Moshammer. Summarisch (vorbehaltlich): Maul- und Magenseuche. Wir formulieren das i. S. des Verbraucherschutzes.

Bergquell Pilsener 4,8%, erworben bei ALDI in Mendig, keine näheren Angaben. Von der Ottweiler Brauerei? Hä? Hallo, Depperl! Melde dich!! Geh ans Telephon! Wie bitte? Was meinst du? Wir? Wir seien die Toten Hoden? Und siehe Hosenboden? »Mit Verlaub, Herr Brauer, Sie sind ein ...« *(Protokolle des 24. »Tages des Bieres«)*

Berg Ulrichsbier 5,0% Berg-Brauerei Ulrich Zimmermann Ehingen-Berg. Dem Duft nach zu urteilen »dänisch«? Kalifornisch? Bekömmlich – ja. Demonstrative »Dezenz« (D. »Dödel« Diederichsen). Erkenntnistheorie ist schwer. Mehr Volumen spendet das dünnere **Original** (4,8%). Rücken Sie vor zum Hopfengefängnis. Der hl. Ulrich mag ein doller Hecht gewesen sein, doch ob er's Brauen schnallte? Heute muß er sogar ein speziell kriecherisches **Kristallweizen** (4,8%) verantworten und ein **Hefeweizen** (4,8%), das den Aufstoß organisiert. Und daraus soll der Leser schlau werden.

Berliner Bürgerbräu Pils/Ratskeller Pilsener/Rotkehlchen/Maibock 5,0%/5,3%/5,3%/6,8% Berliner Bürgerbräu. Alles Kehricht.

Berliner Kindl Bock hell 7,0% Berliner Kindl Brauerei. 1997 hatten wir versprochen, Sie auf dem laufenden zu halten; hatten gehofft, der »teuflische Belag« der Original Weissen wiche binnen Jahresfrist; hatten uns verschätzt und be-

gingen den nächsten Lapsus; suchten unsere Zungen auszu-
tricksen und griffen »voll ins Klo« (Christoph Winnat).
»Bock, das beste Bier«, bräste Heinrich Heine, »Bock, dir
zeige ich's!« schrie Luis Trinker. Auf die Gefahr hin, igno-
rant zu wirken: Der Gesellschaft möchten wir nicht an-
gehören. Wir könnten uns leichter übergeben. Was nach dem
Bock dunkel (7,0%) geschah, wissen Sie bereits.

Bernsteins Bierfarben Verewigt auf einer Zeichnung, die jeder gesehen haben muß, der nicht des Teufels ist.

Bierbaum, Dieter Soignierter Herr, Sympath, »dienstälte-
ster Stadionsprecher im deutschen Profifußball« (Düsseldorfer *EXPRESS*, 31. Mai 1999), schwer geschlagen mit seiner Fortuna, gentiler Unterhalter und rücksichtsvoller
Conférencier. Offenbarte anbetungswürdige Talente in der
Schlacht um den Titel des »Düsseldorfer Altbierkönigs«,
dergestalt der namentlich prädestinierte Stangenverräumer
während »einer nervenaufreibenden Blindverkostung«
acht von acht Altmarken erkannte und das Stechen souverän entschied, weil er die »Nerven« behielt und seine
zwei Kontrahenten niederrang, nämlich Frankenheim
identifizierte und eiskalt runterkippte. Lohn: eine Woche
Teneriffa. Ohne Alt. Für lau.

BierBlok Englische Pille gegen den Bierbauch. »Gegen Bierbauch – find' ich gut. Aber nicht gegen den Rausch!« (RTL-
stern TV, 24. September 1997)

Bier, lauwarmes Sei laut *Bild* vom 14. Juli 1997 »out«, weil
»eklig«. Bravourös erkannt.

Bier negativ Eckhard Henscheid erzählt, wie es nicht geht –
nämlich sei er vor Jahren mit einem Freund während einer
Anhalterreise zwischen Rastatt und Iffezheim so lange hän-
gengeblieben, daß er, Henscheid, in die nächstgelegene Ortschaft habe wandern müssen, um durstlöschendes Bier zu
holen. Es war um sechzehn Uhr herum, zudem glutheiß. Der

Wirt des ersten erreichbaren Lokals beschied das Ansinnen des jungen Henscheid, zwei kühlende Flaschenbiere kaufen zu wollen: »Ein Bier für zwei genügt!«
»So nicht!« kommentiert Henscheid 1999 den Fall. Die Strafe des HErrn wird den hartherzigen Schenk ereilen.

Bier, vorgestelltes Geht es Ihnen manchmal auch so? Sie freuen sich, die Tagespein zu lindern oder den nächsten Roman in Angriff zu nehmen, auf ein kaltes Bier, das die Nerven balsamieren, den Magen spülen und den Kopf massieren täte. Dann ruft jemand an, und Sie kommen nicht mehr rechtzeitig zum Kühlschrank. Die Unterhaltung dauert und dauert, und es wird eine halbe Stunde lang nichts mit dem kalten Bier. Sie legen auf, und Sie denken: Mensch, fühl' ich mich doch grad so gut, als hätt' ich ein schönes frisches Bier getrunken. Und der erste reelle Schluck, der bringt's schließlich nicht. Suchtkliniken, Fernsprecher anschaffen!

Bière Spéciale de Malmedy Brune 7,0%, für DB Drinks Malmedy/Belgien. Ich bin eine Flasche! sagt es. Ja, du bist eine Flasche, und wir werden dich austrinken und deine gelierende Fracht zur Michael-Schumacher-Siegerbrause küren, einverstanden? (Keine Antwort.)

Bierflaschenbruch, der Wehklagen, Splitter im Fuß, widriger Wischlappeneinsatz. Eine Freundin, die den erbärmlichen Anblick ertragen muß, ja in ihrer Klugheit aufmunternd eskortiert – zu Klump gegangen waren drei Gebinde Held-Bräu Hell (siehe da).

Biergarten, der Als »Biergarten für den Münchner« (*Schaufenster München* 3/1997) garantiert der Augustinus-Keller »bayerische Gastlichkeit […] im typischen Biergarten«, denn »Gemütlichkeit und Brauchtum sind typisch bayerische Tugenden«, so daß man als »Feinschmecker auf bayerisch, ob zu zweit, in geselliger Runde oder bei einem Festessen«, nichts falsch angehen kann, »unsere bayerische Gastlichkeit sorgt für Ihr Wohl«, und »der Augustinus-Keller München pflegt

die Tradition und schont die Umwelt« und ist nicht zu schlagen; beileibe nicht. Derweil die *Waldwirtschaft Großhesse-
lohe* »einfach alles, was den Biergartenkenner freut«, auf der
Platte hat; und die Münchner *Abendzeitung* am 3. Mai 1997
eine »Verlagssonderveröffentlichung« *Treffpunkt Biergarten*
abschießt, die nichts ungequatscht läßt: »Jazz-Frühschoppen,
Blasmusik, Ochs vom Grill, Steckerlfisch, Tanz auf der Frei-
lichtbühne, Sommernachtsfest, Bauernmarkt – Münchens
und Oberbayerns Biergartenwirte lassen sich etwas einfallen,
um ihre Gäste zu unterhalten. [...] Durch den ganzen Sommer hindurch spielt sich das gesellschaftliche Leben im Biergarten ab. [...] Wenn das Bier vom Holzbanzen gezapft wird,
Fleisch und Wurst aus eigener Hausmetzgerei und von Tie-
ren benachbarter Bauern stammen, Gemüse, Salate und Kräu-
ter aus dem Hausgarten kommen, kann man sich den Genüs-
sen besten Gewissens hingeben. [...] Die Gastfreundlichkeit,
die die Wirte von jeher auszeichnet, kommt noch hinzu«;
während der *Forsthaus Kasten* »Spaß für Jung und Alt«, der
Landsberger Hof »Haxn – Hendl – Spareribs«, das *Wirtshaus
Schienhammer* »a[n] Traum von an' Schweinsbrat'n mit Bedienung«, das Tanzrestaurant *Hirschau* a' »Brotzeitstandl«
avec ofenfresh Speckbrez'ngrilling plus »Tradition« *(Brau-
nauer Hof)*, die *Gaststätte Iberl* old bavarian »gutbürgerliche
Schmankerlküche« special extra, die *Insel Mühle* »Riesen-
Brez'n« und -Brüste meldet und der *Hofbräukeller am Wie-
nerplatz* »von den günstigen Preisen – von der Atmosphäre –
von der Qualität« her »ein Biergarten, von dem man spricht«,
zu sein verspricht – legt der Poet Horst Tomayer das Gedicht
»Im boarischen Biergartn« vor:

Unter erntereifen Kastanien
Der Maßkrug klingt nah und fern
Streiten sich gmüatliche Münchner
Wia d' Haschhändler hi gmacht ghörn

Oana moant: I daads daschiaßn
Der ander is mehr für den Strick
Koa oanziga is fürs Vergasn
Mei ham die Haschhändler Glück.

Biergartenverhunzung Funktioniert wie folgt: Der Frankfurter aktiviert seinen unbezwingbaren Willen, alles noch ab-
stoßender zu gestalten, als es ohnehin ist, und ruiniert die einzige nennenswerte Bierlaube, eine von Linden überdachte
Terrasse hinterm Zoo-Gesellschaftshaus. Vormals: Bedienung, Maß, gutes Essen. Dann kam Binding (kein Verweis),
stellte Firmenschirme auf, installierte ein Büfett, strich den
Tischservice und unterteilte das lauschige, zwischen Bärenkä-
figen und Teich gelegene Terrain in Lounges; so daß, etwas
erhöht, die Oberklassenpfeifen in simulierten Beduinenzel-
ten fressen und nippen und, ergänzt durch inflationäre Wer-
bemenschen, Schlangen vor der Tränke bilden. Daneben
fackeln Fackeln, blinken Blinklichter und schaut alles fein
säuisch, eventmäßig drein. Kann man nichts machen.

Biergattung Nie zu verwechseln mit Bierbegattung. Bier
zieht müde Männer runter. Meint den Biertyp (Schankbier,
Vollbier, Starkbier usw.). An unsere Freunde vom stullen
Stammtisch nebenan: Go on gröling!

Bier-Hannes Brauerei zur Mainkur Frankfurt/Main. Am
äußersten östlichen Ende Frankfurts liegt knapp vor der Au-
tobahnauffahrt Richtung Hanau an einem Platz, der einst für
Erholungssuchende geschaffen worden war, die kleinste der
drei Frankfurter Mikrobrauereien. 1989 schickte Braumeister Hannes Zimmermann seine Flaschen mit der Aufschrift
»Naturtrüb Vitaminreich Mineralhaltig Unfiltriert« in fünf
Kneipen, was ihm beim Lebensmittelaufsichtsamt eine 436-
Mark-Knolle bescherte, denn Bier sei angeblich nicht vitaminreich.
Junge, dynamische Menschen sollten weder nach Fechenheim
noch zu besagter Kaschemme vordringen; sie verstünden das
regulär hefige, mehrheitlich bittergehopfte **Zwickel-Pils**
(5,6%) bloß falsch, sofern zur hohen Rezensquote hinter-
gründig eine Christbirne addiert wird, sich einmischt?
Wer gibt?
Das **Export-Dunkel** (4,9%) vorsichtig wie Tetrapak-
Schwarzbeernektar, der Nachgeschmack unerwünscht pil-

zig. Das einzige Frankfurter **Weizen** (5,5%) »wird für Furore sorgen«, verspricht Zimmermann, es »hat weniger Kohlensäure«. Und eine nach mißmutigem Schaum und vollkommen fertiger Aromatik dezidierte Schlußsequenz, die wir kaum jemals so hörten.

Das Blättche – Ihre Stadtteilzeitung 46/1997 berichtet, Zimmermanns »Berufswunsch, Koch zu werden, war leider nicht realisierbar, da das Geld für eine Kochmontur fehlte. So empfahl ihm seine Mutter, Brauer zu werden. Als Meister bekäme er dann auch einen schönen Kittel mit Schürze.« Und er wurde, Fastnet 1997, Tollität Prinz Hannes I. »In der bevorstehenden Kampagne wird das Prinzenpaar über 220 Saalveranstaltungen besuchen und noch vielen weiteren Verpflichtungen nachkommen. Ihre Lieblichkeit freut sich auch besonders auf die Besuche in Kindereinrichtungen. Bei einem solchen Paar wird es bestimmt keine trockene Fastnacht.«

PS: Weizen-Testifikation Mai 1999: immense Fortschritte.

Bierkeller, der »Die Tür muß auch von innen zu öffnen sein.« *(Biere gepflegt ausgeschenkt – Exclusiv – Brauring-Service)*

Bier-König Wahrscheinlich der Neger, ermittelte *Bild*, erschoß (zum Lemma Bier und Gewalt siehe auch Bier-Krieg) im November 1997 den mallorquinischen B. Manfred Meisel (genau dokumentiert in: Jürgen Roth: *Kultur? Betrieb! – Essays und Polemiken zu Literatur und Geistesleben,* Münster 1999). Meisel, nicht Maisel, zapfte auf der Schinkenstraße/El Arenal, unweit des *Ballermann 6,* für die deutsche Touristenseele als »weltweit größter Einzelabnehmer« *(Bild)* pro Tag achtzig Fässer König-Pilsener. Gerechte Strafe? Frührentner Reinhard (Münsterland) stöhnte laut *Frankfurter Rundschau* (10. Januar 1998): »Den Bierkönig haben sie umgelegt. Da könnten wir in Deutschland gleich die Todesstrafe einführen.« Die Geschäftsführerin der König-Brauerei, Dr. Doris König, erklärte via *WELT-Report Bier* (16. September 1998), es »muß mit größerem Kaliber geschossen werden«, »der Markt brennt«.

Der B. ist tot, es lebe König? Wäre, die Objektivität zu runden, der Suizid einer Brauerei denkbar? Die Flinten gegen
sich selbst richten, noch mal entschuldigen für alles, was man
dem Bier angetan hat, und dann – – klick? Müßte möglich
sein.

Bier-Krieg Der alte Bierkrieg ist seit dem ausgehenden Mit-
telalter gegessen, flackerte freilich immer wieder auf, dauerte
partiell über dreihundert Jahre (so die Hildesheimer Bier-
fehde von 1481 bis 1802), hatte aber keinen rechten Schneid
mehr. Der neue begann nach Maßgabe der *Bild*-Zeitung am
7. Januar 1999 mit dem blattgenuin bildhaften Binde-Strich
als sog. »Bier-Streik«, überdies »Erster Bier-Streik!« – und
dehnte sich zwei Tage später zum nunmehr von neuem tra-
ditionell gefaßten »Bierkrieg: Immer mehr Wirte wollen streiken« aus. Ursache: »die Preiserhöhung am Bierfaß: Das gab's
noch nie! Der Bier-Preis zischt rauf – […] 200 Gaststätten in
Nordrhein-Westfalen reichen ab 15. Januar nur noch Flaschenbier über den Tresen!« Was Gaststätten alles können!
»Organisiert wird der Bier-Streik vom Bonner Wirt Hansi
Zinn (50) und seinem Verein ›Gastro Power‹.« – Anlaß genug für einen extradementen Spezialkommentar des fehler-
los jenseitigen Sumpfkopfes Paul C. Martin: »Bier-Streik –
Ex und hopp! Der Kneipe an der Ecke geht es schlecht. […]
Was tut der größte deutsche Brauereikonzern (er heißt Brau
und Brunnen)? Er setzt die Preise rauf. Das lassen sich die
Wirte nicht gefallen – sie wollen streiken und statt frisch Ge-
zapftem Bier in Flaschen verkaufen. Das ist handfest, das ist
ein Streik, für den jedermann Verständnis hat«, und zwar
nicht, weil Flaschenbier eh besser mundet denn kohlensäu-
reamputierter Hahntropf, sondern: »– auch wenn er kein
Bierfan ist.« – »Brau und Brunnen gehört übrigens großen
Banken – die HypoVereinsbank hält fast 60 Prozent! Die
müssen gerade Riesenverluste wg. vergeigter Immobilien-,
Rußland- und Asienkredite reinholen. Brau und Brunnen?
Nee, nee! Ex und hopp!« »Neijneijneij« (H. Schneider), der
Russe. Im Ernst: Es sieht gar nicht mal so gut aus. »Der Bier-
krieg im Rheinland«, meldete *Bild* am 9. Januar, »weitet sich

auch auf andere Länder aus!« Zum Beispiel »Berlin und Dresden«. »Die Aktion weitet sich zum Flächenbrand aus«, der gelöscht werden will. Norbert Beyer, Inhaber der Essener Tränke *Marktstübchen*, sieht einen Bürgerbierkrieg kommen. »Uns kostet der Hektoliter fast 400 Mark«, stöhnt er. Seine Stammkunden sind empört. »Die Schmerzgrenze ist doch schon erreicht« (Heizungsmeister Axel E., 48). »Eine Unverschämtheit!« (Willi J., 71, pensionierter Oberkellner) »Die Zeche zahlen schon wieder wir!« (Karl Sopp, 31, Geostratege) Und die »Gebühren für die Musik-Box« *(Bild)* sind erklecklich. »Auch im *Blauen Affen* [siehe Kapielski, Thomas]«, so die *taz* (16. Januar), »stehen die Zeichen auf Sturm. Ein Gast fordert fünfzig Pfennig weniger pro Glas, ›damit die Leute mehr trinken können‹.« Während am Tresen der Eckkneipe *Dreieck* die Einsichten fielen: »Ohne Bier gibt es kein Berlin« und »Was ist das für eine Realität, wenn Cola teurer als Bier ist?« Oder umgekehrt.

PS: Die germanische Trias: Bier-Auto-Militär – sie wird sich als hl. Spießer- und Pfennigfuchsertrinität erhalten, solange niemand einschreitet und das Deutsche vom Antlitz der Erde tilgt. »Allen tapferen Biertrinkern gewidmet von obigen Bierkriegs-Veteranen«, erinnert eine Postkarte an den einwöchigen Bamberger B. 1907. Man schrieb den 1. Oktober (vgl. *Fränkische Landeszeitung*, 2. Oktober 1997), da unter Führung des »Feldmarschalls« Karl Panzer jene »Kriegserklärung« verfaßt wurde, wonach die Erhöhung des Bierpreises um einen Pfennig nicht hinzunehmen sei. Gastwirte stärkten die Trinkerfront, importierten Forchheimer Stoff, und am 7. Oktober kapitulierten Bambergs Brauhäuser. »Damals war der Biertrinker noch eine Macht.« (Herbert Schinella) Daß er eine aufgeklärte werde, dafür streiten wir.

BierKultur Vierteljährlich und zum »irrationalen« (G. Lukács) Preis von DM 9,50 erscheint via Trautwein Verlag, Freiburg, seit Anfang 1999 das achtzig Seiten starke »Magazin für überschäumenden Genuß«, genannt *B.* Elsbeth Trautwein, die einer Mannschaft vorsteht, deren Mitarbeiter

als »genießend & unbeschreiblich weiblich«, »so ehrlich wie
Quellwasser« oder »standfest, mit viel Ausdauer und Tiefe«
charakterisiert werden, ist dabei, sich einen Namen in Sachen beängstigend weit entwickelter Unfähigkeit zu machen. Dem »hingebungsvollen Genießer« widmet sie ihr Pa-
pierbündel, dem »wählerischen Individualisten« und dem
»informierten, weltgewandten Bürger«, jenen, »die sich die
Freiheit nehmen, mit anregend gestalteten Artikeln Kultu-
relles und Genußvolles zu verbinden«.
Why? »Trendforscher prophezeien schon lange«, orgelt Madame, »daß das sogenannte ›Lustprinzip‹ die innovative
Möglichkeit ist, viele Informationen auf angenehme Art und
Weise aufzunehmen und entsprechend leicht zu verarbei-
ten.« Wir vermögen nicht zu sagen, was Freuds späte Kul-
turtheorie wirklich meinte – den hier eingekochten Würg
aus Werbespeech und Blödsinnskommunikationsrhabarber
wahrscheinlich weniger. Doch die leicht verdauliche köstliche Kost regnet dieser Tage ohnehin dauerstürmend als Zei-
tungsscheiße vom Himmel.
Wissen light, Know-how ultra – danach ist der yuppieesk-
globale »Zisch, der die Welt verbindet« tatsächlich geraten,
ein letzter Furz des Pressegauls. Orthographie und Interpunktion passen sich mühelos der dt. Bieretikettenkunst an,
großflächige Billigarchivphotos und Postkarten strecken
Reiseführertexte auf verbissene Längen, und darüber
schwenken keiner Schülerpostille zu empfehlende Hobby-
skribenten weihevoll den Phrasenstreuer.
Vorm Weizenglas ist gut sabbern. Aus dem Konversations-
lexikon pinselt man die Kolonialgeschichte Surinams ab, zum
Parbo, des Landes »Bier von Weltklasse«, sucht der Leser
vergeblich eine Zeile, die dessen Geschmack bloß streifte.
»Gerne können Sie aber auch an unserer nächsten Projekt-
reise nach Surinam teilnehmen und selbst den edlen Gerstensaft versuchen.« Danke, nein. Wir trinken Bier, keinen Gerstensaft.
Die größten Selbstverständlichkeiten gelten *B.* als »Informationen«: etwa daß unterm Dach des Klosters Andechs
Stammgäste ihre Krüge verwahren lassen (zu Bayern al-

lenthalben üblich). Der Berlin-Kreuzberger Bier-Company werden »köstliche hauseigene Spezialitäten« attestiert, »genau wie wir Deutsche lieben auch die Venezolaner ihr Bier«, und der ganze Seich, ein deprimierend nahtloses PR-Gefasel, kulminiert im ungebrochenen Bekenntnis zur Genialität des deutschen Biers: »Vielfalt prägt die Weißbierszene.«

Wäre Bier ähnlich leer wie's durch *B.* distribuierte Gesabbel, es stünde weiteren Absatzeinbrüchen nichts im Wege. Immerhin bewährt sich das steinalte Gesetz: Je mehr über Kultur geschwätzt wird, desto weniger ist eine vorhanden. Die sturzöde Freiburger Gasthausbrauerei Feierling (**Inselhopf, Feierling Inselweiße**) »schafft Identität zum Produkt Bier«, Martin's Bräu (**Helles Pils, Dunkles Export**) nicht minder. Nur: Wer steckt seine triefende Nase tiefer in den nicht existenten Schaum der lebensnah pulsierenden »Bächle« und ruft kraftvoller aus: »Freiburg ist die Feste des Freibiers, das niemand trinken mag!«?

Es herrscht Konfusion. Da gibt es »Sommerbiere« (?), statt Marken immerzu »400 Biersorten«, und sagenhafte Entdeckungen macht die bierunbeleckte Crew zahlreiche: »Die Kornsäcke wurden über Seilwinden auf den Speicherboden der Brauerei gezogen, um von dort mittels Schwerkraft die anschließenden Behandlungsstufen zu durchlaufen.« Oha. »Sogleich vom Barkeeper als Bierkenner erkannt«, lügt das Team, »werden wir darüber aufgeklärt, was wir gerade trinken.« Wie das, was hinter den Etiketten **Alaskan Frontier, Alaskan Amber, Alaskan Ale** und **Smoked Porter** (Alaskan Brewing) schwappt, mundet? Fehlanzeige. Das erschießungswürdige Brauhaus Oettingen »steht für (Bier-)Vielfalt«, das Radigk's Brauhaus in Finsterwalde verspreche hellste Gaumenfreude und »den besonderen naturbelassenen Biergeschmack«, während zu Zwönitz »das Brauereifest mit Faßweitwurf« begeistert.

B. ist ein »echter Wurf«: der aktuell gravierendste Totalausfall auf dem garstigen Feld der kulinarischen Simulationsmagazine und keineswegs – uaahh – »insbierend«. Das Editorial von Heft 2/1999 gesteht: »Wir haben erst den Hauch

einer Ahnung, in welches Terrain wir uns begeben haben.«
Die beste Voraussetzung, Zeitung zu basteln.
Unsereins könnte, lesend statt süffelnd, glatt dem Wein an
den Hals fallen.

Biermarmelade 2,5% Bad Dürkheim. Produziert der
Rheinpfälzer Winzer Karlheinz Altvater. Nach »geheimem
Rezept«, versteht sich. Bier wird verbrüht und mit Gelier-
mittel und Zucker in Verbindung gebracht. *Bild Rhein-
Neckar* (31. Oktober 1996) nannte das Resultat einen »Knüller«. Auf frisch getoastetem Kastenweißbrot – ohne Butter:
im Anbiß konfitüreartig, im Mittelmalmen weinig, beim
Abmarsch marmemaladig; mikroskopisch altbierig; – mit
Butter: gänzlich nonbierig.
Pils, Alt, Weizen sind die Geschmacksrichtungen. Für
Leute, die schon morgens trinken müssen, sich aber nicht
trauen, mag der beißende Biergeruch nach Öffnen des Glases ersatzbefriedigend wirken. Vernünftige Seelen machen
um das wackelpetrige »Braumeister-Frühstück« einen Spaziergang und verbannen die »Schnaps-Idee eines Wein-
Pfälzers für die Bier-Bayern« (Münchner *Abendzeitung*,
28. Oktober 1996) aus ihren intakten Köpfen.

Biermösl Blosn Der siebzehnköpfigen Well-Familie c/o
Günzlhofen (Nähe Biermoos) entstammendes progressives
Volksmusiktrio. Wandte sich thematisch u. a. der »Wall-
fahrtsautobahn München–Altötting–Braunau«, der bayerischen »Urxenophobie«, den weltpratzlnden Protzners, dem
»trinkfesten, verkehrstüchtigen« O. Wiesheu und den »be-
liebten Trachtenandroiden« Zillertaler Schürzenjäger zu.
Dabei keineswegs neben der Spur oder eine solche kabaret-
tistisch. Vielmehr artistisch bis zum Neodada: »Dada pack-
mas mpfda Gmüatlichkeit, / dada mpfda Kraft und Schneid,
/ dada Schweinsbråtn mpfda fünf Maß Bier, / dada mpfda
mpfda mir san mir.« 1979 Relegation vom Bayerischen
Rundfunk wegen der Hymne »Gott mit dir, du Land der
BayWa«, 1981 skandalöse Uraufführung des »Nürnberglie-
des« (am 5. März 1981 wurden vor dem Nürnberger Ju-

gendzentrum *KOMM* 129 Leute verhaftet und bis zu drei Tage eingekerkert) im Hofbräuhaus – bei Anwesenheit der versammelten CSU-Mannschaft – und Rausschmiß aus der offiziellen Öffentlichkeit. Einer der drei, Christoph, entging nur knapp dem Schicksal, »Flaschelwischer bei der Brauerei Maisach« zu werden. Gerhard Polt lobte »die in ihrer Vollkommenheit großartige, akribische Beschreibung unserer Giganten (Strategen, Winkelzügler, Betonpflatscher und gemeine[n] Wiesendondler)« durch die B.; Zentralkomplexe des weiteren: »Drinking beer from große Maß«, »wo [...] die Geisteswinde durchs Bierzelt wehn«, der »messianische Stoiber«, der »universelle Glo-os«, der »Güllejodler«, die alleserschlagende bayerische Liberalitas und manches mehr. Pflicht: die Lektüre der Werkschau *Grüß Gott, mein Bayernland* (Zürich 1994).

Biermuseen Derer gibt es (zu) viele. Beherbergen altes Werkzeug, Schilder, Gerümpel ohne Ende, Kästen, Kisten, Kostüme, Pferdegeschirr. (Funktionierende Brauereien sind allemal besser.) Wer sich daran delektieren kann, Auswahl hat er. Anton Piendl und Wolfgang A. Mayer stellen mit ihrem Band *Brauereimuseen in Deutschland, Österreich und der Schweiz* (Nürnberg 1996) vier Millionen solcher Gebäude vor. Der blendenden Produktionsstätte Bischoff, Winnweiler (siehe Bischoff Export), sagen sie hinsichtlich eines dort installierten Biermuseums nach: »Ein Masse- und Trubfilter, eine Hefeziehbirne, eine Faßkarre, ein Faßpichapparat und einige Bierpumpen und Spundapparate sind Zeugen der 130 Jahre alten Brauerei. In zwei Glasschränken sind alte Bierkrüge und Flaschen ausgestellt. Ein Schaukasten beinhaltet das wertvollste Stück des Museums, nämlich die Urfassung der Niederschrift der Gemeinderatssitzung aus dem Jahre 1865.« Den doppelten Genitiv kennen sie. Allerdings gewinnt man durch die zahlreichen Polaroids bleibende Eindrücke von der Schäbigkeit neuzeitlicher Brauereiarchitektur. Und wenn erstklassige Torheiten gelobt sein wollen, vergessen sie sich ganz (»Diebels live in Issum«).

Ein Tip: Besuchen Sie das *Biermuseum* in Rodt bei Petit-Thier/Belgien, nahe der E 42 (der unbrauchbare *Brauwelt*-Bieratlas *Das deutsche Bier* [Bern/Ostfildern/Nürnberg 1997] – die Karten unübersichtlich und ohne Einzeichnung der Brauereien, deren Nennung willkürlich, die Texte blasse Werbepopeleien, irreführende Straßenbezeichnungen – gibt dem beschaulichen Ort jenseits der Reinheitsgebotsgrenze freilich den original deutschen Namen Roth): – 3.000 Flaschen hinter Glas säumen die Wände der sagenhaft verhauenen Holzhütte, sofort vom Grill Ardennenschinken, dazu Kartoffeln, Salate und das mirakulöse Duvel, freundlichster Service, Würste, Westmalle und tausend nette Dinge zusätzlich. Hier können sich Museumspädagogen eine Scheibe abschneiden.

Bierpraline »Geschmacksexperimente«, so die lifestyleschrotknallige *BamS* am 10. Januar 1999, »– vor allem junge Leute bis 30 haben Spaß daran« und mampfen **Alpirsbacher Spezial B.** Hilft kein Zuchthaus und kein Nachsitzen. Nur Älterwerden. (siehe auch Alpirsbacher Kloster Spezial)

Bierseid'l Lange stritt das B. auf der Düsseldorfer Straße (Frankfurt) um Berücksichtigung. Wir kapitulieren. Die Apostrophkatastrophe hält an.

Biertropfen, der Der Konkurrenzkampf geht »bis zum letzten« (*WAZ*, 9. Oktober 1997) B. Zwischen Namibia und Südafrika. »Dennoch geben sich die namibischen Brauer nicht geschlagen.« Es wird zurückgebraut.

Bierweg a) Straßenname in Hechingen, Zollernalbkreis. Weg, den die preußischen Bierfässer nach 1848 vom Zollerbrauhaus (siehe auch Zoller-Hof Fürsten-Pils) Richtung Oberstadt nahmen. Heute Pfad zur Volkshochschule; b) German way of living, drinking, sinking; c) laut Grimm-Brüdern kleine Bierstraße. Sagt man, wenn dem Genießer ein Rinnsal Bieres vorm Munde abzweigt. (Merci, Tom Wolf.)

Bierwitze Die meisten, die allermeisten B., zumal jene auf diesen Seiten, sind sie nicht, gestehen wir's, zum Brausen erbärmlich?

Binding Black Lager 4,8% Binding Brauerei Frankfurt/Main. Seinem Verleger Max Niedermayer übermittelte Gottfried Benn am 30. Dezember 1953 den brieflichen Dank: »Mit mehreren Flaschen des köstlichen Bindingbiers werde ich am 2 I 54 des Spenders gedenken – (das war ein wirklich schönes, zünftiges Geschenk!)« (Gottfried Benn: *Das gezeichnete Ich – Briefe aus den Jahren 1900–1956*, München 1962). (Nicht imitieren, saureicher Reclam Verlag!) Er kannte, wie vieles, B. Kugellager nicht. Benn hätte das drei Wochen alte, aus der Pfanne seines Patrons gekratzte Schnitzelfett in Empfang nehmen, Verdünner aufgießen, umrühren und das Präsent schwungvoll exkommunizieren müssen.
Den Heutigen sei ins Stammhirn getrieben: **Lager** (4,5%), **Diät Pils** (5,0%), **Export** (5,3 %), **Römer Pils** (4,9 %), die Pestpocke **Carolus** (7,5%) und – neuerdings, karfunkel – **Römer Pils Medium** (3,0%): Sie machen sich keinen Begriff von zeitgenössischer Folter.

Bintang Bir Pilsener +/– 5,0% Multi Bintang Surabaya/Indonesien. Birgt Mengandung Alkohol. Hauch Hopfen, Hauch Spiritus. Evtl. mit Stäbchen zu trinken. Stahlgesottene halten's aus.

Bio-Gold 4,7% Schloßbrauerei Chr. Stelzer Oberkotzau-Fattigau. Als Pilsener gedacht. Empfindsam, musisch beschäumt. Wenn »Bio« den Geruch feuchten Backsteins, pressende Malzmangelerscheinungen und wellpappiges Bukett zur Maxime erhebt, dann lieber ohne Ökologie leben

Bioland Pilsner 4,8% Binger Lammbräu Bingen. Schäumt wie der Antichrist und bringt sein Korn nach Hause. Farbe discostraight, stroboskopartig, geschmacklich deutweis' aufgeschwemmt und einem Pils endlos fern. Das helle **Woiza** (5,0%) im Karamelumhang. Viel zu unfiltriert. Dafür wirbt der Prospekt mit »durchschaubaren Produktionswegen vom Acker bis ins Glas« und dem unsterblichen Satz: »Erst der Mensch macht das Bier zum individuellen Erlebnis!« (siehe auch Mond-Bier)

Bischoff Export 5,2% Brauerei Bischoff Winnweiler. Bischoff und Fehlschlag: Lagen Begriffe jemals auseinander? Sie liefern das Muster für Exportbiere, ihr **Festbier** (5,2%), stehend Haingewässer, hopfenlerchenleicht aromatisierend, der rußige **Doppelbock Dunkel** (7,5%) rangiert miles and miles vor seinen Artgenossen. Ihr habt ihn, unsern Segen.

Bischofshof Prälat Pilsener 4,7% Brauerei Bischofshof Regensburg. Beweist Fingerspitzengefühl bei der Hopfung, artiger, einen Tick früchtelnder Antrunk, stichelnde Abgangsbittere. **Urhell** (4,8%): öch-nee. Am **Hefe-Weißbier Hell** (5,1%) nichts Bemerkenswertes.

Bitburger Premium Pils 4,8% Bitburger Privatbrauerei Th. Simon. Wie blümerant uns heute ist; ganz schwanig. Ob wir uns dem einen, zu Wiederaufnahmezwecken hergeräuberten B. an den Flaschenhals hätten schmeißen und verschreiben müssen? Ob wir uns zu überwinden gedenken? Der Magen rumort bereits restlos unheilschwanger, wagnerisch ruckelnd und rackernd, dem fatalen Entscheid grollend. »Und eben deshalb, damit das Gleichgewicht nicht ganz zusammenbreche, braucht der Körper die vielen kleinen informationsvernichtenden Bitburger Bits, das seelische Erleben wieder nachkommen zu lassen. Salute.« (Eckhard Henscheid: *Sudelblätter*, Zürich 1987) Id est: Prost unter Protest.

Blanche de Francorchamps 4,5% Brasserie Lefèbvre Quenast-Rebecq/Belgien. Spa. Stavelotkurve. Gluthitze. Taumel der Begeisterung, Schwips der Seligkeit. Notbier: verschimmelt. Das Humanum nimmt Schaden. (siehe auch Floreffe Blonde)

Blank Pilsener naturtrüb Brauerei Blank Zwiefaltendorf-Riedlingen. Braumeister Karl Blank sei ein gottesfürchtiger Mann, erzählt Reutlingens Trinker No. One, der fröhliche Jürgen Zimmerer, sonntags werde nicht gerackert, auch nicht bei Bierknappheit, und abholen sollen Gaststättenbetreiber das hochherzige Getränk bittschön selbst. 900 hl hat Blank pro Jahr auf der Pfanne. Sie lagern »neben einer Tropfsteinhölle« (*Reutlinger General-Anzeiger,* 23. April 1997) resp. »Tuffsteinhöhle« (J. Zimmerer) und schmecken beeindruckend, berührend des Wolkenfluges Grazie. Ihr eisschneeiger Schaum imitiert manch Berghügelschwung der Schwäbischen Alb, die pikantesten Waldfruchtlasuren legen sich über oblatendünne, lachsschinkenfein geschnittene Hopfenkringel. Glockentürme seien in Dienst gesetzt, zu künden von wohlgetaner nützlicher Arbeit. Möge sie denn einen Tag verdient ruhen. Aber morgen wieder ran an die Buletten, Maître Blank!

Boddington Draught Bitter 3,8% The Whitbread Beer Company London/Großbritannien. Doof.

Böheim Pils 4,9% Brauer-Vereinigung Pegnitz. Sie dürften gleich für Helles plädieren. Was sie mit ihrem **Hell** (4,9%) tun. Zum Besseren wendet es sich nicht.

Bohemia Brand Beer 4,8% Cerveceria Cuauhtemoc Monterrey/Mexiko. Man könnte pampig werden. Sieben Mark Abgußkosten.

Böhme, Johannes Wunderte sich, »wie viel dieses unmäßige Volk verträgt, wie sie sich einander zum Trinken ermuntern und zwingen; kein Schwein, kein Stier würde soviel schlucken«. Außer uns erwählten Dienern des Volkes.

Das **Bosch Pils** (4,8% Brauerei Bosch Bad Laasphe) ist ein Depp, das **Lager** (4,9%) ein kecker Modenepp. Muß ein neuer Hitler her?

Boxer Old Lager Bier 5,2% Brasserie du Boxer Romanel/ Schweiz. Mein lieber Eidgenosse! Gesellt sich zu deinen trefflichsten Schokoladen und Käsesorten, unzweifelhaftes Kennzeichen wundertätiger, gipfelstürmerischer Trankkunde. Gamsbart ab!

Bratislava Lager 4,5%, gebraut in »Tschechien« für Beli GmbH Mehrow. An Kanaldeckeln stehen manchmal so Pumpen, und dicke Schläuche hängen im Schacht.

Brauen, das Sei, wiederholen wir zum Mitschreiben, in seinen glücklichsten Momenten ein Vorgang, der Verstand, Mut und Geschick verlangt und idealiter reale Getränke zeitigt, die Inspiration, Kenntnis und den Willen zur Individualität bezeugen. Das B. befördert des Menschen Einheit mit sich selbst – so er entschlußkräftig handelt und auch einen kräftigen Schluck tut, der ihn ermuntert, dem Verfehlten das Fürchten zu lehren und der Würdelosigkeit die Stirn zu bieten.

Brauerei-Abfüllung Steht geschrieben auf vielerlei Flaschen und, zuweilen in Verbindung mit »Original-«, auf jeder zweiten Dose. Warum? Muß man dort, wo keine B. bzw. OB. angezeigt ist, Gestehungsstätten wie Müllverbrennungsanlage, Kindergarten oder Kurhaus vermuten? Nein, der Gedanke trägt nicht eine Zeile weit.

Brauerei Hülsmann Wanne Eickel o. s. ä. Abgerissen, perdu, da kann Kollege Chr. Biermann (Köln) bitten und betteln und beben und beten, wie er meint. Nichts zu machen. Aus. Vorbei. Sense. Immerhin darf die B. der Aufnahme in die Liste Roter Biere und Bierbrauereien (LRB) entgegensehen, einem jährlich zu aktualisierenden Kompendium ausgestorbener oder vom Aussterben bedrohter Biere und ihrer Brauhäuser (samt Braumeistern und Familien). Vornehmlich im »roten Nordrhein-Westfalen« gelegener und unterlegener. (Vgl. auch *Das Kölsch, der Klüngel, die Krise*, in: *StadtRevue* 2/1997.)

Brauhaus Neustadt/A Interpils 4,8% Burkart-Bräu Neustadt/Aisch. Deftiges Aromapils, straighte Finishgestaltung, zirkelgenauer Antrunk und u. k. U. »zwischen« Export und Pils, wo gar das **Export** (5,0%) aus dem Stubbi ein vortreffliches Export ist und »Export« genannt wird. Angesichts dieser reputierlichen Sache wollen wir den spitz beäugt patinösen und querulatorischen Titel »Interpils« mit keinem weiteren entbehrlichen Wort bemäkeln. Lieber beim Flüssigen nachfassen. Genau. –

– – –

–

Und? He! Wo seid ihr Penner? Eingeschlafen? Weggelaufen? Zur Pommesbude? Schurken! Betrüger! Gauner! Pfuscher! Nichtsnutze! Bengel! Kröten! Schweinepriester! Kesselflicker! Ameisenficker! Super-Ärsche! Halun...
Man wird noch austreten dürfen, bei dem Pensum. Nehmen Sie Papier und Bleistift zur Hand: Farbe, Schaum und Geschmack des **Hellen** (4,6%) verlieren sich im Bedeutungslosen. Mahlzeit.
PS: Hermann Neubert (Miltenberg City) erklärt (Mai 1999): Laden zu. Wir plagen uns.

Braunfelser Pils 4,8% Schloßbrauerei Braunfels W. & G. Wahl. Stinkeinfaches Bier, das, weil die Schloßbrauerei Braunfels ebenso dicht ist wie Waldschmidt (siehe Waldschmidt Pils; siehe Wetzlarer Dom-Pilsener), durch die Private Lahntalbrauerei Vertriebs GmbH (siehe Euler Naturtrübes Kellerbier) verschleudert wird. Wenden wir uns den Lebenden zu, blühenden Pilsenern.

Bräunlinger Keller-Pils 4,9% Löwenbrauerei Bräunlingen. Seifengelb, kathurnenhoher Schaum, wütende, phänomenologisch-phänomenale Duftnoten, der eidetischen Idee des Bieres unter Abzug störender empirischer Daten adäquat. Ein Kraftpils. Ein Saftpils. Eingeweihte munkeln, das B. werde ins Grab steigen. Man zählt die Stunden. Über diesen Seiten liegt der Geruch von Tod und Verwesung. Teufel.

Brauperle Pils 4,8%. Kein seiner Sinne Mächtiger wagt es, ein Bier B. zu taufen. Mit Ausnahme der Ottweiler Brauerei. Die läßt nichts aus.

Brigand 9,0% Browerij Van Honsebrouck Ingelmunster/ Belgien. Mal mit dem Makel der destruktiven Früchtekollision behaftet, mal gerundet, schaumgestrafft, und wieselflink quert der Hopfen die Linie. Den libellenfragilen Hopfenschlägen des **Kasteelbier Gouden Triple** (11,0%), seiner verfressenen Plumpsackhefe und seinen aus dem Stollwerck gebrochenen Aromabrocken gilt unsere nicht endende Aufmerksamkeit bis zum Eintrag:

Brotzeit-Bier 4,9% Privatbrauerei Röhrl Frontenhausen. Selten so gelacht.

Brugse Tripel 9,0% Brouwerij Gouden Boom Brugge/Belgien. Schneller als der Geschmack. Die Spritfirenase schadet. Ein Weltmeisterweizen sollen sie machen, das wir nicht zu fassen bekamen.

Brütting Kellerbier Brauerei Brütting Friesen. Rubin. Nicht an die Lippen führen. Es sei denn, Ihnen behagt der Geschmack naßkalten Haupthaars.

Bud und **Michelob** Die Gläser heulten wir 1997 voll – ob der unwürdigen Veranstaltungen des Anheuser-Busch-Konzerns aus St. Louis/USA. Amtlich seit dem 14. Dezember 1997 (vgl. *Frankfurter Allgemeine Sonntagszeitung*) ist, daß statt Budweiser das B. tatsächlich nur Bud heißen darf: »Die amerikanische Brauerei Anheuser-Busch hat im seit 80 Jahren währenden Streit um den Markennamen ›Budweiser‹ nachgegeben. Wie die Agentur Bloomberg berichtete, hat die weltgrößte Brauerei ihre Ansprüche auf die seit jeher von der tschechischen Brauerei Budvar geführte Biermarke aufgegeben. Als Grund nannte das Unternehmen, daß der alternativ genutzte Kurzname ›Bud‹ inzwischen erfolgreich weltweit eingeführt sei. Im letzten Jahr scheiterte Anheuser-

Busch mit dem Versuch, sich bei der tschechischen Brauerei einzukaufen. Die Tschechen verweigerten damals das Geschäft, weil sie eine Übernahme durch den amerikanischen Giganten fürchteten.«
Der Kommunismus war nicht umsonst; anläßlich des **Michelob Golden Draft** (5,0%) kostenlos. No Nugget there.

Budweiser Budvar 5,0% Pivovar Budejovice/Tschechische Republik. »Voller Schaum. Vollgelbe Farbe. Volle Hopfenwolke. [...] Allzeit volle Gläser!« (Lissy Schmidt) »Voll wahr?« (Jürgen Roth) »Offenbar kam sie sich aber so toll vor, ein Verhältnis mit dem Mythos Rudolf Augstein gehabt zu haben – auch er ein Opfer des Vollbiers aus Budweis« (Jörg Schröder: *Schlechtenwegen,* Augsburg 1999), daß wir voller Überzeugung raten: Fragen Sie Holsten-Spezialist Dr. Theo »Dr.« Sommer.

Bügel-Weisse 5,1% Landbrauerei Ludwig Erl Geiselhöring. Wenn das »unfiltriert« sein soll, haben wir grauen Star. Anfänglich klar gleich dem klirrenden Wintermorgen, alsdann repräsentative Demokratie (Aprikose, Birne, Zwetschge, minoritäre Dattel). Schaum sauber. Und die trübe Trübung, ha. Das **Erl Hell** (5,0%) beachtlich – honorig malzig und höflich hopfig. Mit seinem **Erlkönig Premium Pils** (4,9%) schöpft der Niederbayer ein erstklassiges Hopfengezücht, hingetupft und nachbimmelnd phonstark. Der Qualitätsschmecker mache sich die Erl-Bestände (c/o *Fleischer Wökkel*) untertan.

Burgen Premium 5,2% Postbräu Thannhausen, für GEFAKO Köngen. Extrem krasse, exaltierte Leere. Des **Vatertagsböckles** (7,5%) Ampulle wurde vermutlich unter die gelockerte Ölablaufschraube gehalten. Trotzdem sehen wir Ansätze zu einem brauchbaren Doppelbock. Man zweifelt am eigenen Narrkopf.

Bürgerbräu Edel-Bock 7,2% Bürgerbräu GmbH Bayreuth. Wer glaubt, er könne uns ein Gebräu aushändigen, das die

Zunge nicht löst, sondern ablöst wie die Beize den Altanstrich?

Bürger Export/Pilsener/Weizen Kristallklar 5,1%/4,8%/5,4% Bürgerliches Brauhaus Ravensburg-Lindau. »Bier wird nur zu dem Zweck gebraut, um getrunken zu werden, und dasjenige Bier, was nicht getrunken wird, hat eben seinen Beruf verfehlt.« (Alexander Meyer am 21. Januar 1880 im Preußischen Abgeordnetenhaus) Werden deren drei stempeln gehen müssen.

Bürger Kölsch 4,8% Rheinische Bürgerbräu Köln. Spackendick, fahrig, faszinierend verkommen. Trashbier? Gallengift? Das zuverlässigste Abführmittel rund um den gottverlassenen Dom? Oder **Bürger Pils** (4,8%), worin unzüchtige Bakterienexperimente statthaben? Die »kalte Hand des Alltags« (HR 1, 7. Juni 1999) greift zu.

Bürgerliches Lager 4,9% Bürger-Bräu Hof. Wann mußte das bürgerliche Lager seine letzte schwere Niederlage einstecken? Am 17. April 1999, da wir's wählten. Trinken als Sklavenarbeit: Die **Edel-Weiße** (4,9%) nicht besser denn schlecht, und das **Festbier** (5,2%) können Sie in der Pfeife rauchen. Best of Kiste: **Edel Pilsener** (4,8%).

Bürger Tradition Hell 5,0% Bürgerliches Brauhaus Augsburg-Göggingen. Bürger von Bürgerbräu »bürgt für Qualität«, haben sie ausnahmsweise unrecht. Was bietet das Leben dem vom Medienfrondienst heimkehrenden Menschen Angemesseneres als ein kühles Bier?! Und dann muß er B. trinken. Selbst mit dem **Hefe-Weizen** (5,2%) konnten wir wieder viel anfangen. Sein dunkler Widersacher in Sachen dunkle Machenschaften, die **Alte Weiße** (5,2%), wie Erdkrötenlaich aus dem Juteschlauch.

Bürger Weiße 5,5% Bürgerliches Brauhaus Ravensburg-Lindau. Martinwalsergeeignet. Stockdeutsch. Wir drehen es und wenden es, halten es gegen das Licht der Aufklärung, einschütten, ausschütten, es bleibt dabei: ein stein-dummes Bier vom Steinschlage Bumm-Böll. (siehe seine Anhänger)

Burgherren Turm Export 5,0% Privatbrauerei Streck-Bräu Ostheim. Dreistes Geschäum, spinniges Malzdrehmoment, schnellste Runde im mit wenig Hopfenflügel gefahrenen Finish. Bodenhaftung und alkoholischer Grip ausgezeichnet. Siegfähig. Normalbleifrei reibert das **Ur-Typ** (4,5%), keine Spitzenzeiten, aber komfortable Reiseverpflegung.

Burghof Pils 4,9%, gebraut im Auftrag der SGL System Friedberg/Bayern. Ein Geschmack findet nicht statt. Wer lohnbraut, kriegt auf die Vorhaut.

Busch Brauerei Felsquellfest behauptet bis zum heutigen Tag Michael Jackson, die Familie Busch verzapfe zu Limburg 15.000 hl per Annum – das »gefällige, sehr milde« **Goldene Busch Pils** und das **Limburger Export**. Nein, eine Verwechslung mit Anheusern Buschens (siehe Bud und Michelob) liegt nicht vor. Nur ein Hirnknoten oder -knorpel. Sogar die (fast) unbestechlichen Nürnberger Getränke-bücherverleger Carl geben Tag und Nacht Adresse und Rufnummer heraus. Daß ein AB abnimmt, schadet ja nicht. Fahren wir also hin und klingeln an einem Haus für Künstlerappartements. Safthändler beteuern, Busch sei vor über zehn Jahren geschlossen worden. Ein ewiger Spaßvogel tue aber qua Schild und Postverbindung so, als ob. Auch sehe man einen Busch-Lkw durch die Stadt quietschen. Schöner Spaß.

Bush Beer 12,0% Brasserie Dubuisson Pipaix/Belgien. Jetzt wird's knifflig. Einen Roman abfassen? Die *Ilias*? Die *Bierbel*? »Belgiens speziellstes Bier« (Etikett) und sein stärkstes verlangt den langen Atem der Geschichtsschreibung. Wir sind bloß Lexikon. Die 24%-Grundwürze, drei Malzsorten und dreifache Hopfung generieren eine Art Barley Wine, dessen imposante Blume und unglaubliche Absenz von Leimig-

keit bei incredibler Malznußfeste spirituelle Herbheit kulti-
vieren. »Im Abgang superb ausgewogene, saubere, herbe und
aromatische Hopfigkeit«, juckelt Michael Jackson (*Bier international*, Bern/Stuttgart 1994). Gewählt.

Bützen, brüllen, brechen Wenig tut mehr not als eine Kritik des Karnevals. Seine verheerenden Auswirkungen auf
Geist, Gemüt und Geblüt dürfen nicht länger hingenommen
werden. Während der »tollen Tage« berichtet der Kölner
EXPRESS rund um die Uhr von Verwüstungen sonder Zahl.
»So geht der Karneval kaputt«, warnte das besoffenste Blatt
des Westens (»Trommeln hallen über den Rhein«) etwa am
12. Februar 1999. Zirka 15.000 Jugendliche versammelten
sich rund um den Dom, »und viele hatten nur ein Ziel:
Kampftrinken bis zum Umfallen«. Stadtjugendpflegerin
Marlu Quillung sah ihr Lebenswerk zerstört: »So schlimm
habe ich mir das nicht vorgestellt. Ich war richtig geschockt,
als ich die vielen betrunkenen Kinder sah.«
Die Zerrüttung des Nachwuchses hat 1999 einen nie dage-
wesenen Punkt erreicht, und die alles verschlingende sittliche Verrohung sprengt jede Grenze. Der Verlust der Scham
führe in den Kretinismus, wußte Freud; zu Köln nennt sich
das Syndrom »Bützen«, eine Art Saug- und Schmatzzwang
und ganztägiges Knutsch- und Abschlabberdelirium. »Darf
ein Prinz so bützen?« jammerte selbst der ziemlich jebützte
EXPRESS, derweil ein eigens bestallter Bremer Korrespon-
dent »im Bütz-Fieber« »30 Bützchen« hin- oder abbekam,
aufgestachelt durch sein schändliches Vorbild »OB Burger«, der »sich widerstandslos von Altstädter Marie Eva
Rück bützen ließ«. Hinterher brechen die Bützer solida-
risch den Gehsteig voll – oder stürzen kopfüber in den er-
grauten Vatter Rhein, um alle Wasserreinhaltemaßnahmen
der letzten Jahrzehnte auf einen Schlag rückgängig zu machen.
»Vier Stunden nach Beginn des Straßenkarnevals hat Köln
schon den ersten Toten«, meldete der *EXPRESS*. »Der eine
riß die Arme hoch, schaute Richtung Schäl Sick und schrie
Kölle Allaf« – und verschwand stracks in den ewigen Fluten.

Ein allzu gerechter Heimgang, der auch diversen vierzehn-
bis sechzehnjährigen jecken Jungs gut zu Gesicht gestanden
hätte, die – »Parole: Saufen bis zum Umfallen« – gestanden:
»Es wird getrunken, bis wir nicht mehr gerade stehen können.« Ihre Eltern, die bier- und schnapsversumpften Nattern, sahen einfach weg: »Die sind doch selbst besoffen, kriegen nichts mit.«
Wer Köln im Karneval erlebt, weiß, wozu das Menschenge-
schlecht fähig ist. 1991 fiel der organisierte Wahnsinn wg.
des Zweiten Golfkriegs aus. Hussein, eingreifen! (siehe auch
Liebe, Sünde, Leidenschaft)

C

Caledonian 70/– Amber Ale 3,5% The Caledonian Brewing
Ltd. Edinburgh/Schottland. Es wurden zu wenig Prozente
vergeben. Liederlicher Lagunentrunk. Kein Wort. Nur ein
Satzzeichen.

Cardinal Helles Lager Bier 4,8% Brasserie Fribourg/
Schweiz. Paßt, wackelt und hat Luft. »US-amerikanisch«
kommt das **Original Draft** (4,9%), mit Longneckweißglas
und etikettenoptisch an Miller's orientiert. Man vermutet
Mais. Die Tendenz zum Zweitmais. Im **Monsoon Mango**
(4,9%; 0,25-l-Flasche) blubbern süße »Früchtchen« (H.-E.
Balder) reiflich. Gelungene Show.

Carlsberg Beer 5,5% Carlsberg Brewery Kopenhagen/
Dänemark. Unter durchlässiger Hefeglocke softes
»Pils«. »Probably the best beer in the world.« Der Nächste
bitte.

Casablanca Beer 5,0% Societe des Brasserie du Maroc Casa-
blanca/Marokko. Schau, sieht doch nicht verkehrt aus. Wir

nehmen dich mit ins – *(Das Lektorat schreitet wg. Unquali-fiziertheit ein.)* (siehe auch Islambiere)

Casey Shepherd Neame Faversham/Großbritannien. Preis-lich und geschmacklich günstiger der Irland-Lohnbräuling **Caseys Smooth Stout** (4,7%). Kann man ertragen eine Vier-telstunde.

Castel Dunkel 4,8% Brauhaus Castel Mainz-Kastel. Kup-ferkesselrot, exportexpressiv, unhip. Professorengeprüft (Hubert Ivo, Wiesbaden). Darf weiter gebraut werden. He-figer und kein Gran unfiltrierter das »süffige« *(FAZ, 24. Au-gust 1998)* **Hell** (4,5%). Schaum steifer. Fels im reißenden Strom der Zeit, Insel in der Industriebierschwemme, Ret-tungsanker der schwankenden Seele.

Castle Lager 5,0% Sabmark Breweries Johannesburg/Süd-afrika. Zum Kindergebären dosenwelschkornig. Fällt (noch) nicht unter die Genfer Konvention.

Champagnerweißbier Vom Neuinhaber der Nürnberger Hausbrauerei Altstadthof, Reinhard Engels, entwickelt. »Ein Weißbier, das nach dem Champagnerverfahren täglich von Hand gedreht und gerüttelt wird, bis es nach vier Wo-chen trinkreif ist.« *(Fränkische Landeszeitung, 28. April 1999)* Erscheint zeitgleich mit unserem Buch. Nürnberg ist verloren.

Chinese Ginseng Beer 4,1%, durch The Ginseng Brewery Ltd./Großbritannien. Wenn einem soviel Schlechtes wider-fährt, ist das einen Arschtritt wert. Indes: »Die Brauer blicken nach China. Nach Prognosen wird im Jahre 2010 ein Viertel allen Bieres der Welt dort gebraut.« (dpa, 16. September 1997) Der Termin für den Ausbruch des Dritten Weltkriegs steht. Seit der Aufweichung der reinen Lehre Mao Tse-tungs (»Die Arbeiten am gelben Fluß müssen gut durchgeführt werden«) brechen ohnehin sukzessive die Dämme.

Christoffel Blond 5,0% Bierbrouwerij St. Christoffel Roermond/Niederlande. Schmatzzwickel. Hehre Aromastoffe und plätschernde Bittere korrelieren mit gewagten Rezenssalti. Ein »ausdrucksstark herbes Weltklassebier nach Pilsener Brauart«, jubelt Michael Jackson. Dutzendfach d'accord. Das **Pombie** (2,5%) stellt ein Apfelbier vor, ist jedoch Apfelsaftschorle plus Bierschuß, fifty/fifty »Bier en Frisdrank«. Herrlich im Sommer, himmlisch am Kamin, obgleich gehörig zuckrig. »Geschmackssache«. Santé.

Ciney Blonde 7 Cuvee 7,0% S. A. Brasserie Demarche Ciney/Belgien. Wir wollen nicht alles verhauen. Das malzige **Brune 7 Cuvee** (7,0%) muß einen Vergleich scheuen. Der Zusatzhaken: »Es gibt sogar ein Bier ohne Brauerei, das Ciney. Die kleine Gemeinde dient der Brauerei Demarche als Warenzeichen für ihre durchweg ausgezeichneten Biere [...]. Das einzige, was man an belgischen Brauereien insgesamt kritisieren könnte, ist eine gewisse Undurchsichtigkeit bei der Etikettengestaltung, die oft wenig über die Art des Bieres, seine Eigenschaften oder den Brauort aussagt. Das führt zu einer gewissen Nachlässigkeit, zum Brauen nach Belieben, das es einer Brauerei möglich macht, Biere unter anderen Namen zu verkaufen, ohne daß es der Konsument in irgendeiner Weise erkennen kann.« (Gilbert Delos: *Biere aus aller Welt,* Erlangen 1994)
Haken drunter.

Club, der Auch 1. FCN, erster Fußballclub Nürnberg, 1. FC Nürnberg. Eilt strammen Schrittes seinem hundertsten Geburtstag entgegen (4. Mai 2000). Gurkt als neunfacher Deutscher Meister und nach erklecklichen Gauneraktivitäten der Vorstände Roth (Michael A.), Schmelzer, Oberhof, Voak (Untersuchungshaft 1996), Haas und erneut Roth (ARO-Teppichladen) sowie des Schatzmeisters I. Böbel (dreieinhalb Jahre Bautzen) im Tabellenkeller herum. Elisabeth Knoll (Nürnberg) nennt solch Misere ein »Gwerch«, Radiokünstler Günther Koch (Nürnberg-Langwasser) plädiert auf »Sauladen«, Klaus Schamberger von der Nürnberger

Abendzeitung hielt 1996 fest, »daß er [der Club] ein Depp ist«. Was das hier zu suchen hat?

Erstens nichts und zweitens viel. Wie Bausenwein/Kaiser/Siegler (*1. FC Nürnberg – Die Legende vom Club*, Göttingen 1996) nachweisen, startete der fränkische Großverein Anno 1910 den Aufstieg zum »Spitzenteam« (Beckenbauer, F. Brungs, M. Merkel) unter seinem ersten Trainer, dem Briten Walker (Walker! Der Gehende! Der Marschierer!), mit dem Schlachtruf »Bier gut!«, den »einzigen deutschen Worten«, die vom Alebruder »überliefert sind«. Nach bereits zwei Meistertiteln bügelte der C. 1923 den durch Alfred Schaffer geführten Gegner Wacker München 3:0, weil der in zeitgenössischen Karikaturen als »Schußkanone« und Kanonenkönig verehrte Schütze Hans Kalb besagten Schaffer vor dem Spiel gen Salzburg entführte, um gemeinsam »etliche Maß« zu trinken. Hinterher machte sich allerdings dito bei Kalb eine gewisse Müdigkeit bemerkbar. Der Mann, Schöpfer der Lebensweisheit »Lieber langsam und gescheit als schnell und dumm«, nahm nunmehr um den Bauch herum stärker zu, und so die »Kondition« »abnahm«, übte er sich in »exzessive[r] Zunahme des lautstarken Protestierens« und flog pausenlos »runter«.

Noch vor Anpfiff des ersten Endspiels um die Deutsche Fußballmeisterschaft am 6. August 1922 (gegen den Hamburger SV) floß seitens der Club-Anhänger Bier in Mengen, weil das Gerücht aufgekommen war, es sei zu Leipzig, dem Finalspielort, ein Kellnerstreik ausgebrochen. Menetekel, Menetekel. Nur sechsundsechzig Jahre später haute sich die kleine Schar Unermüdlicher im Zug nach der Ewigen Stadt, wo man contra AS Rom die Erstrundenbegegnung des UEFA-Pokals zu begaffen hatte, »2.000 Dosen Bier« rein, eine Ladung minderer Qualität. »Über einen Bekannten bei der Tucher haben wir es erreicht, daß das Bier uns direkt an den Bahnsteig geliefert wurde«, berichtet ein Zeuge, und seither ist der Zug für den C., die Nürnberger und deren Biere wieder und wieder abgefahren. Wohin, vermag niemand zu prognostizieren. (siehe auch Fußball, Bier und)

Club Mini Lager 5,0% Accra Brewery/Ghana. Wie viele Hochkaräter sich die Tanzfreunde vor Einlauf des C. aufgeladen haben? Zu erdulden den diarrhöischen Sumpf aus der Tiefe des gärenden Maismustopfs?

Cobra Indian Beer 5,0%, gebraut in Großbritannien für Cobra Beer London. Heute hören wir den Vortrag: »Hallo, Zwiebeln! oder: Wie man's nicht schafft«.

Commerzienrat Riegele Privat 5,2% Brauhaus Riegele Augsburg. »Das Geschmacksgeheimnis […] liegt in der aufwendigen Spelzentrennung.« Möglich. »Private Spezialitätenbrauerei«, die man ist, wird holterdipolter ein virtueller Bock als Export hingestellt, dessen lausige Egalheit den rechtschaffenen Zecher an den Rand des Leckmichdoch treibt. Bringen tut desgleichen das uns spinnefeinde **Feine Urhell** (4,7%) nichts: Schaum von der Luftpumpe angetrieben, mit durchgetretenem Gaspedal gereift. Hier ist Sand im Getriebe.
PS: Jörg Schröder merkt an (Brief vom 11. November 1997): »[Riegele] ist allein schon wegen des nicht zu überbietenden dumpfen Slogans ›Schieb ein Riegele vor!‹ eine Erwähnung wert.« Jeder mache sich sein eigenes Bild, Gott, die faule Zicke, soll richten.

Coors Extra Gold 5,0% Coors Brewery Co. Golden Colorado/USA. Der Tag geht, C. kommt. Es kommen wieder bessere Flaschen.

Corsendonk Agnus 8,0% Brouwerij Corsendonk Oud-Turnhout/Belgien. Helles Obergäriges. Fremdgebraut (Brasserie Du Bocq-Purnode; siehe La Gauloise Blonde). Weit aufgespannte heftig-duftige Nasenflügel, worunter Kümmelstangen und Fruchtbüschel Heimstatt finden. Entschließen konnten wir uns weder zum Abheben noch zum Absturz. Bodenständiges Trappistenbier, das anständig lahme Füße macht.

Cruzcampo 5,0%, gebraut für Grupo Cruzcampo S. A. Sevilla/Spanien. Die Mittelmeersonne senkt das Haupt und geht vorsorglich zu Boden. Wer originelle Formulierungen erwartet – dem »vollvolksdeutschen Geschmackssinn« (Trio Klaus & Klaus) grad das Angepaßte.

Cuzco Premium Beer 5,0% Cerveceria Del Sur Cuzco/Peru. Wird zur Chefsache und für nicht satisfaktionsfähig erklärt.

D

Ganzjährig Brechwochen bei **DAB Pilsener** (4,8% Dortmunder Actien-Brauerei) und **DAB Strong** (0,1% höher gestimmt). Bone free!

Dancing Wie das *Disco-Magazin* meldet, schreitet nicht nur die Vernegerung und Itakerisierung unserer Jugend rasend voran. »In den Tanzpalästen […] kämen fast 20% der ausgeschenkten Biere aus dem Ausland.« (*NEUE RUHR ZEITUNG*, 17. Oktober 1998)

Dantscher Pils Keine Prozentangaben, Brauerei Dantscher Teugn. Dorfpils in Gattungsreinheit: etwas klobiger, larryhaft gehopft, schaumlaberig und doch gekonnt. Vorschlag für die Sorte der Zukunft: Pilsexport. Kein Gran verderblich das **Vollbier Hell** (4,6%), sagt auch glattweg jemand: »Würziger als das Pils.« Ach was! Der Nebenmann: »Schlanker!« Wir: »Egal. Gut allemal.« **Export Hell** (4,6%): wenn nicht genomidentisch, dann eben toller Schnüffel. Schurwolle. Dunkel schwappt das exzellente **Spezial Hell** (4,8%). Danke, reicht.

Darmstädter 1847 Zwickelbier 4,8% Darmstädter Privat-brauerei Wilhelm Rummel. »Kellertrüb« ist fachlich ad-äquat, aber arg untertrieben: Ihr peilt, worum es geht – klebt Sauetiketten und bewirtet die Fähigkeit, sexuelle Lust zu empfinden, Unsinn: geschmackliche Erregung auszulösen. Gefühle für wonniges Bier sind in frühester Kindheit ange-legt. Allmählich entstehen Sensorzonen, Sektionen der Zunge, der Mundhöhle und des Rachens, die bei Berührung etwa mit dem **Märzen** (5,6%) bereitwillig reagieren. Dazu kommen ganz besondere Vorlieben, die je nachdem »sich entwickeln können« (*BRAVO* 6/1999). »Eine Superleistung gezeigt« (Jamie Shea, NATO) hat das **Weissbier Hefe-Hell** (4,8%), weiß gleichwohl nicht, ob's einem Stahlarbeiter-schuppen oder der gepflegten Gastronomie dienen will. Auf der Bahn rangiert das **Hefe-Dunkel** (4,8%).

Darmstädter Ratsbräu Premium Darmstädter Ratskeller Hausbrauerei, »Die runde Sache am Markt«. Premium *und* Hausbräu: Demnächst rollt alles als der Eine Große Käse durchs Weltendorf »Scheiß=Darmstadt« (Arno Schmidt). Der Hopfenzopf geriet im Zwickel zur obszönen Girlande fürs gurgelige Environment. Das dunkle **Spezial** (ungefähr 4,2%) erwies sich seiner Herkunft würdig: knülle vor dem ersten Stemm. Glücksfälle hat's: Die **Cronator**-Saison eröff-nete zwei Tage später.

D. Carnegie & Co. Stark-Porter 5,5% Pripps Bryggerier/ Schweden. Verstehe einer die Etikettensprache. Und die Ge-heimnisse des Schweröltranks. Ein Tankerunfall entfaltete segensreiche Wirkung auf Fauna, Flora und den Menschen. Da legten wir uns nieder.

Deininger Pils 4,9% Kulmbacher Brauerei. Einst in Hof an-sässig. Unters Kulmbacher Protektorat gerammt. Ein Hop-fen-Loch-Ness – gleich Kulmbacher Premium Edelherb Pils (siehe da). Ranzig scharwenzelt die **Mönchshof Kapuziner Weisse** (5,4%) um die beleidigte Zunge. **Mönchshof Pilse-ner** (4,9%): Die Bodenlosigkeit hat eine Flasche (siehe Kulmbacher Premium Edelherb Pils). Apathisch weitergärend gurrt und murrt der **Mönchshof Kloster Bock** (6,6%) in Luft- und Speiseröhre – als Präsent von »Kulmbach[s] sympathische[r] Brauerei« (siehe Kulmbacher Premium Edelherb Pils). Die feuchtkalte Pfütze des **Mönchshof Premium Lager** (4,9%; siehe Kulmbacher Premium Edelherb Pils) richtete dann auch keinen Schaden mehr an. »Wenn es echt aussieht, ist es falsch«, spricht die weise Frau Rönneburg. Haltet uns fest, wir vermöbeln sonst den Betrieb.

De Koninck 5,0% Brouwerij De Koninck Antwerpen/ Belgien. Heldentat des Bierschaffens. Der Brauer kann's: Wasser in Bier verwandeln. Jesus! Als kupferfarbenes Ale überzeugend durch seine weiche Malzigkeit, seine rücksichtsvollen Fruchtattacken und das Saazer Hopfenfinish.

Delhaize Premium Pils 5,1%, für S. A. Delhaize Bruxelles/Belgien. Nicht sehr ausdrucksstark. Handelsmarke, die sämtliche Vorteile des ersten Schlucks verbuchen kann. Späterhin verbuchst.

Denkbild Denken wir zur Abwechslung mal einen Augenblick darüber nach, was Walter Benjamin gemeint haben könnte: »Das Bierhaus ist der Schlüssel jeder Stadt; zu wissen, wo es deutsches Bier zu trinken gibt; Länder- und Völkerkunde genug. Die deutsche Seemannskneipe rollt den nächtlichen Stadtplan auf: von dort bis zum Bordell, bis in die anderen Kneipen durchzufinden ist nicht schwer.« (*Stehbierhalle*, in: *Einbahnstraße*, Frankfurt/ Main 1991)

Dentleiner Forst-Pils 4,9% Haufbräu Dentlein. Kultiviert. Perlendes Gelb, honorige Antrunkbittere, donauwelliger Schaum, matter Abtrunkstrunk, bedauerlicherweise. Weniger unausgegoren das **Forst-Hell** (4,7%): Der köstliche Geruch, die beherrschte und komplette Aromatik, die glänzende Farbe knockten uns um. Wir schwankten, als noch ein

Export, **Forst-Quell** (4,9%), seine Aufwartung machte. War uns weniger genehm. Schartenauswetzer das helle **Forst-Weizen** (5,0%), welches die enormste Mousseux stemmte. Ein Akt, das alles.

Der alte Brauer spricht Bier »als Lebensauffassung« (ZDF, *Kein Leben ohne Bier,* 16. März 1999), die Familie in Ordnung, nie Ruhetag, »da schaut keiner auf die Uhr«, die Gäste »verlangen nach kühlem Bier«, olle Kessel, Schweinestall, herrliche Wirtsstube, Subsistenz: »Es ist eben schoad für jede Brauerei, die wo zugrunde gehd, weil mir hat nich' mehr Umsatz, sondern es kumma dann die großn Brauereien, und die Vielfalt fällt ebn aus.« Wer gegensteuern möchte, kauft bei Joachim Glawe im *Landbierparadies*, Schloßäckerstraße 26 a, Nürnberg, Tel.: 0911/42 50 75.

Detmolder Pilsener 4,8% Brauerei Strate Detmold. »Echt handgebraut.« Nicht »echt handgeschüttelt«? Die Unreinheit (Culatio frostburgundis) sendet diesbezüglich Signale. Das **Landbier** (4,8%) wies zumindest arttypische Verhaltensweisen auf – und war's der dunkle Film. Herr Schaefer, nicht mehr schicken!

Diekirch Premium 4,8% Brasserie Diekirch/Luxemburg. Ab schaumovo kokett. Bitterlich rezensierend während verfehltem Pilsantrunk. Gefilterter Stallgeruch. Hopfen von der Deponie?

Dinkelacker Golden Lager 4,8% Brauerei Dinkelacker Stuttgart. »Ein Bier mit internationalem Anspruch«, jo. »Für Leute von heute«, sicher. »International Premium Quality« halt. »Echt abgefahren« (Alexandra Wehrmann), yeah. Ein blitzsauberer Dreck.

Distelhäuser Dunkles Hefe-Weissbier 5,3% Distelhäuser Brauerei Distelhausen. Herr Sokolowsky verweigerte die Annahme des schweren, schwermütigen, auf Moll gestimmten, hopfenunterdosierten D., wissend um seine Abhängigkeit erzeugenden »Effekte« *(Die Beute)*. »Da wir so was von auf Kuschelkurs sind« (HR 1, 8. Juni 1999), sauen wir das barocke **Festbier** (5,4%) weg, um in endlich manifester Umnachtung das **Night-Life** (4,9%) zu schnappen. N., und du fühlst dich schlecht. Frischer mit dem **Premium Pils** (4,9%), dessen vegetabil gefärbter Duft betört.

Dithmarscher Urtyp 4,6% Privatbrauerei Karl Hintz Marne. Verschwenden Sie nicht den kleinsten Tropfen. Neiden Sie der Fliege die Neige. Das Pils **Friesenkrone** (4,7%) hingegen – immer diese »Hingegens« – nie die Krone der Braukunst. Verhält sich, das reguläre **Pilsener** (4,6%) in Rechnung gestellt, wie ein ungeliebtes Adoptivkind.

Dittmars Urtyp Dunkel 5,0% Rhönbrauerei Dittmar Kaltennordheim. Ansteckend malzig, hat bei uns ein Brett im Pferd. Artig, vordergründig gehopft das **Spezial Export** (4,8%), dessen Körper gerade da drüben auf der Couch liegt und schläft. Kaum gewinnbringende Aktivitäten gehen dem **Rhön-Bier Pils** (4,5%) voraus, einem Malzgetändel, dessen eingelagerter Hopfen sich mit »kalten Ablagerungen am Gaumen« (Roth) herumschlägt. Setzen Sie das Gelesene und den **Bock Hell** (6,0%) in die Vergangenheit, und es gewinnt seine Berechtigung.

Dominikaner Weißbier 4,9% Bavarium Getränkevertrieb Dachau. Ohne Worte.

Donau Pils 4,9% Karmeliten Brauerei Straubing. Ruhig, ausgeglichen, glanzfein. Erstes-Bier-des-Abends-Bier.

Dorn Bräu Pils 4,9% Brauerei Dorn GmbH Fürth-Vach. Luigi: »Seit 1995 ist das Vachsche eins von Kaiser.« Am **Kellermeister** (5,3%) findet der Spuckteufel seinen Herrn.

Dosenbier Sie trinken u. U. mit (vgl. *ÖKO-TEST* 1/1997): Bisphenol-A-diglycidylether und dessen Hydrolyseprodukte. Ihr Bier.

Dos Equis 4,8% Cerveceria Moctezuma Orizaba/Mexiko.
Wrasen aus einem terpentingetränkten Lappen steigt auf.
»Wie Uhu«, behauptet Genosse G. Fischer. »Das kann man
nämlich essen, weil das aus Kuhmagen gemacht wird.« Voll-
treffer. Wird anteilig aus Reis hergestellt. Deswegen trinken?
Auch wenn's »dem Wiener Stil nachempfunden« (M. »Don«
Jackson) sei? Ihr könnt uns.

Dragon Stout 7,5% Desnoes & Geddes Ltd. Kingston/
Jamaika. Guinness der Karibik. Übertauglicher Kompromiß zwischen purer Alkoholkraft und Doppelrahmstufen-
export. Jedem Brauer als Pflichtspeisung aufs Ohr ge-
drückt.

Drei Kronen Brauerei Scheßlitz. Wo bleibt das Scheßlitz-
Schnitzel o. B. (ohne Beilage)?

Drei Kronen Hefepils 4,9% Brauerei Drei Kronen Mem-
melsdorf. Voller, hinreißend sandfeiner Schaum, strahlt wie's
Honigkuchenpferd. Bitter- und Aromahopfen tanzen Hand
in Hand über den Lappen. Beim **Lagerbier** (4,7%) gibt der
Frankenschweizer, seiner Hausdirektive verbunden, gering-
fügig nach: Körper siech, Hopfen spitz, prägnant prickelnd.
Untere Spitzengruppe. Das **Stöffla** stand in der Leitung.
Kein Durchkommen zu ihm.

Dremel Hell Brauerei Dremel Wattendorf. Unverwüstlich
unschal. Das **Dunkle** abgründig brostig. No Winner.

Drummer Dunkles Vollbier 4,8% Brauerei Drummer Leu-
tenbach. Fall für die IG Brau, weine, gären. Die Tarifver-
handlungen mit dem Malz stocken, der Hopfen im Dauer-
streik, Rezens im Ausstand, Hefe bummelt in Notbesetzung.
Verhandeln, verbessern, Leute!

Duchesse de Bourgogne 6,2% Brouwerij Verhaeghe Vich-
te/Belgien. Äpfel, Birnen, Beeren führen uns die Feder behende wie der durchtrainierte Malzkörper, dem man noch

hinterherschmeckt, wenn der nächste Kasten ansteht. Kampftrinken mal anders.

Düssel Alt 4,8% Hirschbrauerei Düsseldorf. »Düsseldorfs
Radschlag an die Welt. Die neue Art, sein Alt zu öffnen. Mit
zwei gesunden Daumen sind Sie dabei. Bügel auf, Bügel zu,
Bügel auf, Bügel zu« – und einliefern. »Willkommen zur
Weltpremiere der ersten 0,33-Liter-Bügelflasche Altbier in
Düsseldorf.« Strom abstellen? Am 26. Mai 1999 »eröffnet
Hans Peters […] nicht nur die Pressekonferenz zur Vorstellung der neuen Bügelflasche von Düssel Alt. Sondern auch
die neue Bügelflasche selbst!« – »Muß ich das kommentie-
ren?« (Alexandra Wehrmann) »Die Daumen Düsseldorfs
werden die Neueröffnung von Düssel Alt auf der ganzen Linie begrüßen.« Man sollte das sehen.

E

EB 5,7% Elbrewery Elblag/Polen. Was hat die Polendose an
der Tankstelle Gößweinstein verloren? Die historische
Richtung ist doch genau umgekehrt! Immerhin, die geschmackliche stimmt – Spiritus.

Du steckst voller Zweifel, liebes **Edelweiss Weissbier hefetrüb** (5,5% Hofbräu Kaltenhausen). Du bist in diesen Autor verliebt. Aber anstatt ihm Mut zu machen, suchst du
ständig nach neuen Stolpersteinen, die dich zögern lassen.
Und das spürt der Autor. Kein Wunder, daß er abwartet und
noch keinen tieferen Blick riskiert hat. Überleg, was dir
wirklich wichtig ist. Du wünschst dir, ihm nahe zu sein.
Darum geht es dir doch, oder? Und bestimmt nicht darum,
daß du alles ›richtig‹ machst, wenn du ihn anschaust aus deiner trüben Tasse, entschuldige: Hefeflasche, ihn küßt mit
deinem Schaum, mit ihm kuschelst in seinem Magen. Laß

dich also nicht von deinen Bedenken verunsichern. Ebensowenig solltest du darauf hören, wie deine Freunde **Edelweiss Weissbier kristallklar** (5,5%) und **Edelweiss Weissbier dunkel** (5,5%) zu eurer Freundschaft stehen, die können es nämlich auch nicht besser. Willst du sie etwa fragen, wen du lieben darfst? Das einzige, was zählt, ist dein Gefühl für den Autor. Und du spürst, daß er deine Gefühle erwidert. Mehr ist nicht nötig, wenn ihr miteinander trinken wollt, keine Vorerfahrung, kein Vorwissen. Was euch für eine Beziehung wichtig ist, könnt ihr euch gemeinsam aneignen, beim gemeinsamen Zechen. Ob ihr zusammenpaßt, wird sich erst zeigen, wenn ihr euch immer besser kennenlernt und immer häufiger gemeinsam vollaufen laßt. Von der Flaschengröße ist das jedoch nicht abhängig. Gehe auf den Autor zu, versuche, offen zu sein, den Kronkorken immer schon ab zu haben, sei neugierig, was passiert, ob er dich an seine Lippen führt oder wegschüttet. Achte auf deinen Malzkörper und bleibe flexibel, wenn es darum geht, zum Finish, zum Höhepunkt zu kommen. Er wird dich nehmen, wie er will, und wenn er schlechte Laune hat, kann das auch mal ganz ruppig, ungekühlt und unterkühlt passieren. Wenn dich der Autor mag und er spürt, daß du ihn auch sehr lieb hast und immer brav gut schmeckst, oben und unten, vorne und hinten, könnt ihr einen gemeinsamen Weg finden, egal, ob du erfahren oder unerfahren, erträglich oder unerträglich bist.

Und irgendwann wird der G-Punkt kommen, an dem dich der Autor im Stich und im Regen des Kastens stehenlassen und fremdgehen wird, denn das ist, das mußt du verstehen, liebes E., seine berufliche Pflicht. Und jetzt ist er gekommen, der Punkt, und er wird ein anderes Weizen knallen, das:

Eder's Bavaria Hefe Weizen 5,3% Eder's Familien-Brauerei Großostheim. Hätten wir besser nicht angerührt. Ob's geschaffen wurde, um den Menschen als Menschen zu erniedrigen? Kann ja das »erste Weizen ohne Gerste« sein – es bleibt ein krautiger Sündenfall und unzivilisierter, unfrisierter Mop.

Und wenn das Wörtchen **Dunkles Hefe Weizen** (5,3%) nicht
wär, wär'n wir früher zur Zigarette danach gekommen. Wie?
Das **Bayerisch Märzen** (5,8%) will auch … bitte …

Efes Pilsener 5,0% Erciyas Brauerei/Türkei. Lückenlos zu
lesen. Sein Schaum krönt ein weder galliges noch gastritisches
Getränk. Zwar bläht er sich auf zu Kugeln wie Rinderaugen,
doch wer den beigelegten Durststiller der Unbekömmlich-
keit zeiht, trete vor und begründe. Viel Spaß beim »Efes Pil-
sen Blues Festival« (TRT-Text, 18. November 1997).
Per Handy erklären Susanne und Björn das »prima Design«
des **Light Lager** (3,0%) zu einem »nicht ganz richtigen
Bier«, das dunkle **Siyah Bira** zu einem gutaussehenden Zu-
friedenheitshersteller, das **EXtra** (8,0%) zum irisch adapti-
ven »hochalkoholisierten« Doppelbock der »richtig guten«
aromatischen Art. Das **Marmara 34** (andere Brauerei) sei
nicht zu erwerben gewesen. »Schmeckt bestimmt grauen-
haft, weil das Design superätzend ist.« Die Kölner.

Vergessen hatten wir **Eichbaum Pilsener** (4,9% Eichbaum-
Brauereien Mannheim) und **Altgold Premium** (5,5%). Können Sie. Das **Export** (5,5%) schießt den kapitalsten aller
Böcke. Runter vom Tisch! Dem **Adler Ice Beer Mild** (5,3%)
in der gebläuten Flasche würden wir jede Feder einzeln ziehen, herrschte hier nicht Anstand bzw. Zeitnot.

Eichborn Unser Lieblingsverlag, die Texttüte mit dem
Knall, ein Kraut-und-Rüben-Biotop und Fäulnisgase pro-
duzierender Tümpel, aus dem heraus, sitzen sie bloß tief
genug im Schlamm, die Schriftwarte sich anmaßen, selbst
über die tadellosen Dinge des Lebens zu richten, z. B. das
Bier.
Auf die drollige Zitatensammlung und ehrpusselige Klebe-
arbeit des Tübinger Stammtisches »Unser Huhn«, *Das Viel-
leicht-Bierbuch* (Frankfurt/Main 1997), die immerhin einen
Sack freudloser Schrullen, das BiRiG-Gesetz und ebenda
den ziemlich unrichtigen § 1 servierte: »Ein gutes Pils dauert sieben Minuten«, ließ E. 1998 den großen Rülpser folgen,

reichlich stringent gestaltet, wie er hieß: *Das Dosenbier-Buch.*

Jürgen Krons Pappdeckel besitzt zwar die Anmutung eines Brotzeitbrettes, ist aber nicht halb so nützlich. Außerdem möchte man die gute fränkische Eß- und Freßtradition unter keinen Umständen in Verbindung gebracht sehen mit diesem frechen Abkupferfetzen und Buchstabenschrott. Der verwelkte Wortsalat, den Kron anrichtet, zeugt entweder von der erwiesenermaßen dosenbierbedingten Frühalzheimerisierung des verantwortlichen Stiftführers – oder von anderweitiger Geisteinschrumpfung. Endlich wissen wir, was der Terminus Klappentext meint: Klappe aufreißen. Dosenbier sei »seit eh und je unkaputtbar« und »ein Stück gelebter Kultur, das Herzstück des einfachen, aber subversiven Geschmacks«. Folglich habe Kron die verdienstvolle, gleichwohl impossible Mission angetreten, den »ultimativen Dosentest!« zu schreiben.

Krons »Expedition in die Welt der Dosenbiere« beweist, wozu stahlharte Ignoranz, die sich locker, flockig, leicht und seicht, betont bramarbasierend und dezidiert debil gibt, führt: zur erschütternden Angeberei. »Über 80 Marken« seien »einer feuchtfröhlichen Prüfung unterzogen worden«, kein Witz. Über achtzig Dosen aufgemacht – ein Abenteuer an der »Arbeitereinheitsfront« und, Kron fortfahrend, »Widerstand gegen jedes postmoderne und verquatschte Savoir vivre«, der natürlich »konsequent durchgezogen« ward, nach Art des stammdeutschen Popprolls, dem Intellekt und Stil als Ausgeburten kranker Schädel gelten.

»Beim Geruch«, plästert es zu Warsteiner, »zierte sich dieses Bierfräulein zwar ein wenig, dafür tummelte es sich vollmundig im Gaumenbereich herum.« Das war bestimmt spaßig – Ganzkörperoralverkehr. Bitburger rieche »besser als die Unterwäsche von Klinsmann«, man dürfte seine schweißtriefenden Erfahrungen gesammelt haben, »ja, da schmeckt man den Hallertauer Aromahopfen«.

Weshalb Kron den Dosenplunder in Pappbecher umfüllt, fuße doch »die Leidenschaft zum braunen Gesöff im Weißblech« auf der meisterhaften Idee, seine Brühe »flott aus der

Dose« in den Kruppmetallkasten called Kopf zu kippen, entzieht sich unserem Verständnis – wie der Großteil der Resultate seiner »genausten Geschmacks- und Qualitätsprüfungen«. »Auf der Zunge schwappt es frisch und feinherb hin und her« (König Pilsener), Brinkhoff's No. 1 schmecke »einfach, aber akzeptabel und auch einigermaßen vollmundig«, einigermaßen, ungefähr »schmeckt es so wirkungsvoll wie ein Schuß in den Ofen« (Cardinal Original Draft). Wird schon so was sein.

Krons Rotznasenton nervt, seine Unfähigkeit macht staunen. Neben all den kreglen Solidarsäufern, die die meiste Zeit damit verbrachten, in ihre Kühlschränke und Dosen gestochen unscharf hineinzuphotographieren, war definitiv auch der Lektor dulle. Während die Büchse Eichbaum Ureich Premium Pilsener »ein gutes Kneipenpils« geheißen (Wirte, seid wachsam!), gutdeutschbölkend »öder Internationalismus« der »Etiketten« (!) bemäkelt, Gilde Ratskeller Pils »saftlos, kraftlos« gescholten und der gildeeigene Werner Bölkstoff besungen wird; während sie nach dem Motto »Alles zwanzig Mal sagen« alles zwanzig Mal falsch sagen (Schweiz = Gold! Wow! Bier baut Bierwampe! Wuff!); während messerscharf »gutes Trinkerbier« zwischen die Augen läuft; während man hie »zu normal« konstatiert, dort rekommandiert, irgendwer möge den Münchnern die alten Leisten des Weizenbierbrauens drüberziehen (Original Münchner war ein Untergäriges) – schießen Jürgen »Zacken aus der« Kron & Co. die kollektive Blaumeise spätestens ab, wenn sie unter Beweis stellen, warum den Mondbiergesichtern das Reich der Buchstaben (die Dinger mit Bäuchlein und Beinlein, Punkten und Strichen) auf ewig verschlossen bleibt. Hören wir ein letztes Mal rein. Dinkelacker Pilsener: »Haut keinen Trinker vom Tresen. Es schmeckt wie ein typisches Thomas-Gottschalk-Bier: ein wenig nach Haribo, ein wenig nach ›Ich will aber nicht erwachsen werden‹ und insgesamt ziemlich fad.« VfB Stuttgart Fan Bier: »Lecker Bierle. So wünscht man sich als Fan seinen Gerstensaft: vollmundig in der ersten Halbzeit, angenehm frisch in der Pause und satt wie ein Hattrick, wenn es die Kehle durchströmt.« Dummerweise schwappt in beiden Kartuschen die identische Soße.

»Das Buch mit dem Zisch« – jedes Wort ein Fliegenschiß. Anders gesagt: »Weißblech beugt sich dem Willen des Mannes« (Kron), die Sprache nicht. Sie schlägt zurück.

Eichhofener Premium Pils 5,0% Schloßbrauerei Eichhofen. Neuerlicher Anlauf, unter »Premium«-Bedingungen Pilsähnliches zu brauen. Das **Helle** (5,0%) derselbe monotone Wahnsinn. Fürs **Festbier** (5,5%; »pikant-süffig«) wird richtig satt Schaum aufgelegt, aber dann ein flaches organoleptisches Profil gefunden. Das **Spezial Dunkel** (5,5%) darf man als nicht eben hervorstechendes Zwickel einschätzen. Der Doppelbock **Eichator** (8,0%) mit seiner gigantischen Finishgestaltung ließ alles vergessen. »Wenn der Deutsche lustig ist, wird's Bockbierstimmung« (George Grosz). Uffta.

Einbecker Pilsener Premium 4,8% Einbecker Brauhaus. Riesig. **Spezial** (5,2%): matschig, bleich, eingeweichte Reiskörner, zerquetschte Kartoffeln, was wissen wir. Vier Wochen später dünkt uns und unseren Freunden das E. flokatifransig. Man merkt, hier wird im Dienst getrunken. Und Dienst ist Dienst im Dienste des Bieres, dem Dienst an der Waffe der Geselligkeit. Und der Wahrheit. Und dem ganzen verschranzten Schamott.

Einladung Der Dichter Henscheid schlägt vor, es mal mit »Darf ich dich auf sieben, acht Bier einladen?« zu versuchen.

Ein-Tages-Plan Pegel halten.

1234 Brauereien zählt der Deutsche Brauer-Bund (auf seinem Hoheitsgebiet) im Juni 1997. Wir trinken nach.

EKU Pils 4,9% Kulmbacher Brauerei. Oh, das schmeckt aber schlecht! Drücken Sie die Wiederholungstaste bei **Hell**

(4,9%), **Hefe Weißbier Dunkel** (5,1%) und **Export** (5,2%), da zweimal. (Rudolf träumte, überdies einen **Edelbock** [7,2%] ... ts, der Arme.) (siehe Kulmbacher Edelherb Premium Pils)

Elferkasten »Unterstreicht auch signifikant die Spezialität, worauf der Handel scharf ist.« (*WELT-Report Bier,* 16. September 1998) Elfer raus! Dalli.

Engelbräu Dunkel Gasthaus-Brauerei Zum Goldenen Engel Harburger Engelbräu Hamburg. In einer Mistgegend (Hafen, Baracken, Fachwerkrelikte) entsteht der unter Anwendung von Krüppelmalz und Elendshopfen verarztete Fencheleintopf. Bedingt empfehlenswert: **Engelbräu naturtrübes Pilsener**, ein scharf helles und, merkwürdig, auch rötlich, vielleicht messingfarben schillerndes Bräu mit styroporartigem Schaum; milde Hopfung, die am ehesten den Antrunk verschleiert, daneben rigorose Reserviertheit, wo Gewogenheit gefordert werden kann. Laßt es lieber bleiben.

Engel-Pilsner 4,8% Crailsheimer Engel-Bräu G. Fach. Kein durchschlagender Erfolg. Schreitet auf leisen Sohlen daher. Die Flasche, worein man das »im Duft etwas allzu entwickelte« (G. Rosso) **Landbier-Hell** (4,8%) stopft, gemahnt an Pinselweich. Ansonsten richtig flüssiger Inhalt. Deckungsgleiche Impressionen beim **Engel-Gold Original** (5,2%). Als Drittes gleichsam überflüssig. Wegtreten.

Erdinger Weißbier Kristallklar 5,3% Privatbrauerei Erdinger Weissbräu. Kaputtfiltriert, kurzatmig. Filterraucher M. Basler maßgescheitelt auf den Spann serviert. Der **Pikantus** (7,3%) schließt an die große Form des dunklen Weizen an. Und der **Schneeweißen** (5,6%) sollen wir verfallen wg. der ganzseitigen Anzeige in *TV SPIELFILM*? Weil's »das Winterbier« sei? Schön. Eiskalt versenkt.

Ergenzinger Ochsenbräu Feinherb Pils 4,7% Privatbrauerei Franz Digeser Rottenburg-Ergenzingen. Nicht reißerisch, läuft störungsfrei (ein). Geschmackvolle Etiketten, geschmackvolle Biere: das **Pilsner** (4,9%) mit stilgerecht geflochtenem Hopfenrüssel, das **Export** (5,2%) ein echtes Kraftmalz, das **Keller-Bier Spezial** (5,2%) schlägt alle Lieblichkeitsrekorde. Das Bier ist rund.

Erkenntnis, Milch der Rex Gildo, König der trunkenen Performance, stürzte mehrfach pilsprall über den Bühnenrand, richtete sich mühsam wieder auf und gab zwanzig Mal die Smash-Hit-Zugabe »Hossa«. Für und für: »Hossa«, »Hossa«. »Hossa!« – *Bild* (27. September 1997): »Rex Gildo (58, ›Hossa‹) geht neue Wege: ›Ich trinke fast nur noch frische Milch und Mineralwasser, nur ab und zu ein Bier.‹« Heureka!

Errata *Bier! Das Lexikon* Mittlerweile haben wir gelernt, daß sich Holger Grams Wolfgang schreibt und die Brauerei Wagner Altenburg, auf Zu- und Anruf des Brauers persönlich, Altenburger Brauerei heißt. Wer hier Fehler findet, wird erschossen.

Erster Laufer Weizenbock Die Schwarze Kuni 7,0% Brauerei Simon Lauf. Schaum wie Mörtel, gelöste Hustenbonbons, brachiale Schwere, bricht beinahe durch den Flaschenboden, was seiner Trinkbarkeit rituell entgegenwirkt. Verursacht Zahn- und Zehweh. Ihr Apotheker hilft.

Eschenbacher Urtyp Hell 4,6% Brauerei Wagner Eltmann. Geheißen »Vollbier«, weil der Brauer »voll« war? Voll in die Schnüss. Voll reingehauen. Tut uns aber kein bißchen leid. Echtay.

Ettaler Benediktiner Trunk Edelhell 5,5% Klosterbrauerei Ettal. Gänsehaut, echsenhaftes Grimassieren, Fußschmerzen: So fand uns der Arbeiter-Samariter-Bund. Gäbe es Gerechtigkeit – zwölf Jahre für den »Trunk«-Meister »hinter dicken Klostermauern« (Beipackzettel).

Euler Naturtrübes Kellerbier 4,8% Privatbrauerei Gebr. Euler Wetzlar. 12. August 1997. Wir holten die zwei Wochen vorbildlich gelagerte 1-l-Pfandflasche aus dem Kühler, wuchteten sie mit Bedacht auf den Schreibtisch, stellten unseren Kelch bereit und harrten gutgelaunt eines erregenden Schluckes. Da rief Herr Rudolf an und prahlte, vierzig polnische Biere kolonisiert zu haben. Wir konterten, annoncierten das E. und ließen den BV schnappen. Ein feuerwehrschlauchdicker Schaumstrahl fegte in die Höhe, benetzte Zimmerdecke und Fenster, jagte uns die Brille vom Kopf und setzte den Schreibtisch unter Bier. – Das Gespräch mußten wir beenden, einen Eierbecher E. zu retten, die – entgegen Michael Jacksons wiederholten Begeisterungsstürmen betr. **Euler Landpils, Alt Wetzlar, Kloster Bier, Euler Hell** und **Dom Pilsener** (»hat seinen Namen vom Wetzlarer Dom«) – einzige Sorte des pittoresk unter der Wetzlarer Autobahn gelegenen Brauhauses; eine Vogelportion, für die wir zweimal nach Mittelhessen geflogen waren. »Selber aufmachen!« riet das Bapperl. Und selber trinken? Eine Menschenrechtsverletzung, die sich nahtlos einfügt in Wetzlars psychourbane Schwäche?
Ende der Trümmer-Tetralogie. »F« verspricht, ein friedlicher Buchstabe zu sein.

Moment, das **Everards Tiger Best Bitter** (4,5% Everards Brewery Leicestershire/Großbritannien) möchte vorher was melden: Ich schimmere rot, habe einen Hopfen und festen Mut, euch zu gefallen. – Stimmt, und nun bist zu leer und hältst den Flaschenrand.

Hey, Herr Blaschke, Sie wieder. Wir haben keine Zeit. Wir müssen weiter zu »f«. Ach, das **Everest** (Ege Brewery Izmir/Türkei), das enthält Reis, moussiert, ist malzig, fettgelb und »koppsich«? Dann ist es ja ein Bier. Wiederhörn.

F

Fagerhult 5,2% Banco Bryggerier Skruv/Schweden. Schaumhebriden tingeln auf chinesergelbem, apfelweinigem, »mittelgehopftem« (Conrad Adenauer) Seim. »Eine Erfrischung ganz besonderer Art«. Könnte kontinental Früchte tragen.

Falken-Gold 5,3% Weizenbierbrauerei Hans Falk Amberg. »Von diesem Elixier und Arkanum schwärmten die alten GIs, wie man hört, fernhinträumend noch auf dem Totenbett.« (Eckhard Henscheid: *Die Oberpfalz*, in: *Über manches,* Zürich 1996) Heute durch Brauerei Bruckmüller Amberg. Widmen wir: Hans Toschke/Duschke, 85 Jahre, 29. April 1999, Marktplatz Amberg. So unser Auge gnädig ruht auf ihm, so schütze ER Sie.

Falken Prinz Premium 5,5% Brauerei Falken Schaffhausen/Schweiz. »Spitzenbier der europäischen Luxusklasse« mit »hochwertigem Pilsnermalz«: wenig gelogen, womöglich die sublime Säuerung am Hintergaumen zu tadeln. Ein Klasseetikett (Wanderfalke!) ziert das pechschwarze, schlanke, finishig robust aufstampfende **Spezial Dunkel** (5,2%); zu Ännelis-Visite-Creme dreifacher »Hochgenuß«. Das **Munot-Weizen** (5,5%) folgt namentlich dem Wahrzeichen der Stadt, der Befestigungsanlage Munot. Trüb und hell flabbert's, Schaum wasserkopfert. Oberklassengelb. Die Rezens ringt mit den Malzen um die Vorherrschaft. Zieht bedauerlicherweise die Schlupf- und die gemeine Wespe an. Schaffhausens Biere sind alles, nur kein Rheinfall. Allein, das **Hell** (4,8%), das Hell. Der Absturz. Why, tell me why I don't like Hell?

Falkensteiner Premium Hefeweizen 5,2% Christoph Jahn
Erben Exportbierbrauerei Ludwigsstadt. Verhaltensgestört.
Taumelt zwischen Ungenießbarkeit und Unbekömmlich-
keit, aller Sinne bar. Der Orientierung verlustig, dem Gedanken, Bier möge schmecken, verschlossen. Guter Grund,
die Leber baumeln zu lassen. **Burgbräu Pilsener** (4,8%)
sprotzelnd und bruzzelnd wie die Grillhähnchen des Beel-
zebuben. (siehe auch Fußball, Bier und)

Falter Pils 4,9% Brauerei Falter Hof. Glasklar weißglasig.
Sträubt sich vehement gegen den Schaumstaubsaugerein-
satz. Will mehr und höher hinaus, fällt aber in die lähmende
Breite des Mostmolekularbereichs. Den Abtrunk haben unsere Bierväter mit dem Hackbeil gekappt. Man steckt nicht
drin in ihren Kröpfen. Unkompliziert rangelt das **Weissbier**
(4,9%) um Akzeptanz. Genehmigt. Glaubwürdig würzig,
fast spätgelesen überladen planscht das **Weissbier-Dunkel**
(5,3%) zwischen den Zähnen. Ein Quell der Ethik das **Kristall-Weizen** (5,2%). Den Etiketten unsre Bonuslaudatio:
Die schmeckt man förmlich.

Farny Weizen 5,2% Edelweißbrauerei Farny Kisslegg-Dür-
ren. Überreizt rezent, eiliger Antrunk. Farny schäumt den
Magen auf.

Faro Lambic Lindemans 4,75% Brouwerij Lindemans Vle-
zenbeek/Belgien. Toprare Spitzenspezerei. Ergebnis eines
Lambic-typischen Verschnittvorgangs und der wohlbedach-
ten Beigabe von Kandiszucker. Perzeptibel seine süß-saure
Eigenart im Bereich von Champagner, erlesenem Trauben-
saft und Hefeweizen. Scheint hierzulande undenkbar. F. war
so gut zu uns, daß wir über Nacht unterm Kopfkissen ein
paar Extraflaschen ausbrüteten.

Farsons Strong 6,7% Simonds Farsons Cisk Mriemel/Malta.
Extravagantes Idealale der englischen nicht Al-Strong-, sondern Strong-Ale-Linie. Bombig! Irre! wären auch keine
falschen Ausdrücke. Selbst das **Cisk Lager** (4,2%) ließ uns

zu Boden sinken: säuerlich frisch bis zum letzten Zisch!
Malta: ten points.

Faß, das »Er trank Bier vom Faß. Vielleicht hatte das seinen
Augenabstand so eng werden lassen – grünes Billigbier.«
(Charles Bukowski) Weiterführend siehe Beck's Spitzen-Pil-
sener.

Faust Gegeben zum Museumshof Miltenberg und zum
Brauhaus Faust zu Miltenberg. Eine Publikumsbeschimp-
fung.
Pils (4,9%): Will mich keiner trinken? Keiner schmecken?
Ich will euch lehren Mäuler machen!
Ihr seid ja heut' wie lahme Kälber
Und sauft sonst immer ganze Keller.
Märzen (5,3%): Das liegt an dir; du bringst nichts ein, du
löckest nicht,
Nicht eins der Körner, keine Dolde.
P. *(reicht ihm ein Büschel Beeren und ballert ihm Bittere in
die Flanke)*:
Da hast du beides, aber reichlich. Kein Gott vermag es bes-
ser!
M.: Doppelt Freude, Frischedusche. Wilde Kühle von Li-
monen.
P.: Ich wollte glatt, ich könnt' mich klonen.
Schwarzvierteler (5,2%): Zur Stadt hinaus, wer sich zer-
fleischt!
Mit stolzer Hopfenbrust, mit Schaum gewellt, mit herrlich
Körper
Walzend vorwärtsstrebend, ich dargebracht der Welt,
Was Braukunst auf dem Feld bestellt.
Auf! Holla! Hojo!
Export (5,1%): Weh, welch Rede feurig klug und stürmisch,
Bleibt da ein Teil auch für mich übrisch?
S.: Wenn Hof, ja Hause brummt,
Und 's Publikum verstummt,
Wird es begreifen auch,
Daß es dich braucht im Bauch.

P.: So recht, hinfort mit dem, der übel sinnt!
Nur der gewinnt, der all' uns nimmt!
E.: Nun gut, die Schlünde sind gestimmt,
Das liebe Heil'ge Sortiment –
Was hör' ich da, wer flennt?
Hefe-Weizen (5,0%): Ein fröhlich' Lied! Ich stimmte ein,
Sobald ihr nähmet mich herein!
P.: Aber immer, du Bringer!
Du segensreicher Klinger,
Du schaumfein Stopfen,
Prickelnd' Proppen,
Du knarzend kern'ge Flut,
Vor dir zieh' ich den Hut!
Doppelbock (7,0%): Und ich?
Ei, mich
Versenkt in euren Mägen.
Und solltet ihr erwägen,
Uns alle nicht zu schaffen,
So denkt daran:
Der Tag ist lang,
Ein Bier, ein Schluck,
Auf einen Ruck,
Kann keinem schaden,
Der meint zu klagen,
Da gehe 's rund
Zur Profession, die
Aus Burgund (*eigentlich: Brabant*)
Gambrinus bracht'
Nach Miltenberg,
Wo Faust gestalt'
Das Brauhandwerk.
Wie warten vor dem Mund,
Ihr dummen Hund'.
He da, zugreifen!
Los, ihr Pfeifen!
(*Einsichtige Trinker entern die Bühne und hauen die drama-
tis personas ratzfatz um. Vorhang. Später meckert nur das
Reimbüro.*)

Faxe Frühlingsbock Premium 7,7% Faxe Bryggeri Fakse/Dänemark. Niederbrennen. Kompliziert – bei feuchter Kartonage.

Feldschlösschen Hopfenperle 5,2% Brauerei Feldschlösschen Rheinfelden/Schweiz. Eine Perle Hopfen, tausend Perlen Bergkristallweihwasser. Zum Teufel. Gottseigepriesen »Schlossabfüllung«. Die Herrschaften mögen drin baden, sich laben und labern. Das Fußvolk schmeißt kein einz'ges Faß und kreuzt ab. Was am **Original** (4,8%) ist original? Simpeltum ist Trumpf. Verblasener moussiert die **Dunkle Perle** (5,5%), prächtig blüht ihr Bukett. Ein Geheimtip, kredenzt allen, die der Sorten Spezifik schätzen. Sechsminus dem Maischeschlonz **Ice Beer** (5,0%). Das Brauhaus mit der Drift.

Felsenbräu Edel Pils 5,2% Felsenbräu Thalmannsfeld. Unergründlich gelb; beleibter Aromahopfen, über den sich eine eng gewebte, filigran gehäkelte Fruchtdecke legt, den untersetzten Malzkörper zu kaschieren. Schämen muß sich trotz der schwammigen Beinote niemand. Der **Felsentrunk** (4,9%) schmaler, unter dem Nordoststeilhang des Hoblwobbelberges rinnen die bedeutsamen Wasseradern des Felssteingebirgsrückens Thaldorfstettenplateau, jahrmillionenaltes Naß speist die Kessel der täglich aufs neue für ihre günstige Sulfatschieferlage dankbaren Brauer. – In einer Flasche **Bayerisches Hefeweizen** (5,1%) fanden wir kein Mirakel, bloß glänzende Farbe et de facto et jure eine Schale Aprikosennektar. Möglich ist heutzutage vieles.

Zum Beispiel: **Felsgold Export** 5,0%, für Goldhand Vertriebsgesellschaft Düsseldorf. Alberichs Haßkapp' uff und druff! Kann sie keiner anzeigen.

Felskrone Alt 4,8% Linden-Brauerei Unna. Batteriesaures »zum Spar-Tarif« (*EXPRESS*, 16. November 1998), Schaum eine Aknehalde, Körper bei lebendigem Leib verwest.

Kriegt man die Krätze von. Gut, daß niemand weiß, wo ihr seid. Das **Kölsch** (4,9%), bei der gleichermaßen unbekannten Kölner Hubertus-Brauerei gekübelt, aus morschem Holz geschnitzt. Feuert die Kölsch-Krise kräftig an. Behaupte hinterher jemand, man habe nichts gewußt.

Fernsehen, Bier und Passen zusammen, vorausgesetzt, das Bier ist gut und das F. auch. Möglich, daß das im nächsten Jahrtausend mal der Fall sein wird. Dann wären da noch die Geschichte mit den Sofakartoffeln und die Sache mit der Werbung. Damit die Sofakartoffel nicht immer dann, wenn das Fernsehen nicht Fernsehen, sondern Werbung zeigt, zum Kühlschrank kullert, erfand der als private Fernsehstation getarnte Dauerwerbesender Sat.1 das Sponsoring neu: indem er, weil die Sofakartoffel, wenn sie vor dem Koolkast kauert und eine frische Flasche frischen friesischen Bieres in ihren Besitz zu bringen versucht, kein Werbefernsehen, das Bierflaschen zeigt, gucken kann, eine Bierfirma damit beauftragt hat, den endlosen Fernsehsamstagabend mit drei nicht enden wollenden Spielfilmen zu kaufen, dergestalt den Einsatz von Werbung für Bier – unterbrechenderweise – überflüssig und den Zuschauer glücklich zu machen. Erstmals erprobt wurde das revolutionäre Zuschauer-/Konsumenten-Double-bind in kombinierter, Bier- und Fernsehverzehr verzahnender Doppelangebotsstrategie am 12. April 1997. Gewinnen konnte man eine Großraumlimousine, auch wenn der eigentliche Fernsehabend, »Die lange Kulmbacher Filmnacht«, durch den Einsatz des gebürtigen Kulmbachers und nunmehrigen »Fernsehansagers« *(Frankfurter Rundschau)* Thomas Gottschalk sowie der Ex-Eisprinzessin Katharina Witt nicht gerade gewinnbringend war, bei all dem allzu erwartbar dämlichen Zwischen-den-Filmen-Gebrabbel über »Schweine im Kino« (Witt) und all den Zwischen-den-Filmen-Werbefilmen zur Kulmbacher Brauerei (Motto: »Dort, wo ein Handschlag noch zählt«).
Schön an der »langen Kulmbacher Filmnacht« war, daß man in den fehlenden Bierwerbepausen nicht Bierholen ging und

deshalb die ganze »lange Kulmbacher Filmnacht« lang ausnahmsweise kein Bier getrunken hat, was ja für irgendwas
gut sein soll. Schön war nicht, einen Abend, nämlich die
komplette »lange Kulmbacher Filmnacht« lang dezidiert auf
die Unterbrechungen, die Conférencier-Abschnitte gelauert
zu haben, und das nur, um zu dokumentieren, was es mit der
»langen Kulmbacher Filmnacht« und einer neuen Stufe der
Verbindung von F. und Bier auf sich hat.
Schöner war da doch der tags drauf in der braven ARD auf-
geführte Bier-*Tatort*. (siehe auch Werbung)

Finkbeiner Urtyp 4,9% Finkbeiner Ulm, als Lohnbräu
durch Ingobräu Ingolstadt. Die Rätsel des regionalen Marktes schlagen uns keineswegs in Bann. Sie könnten ruhig
Ingobräus verkaufen – mit Rollen unten dran. Ehrlichkeit,
was die Kennzeichnung betrifft, ändert nichts an den ontologischen Defiziten der Bauernbrühe. Gleicher Befund: **Privat Export** (5,2%).

Fischer's Stiftungsbräu Hell 5,1% Fischer's Stiftungsbräu Erding. Nach Fisch. Zu verdrängen. »Für den Gui-
tarristen mit Hut« (Rudolf M.) und Kassengestell (Micky
Moody).

Flensburger Dunkel 4,8% Flensburger Brauerei Emil Pe-
tersen. Selten voreingenommen, hätten wir alles abgesegnet,
etwa: »Nicht einfach nur ein Dunkel. Sondern das Flensburger unter den Dunklen.« Aber, aber, aber. Eine Blamage,
von der man sich schwer erholen wird. Brauer, bleib' bei deinen Leisten. Hut auf.

Floreffe Blonde 6,9% Brasserie Lefèbvre Quenast/Belgien.
Himmel, welche Himbeere! Was ein weiter, warmer Geschmack! Das Elysium! Wir könnten Seen saufen. Aber wo
Fortschritt, da Repression. Zwang wäre das geringste dessen, was wir uns auferlegten, das Honigbier **Barbär** (8,0%)
nicht von uns zu geben. Deutsche Kitschiers kopieren die
Chose, altgermanisch konnotiert, mit ihrem **Met-Bräu**

(5,9% Metbrauerei Schmitt Zeutern). Der europäische Gedanke erleidet Schaden.

Flötzinger Bräu Pils 4,8% Privatbrauerei Franz Steegmül-
ler Rosenheim. Streng gekühlt geht's fort. Stechäpfel aufko-
chen ist auch ein Brauch. Das **Export Dunkel** (5,0%) darf
einmal mehr als unverträglich gelten, weil flächig röstig und
schwer schwiemelig. **Josefi Bock** (7,5%): offensiv alkoholisch, gedrosselter Vierzigprozenter. Zum geldwertmindern-
den Ankauf etlicher Weizensorten konnten wir uns nicht
entschließen.

Fohrenburger Pils 5,1% Brauerei Fohrenburg Bludenz/
Österreich. Das Kassandra-Problem: Man verkündet die
Wahrheit, und es gibt auf die Mütze. Die sollten unsere
Schmalhänse beim Kochen der Würze ihren vor Scham
glühenden Glommen applizieren, damit künftig weniger
Haare in den seichten Suppen **Stiftle** (5,1%), **Jubiläum**
(5,5%) und **Export** (5,1%) zu finden sind. Und die Sudspal-
terei feinsinniger vonstatten gehen könnte.

Franken Bräu Festbier 5,4% Franken Bräu Mitwitz. Dieser
Hurensohn Haydn, Symphonie Nr. 83, meine Güte – wofür
schreiben? Ein Dokument braulicher Soziopathogenese das
Kellergold (5,4%). Wenig Distanz zum Obstwein hält das
Jubiläums-Weissbier (5,4%). Neblig, heterogen, wirkt
rasch, einwandfrei zu zahnputzbechern.

Frankenland Premium Pils 4,9% Hilf GmbH Scheinfeld.
Wer's braut, will niemand wissen. Konsensfähiges Pils,
Obergärigkeit vorspiegelnd. Man sollte zuweilen gnädig
sich zeigen, denn Bierpräsi Dr. Dietzsch schwingt die Buch-
stabenknute.

Franziskaner Kristallklar 5,0% Spaten-Franziskaner-Bräu
München. Quirlig, quastenflossrig, vielschichtig (ausrei-
chend rezent, starke Malzkomponente, hopfig). Eine »Over-
ashing« (Commander Krautauch).

Frastanzer Jubiläums Bräu 4,9% Vorarlberger Brauerei Frastanz/Österreich. Neue Welten werden entdeckt: Es geht also noch schlechter. Beim **Classic Gold** (5,1%) schalteten Leber und Niere instinktiv, beim **Hellen** (4,7%) vorsätzlich auf Durchzug. Daß die Brösis ihr lecker Hopfiges ausgerechnet **Piccolo** (4,9%) nennen, beweist, wie weit hinterm Berg sie brauen. Das »trübt« den Blick und verschiebt sämtliche Proportionen. Annäherungsweise wäre von Bierkubismus zu reden.

Frauenbiere Sollen »mit Süße und Süffigkeit zusätzlich Trinkpotentiale erschließen« (*Rheinische Post online*, 25. April 1999). Das lassen sich die Trinkpotentiale aber nicht gefallen, geschweige denn die erfahrenen Weiber.

Freibier Mist, wieder vergessen.

Freudenberger Pils 5,1% Privat-Brauerei Alwin Märkl Freudenberg. Könnten wir singen, wir sängen. Wir sängen, bis die Dünen brächen. Wir jubilierten, bis die Engel den Dienst quittierten. Wir gehen, der Einfachheit halber, in die Knie vor dem **Hell** (4,9%), preisen, gegen unsere Gewohnheit, besinnungslos den sinistren **Märkator** (7,6%) und denken, für heute müßte es genug sein. Übermorgen: das **Leicht** (2,6%).

Friedberger Brauhaus St. Florian Bräu 1988er Gründung. **Dunkles Hefeweizen** vom Faß. He! Kein Körper, blanke Rezens, Schluck für Schluck Ätze. Zum Ausgleich offeriert man das **Helle**, zwischen löffelweise Rübensirup und Orangeat der eindrucksvollste Fehlgriff, seit der hl. Florian wirkt. Den Hopfen mit dem Salzstreuer aufgetragen? Traubenzucker im Tank? Aha, nach »Licher Brauart« ... Kirschbaumholzfässer ... Wenigstens das **Dunkel** entbehrt der grundlosen Süße, strebt jedoch keinerlei Beschränkungen an, was die sonstige Schlechtigkeit betrifft. Asteroiden, hier landen!

Friedenfelser Pilsener Exklusiv 5,0% Schloßbrauerei Frie-
denfels. Wir wurden erhört. Das »c« ist dem klangschöneren
»k« gewichen. Das Bier taugt. Im Nachtrunk freilich
größere Hopfengruppen beurlaubt. **Dunkles Weizen Exklusiv** (5,2%) und **Hefe-Weizen Exklusiv** (5,2%) inkl. ex-
kludierter Exklusivität.

Friedmann Pils 5,0% Brauerei Friedmann Gräfenberg.
Hätte Bier ein Gesicht, dies zeigte uns eine Visage, die sich
nicht gewaschen hat. Die Grimassen, die das **Hell** (4,7%),
der **Ritter Wirnt Trunk** (5,1%) und **Sigi's Lager** (4,9%)
schneiden, müßten wir zeichnen. Als Technik wäre am ehesten Helge Schneiders Kulifitzeln geeignet. Wer jetzt noch
trinkt, ist selber der Fredi.

Früh Kölsch 4,8% Cölner Hofbräu Früh. Je Früher der
Abend, desto Kopf. Und wg. dieses verschrumpelten Sau-
kalauers, liebes F., ergatterst du einen Neueintrag. Wir gra-
tulieren uns.

Fuchs Spezial-Export 4,7% Präsidenten Pils-Brauerei Win-
desheim. In den sechziger Jahren ließ sich der Mehrheits-
mensch Exportbiere jener Güteklasse routinemunden. Geruchlich hervorstechend (malzmustergültig), schmacklich
ragend. Ein gutes, ein sehr gutes Spezial-Export. Sogar sacht
gestikulierendes, rüttelndes Früchteln im Abritt. Ihm zur
Seite gestellt das etwas dick formulierte Hauptprodukt der
kleinen, vernachlässigten Brauerei, das **Präsidenten Pre-
mium-Pils** (4,7%), der Opel Kapitän unter den vorsichtig
altmodisch ans Exportdesign angelehnten fülligeren Bieren
der Prä-Pils-Ära. – Renner sind solch Zeugen nicht, im Dorf
kennt man sie kaum. Der Krämer führt Binding und Bitburger. Um zu überleben, verrät uns der Braumeister, hätte man
Sint Martinus Bommen Berend Bier (4,5%; offiziell Stads-
brouwerij Groningen/Niederlande) feilzubieten – bösartig
dunkler Krimskrams. »Konfitüre ist drin«, spuckt Herr Fischer. Die gehört nicht aufs liquide Brot.

Fuller's ESB Export 5,9% Fuller Smith & Turner Griffin Brewery Chiswick London/Großbritannien. Hieße er den Hopfen stets derart großzügig, weiträumig logieren, der Tommy besäße beste Auspizien, das Festland zu lehren, was ein erdbeerig abhauchendes, optimistisch schäumendes, exzellent gepegeltes, engagiert nachgehopftes, vollumfänglich gönnerhaftes Bier ist. Rotfront! (Setzen Sie beim F. ein: **1845 Strong Ale** [6,3%].)

»**Füllsack**« Zusammen mit dem »Bierdrive« Vorrichtung, die das Getränk aus dem Lagerkeller frisch in die Zapfanlage bringt. Obszön. Merkt hoffentlich niemand.

Fürst Carl Schlossgold Export 5,4% Fürstliche Brauerei Ellingen. Hier wollte uns null dämmern. **Urhell** (4,9%): Erfühlten wir Tran unterm Schaum?

Dem weniger bekannten, aufgeplästerten **Fürstenberg Export** (5,3% Fürstlich Fürstenbergische Brauerei Donaueschingen) kein schwelgendes Echo. Wahrt indes Eigensinn, von der Hopfenmuse ungeküßt. Der Füllung Ihrer Pferdetränke mit **Kristallweizen Klar** (5,3%), **Hefeweizen Hell** (5,3%) – welches u. U. anständig, betulich herb – und **Hefeweizen Dunkel** (5,3%) steht wenig entgegen. »Dem Auftritt fehlt Tiefe, Nachdenklichkeit und auch ein wenig Schmunzeln.« (*WELT-Report Bier,* 16. September 1998) Lustlos folglich das Mainstreamteil **Bären Dark** (5,2%) und das **Bären Pilsener** (5,2%).

Fürsten Pils 4,9% Privatbrauerei St. Martin Lahnstein. Mensch, der Schaum blockt ja voll ab, das bockt nicht, Mann, ehrlich, da mach' ich zu, wenn das Malz und der Körper dermaßen fertig sind. Das macht mich mürbe. Ich bin echt platt, wenn ich das schon sehe. Da könnt' ich voll die Krise kriegen, das geht mir einfach auf den Keks, auf den Senkel gehen die mir . Das Fürsten Pils find' ich so was von downy, da fällt mir das Ei aus der Hose, das läuft überhaupt nicht in mich rein, da läuft gar nichts mehr! Ich kann das

Zeug nicht riechen, das törnt mich sofort ab. Diese ganzen Troubles mit dem **Schneebock** (7,5%) da und dem total mistigen Alpenpanoramaetikett, echt, die wollen einen doch verarschen, und ich laß mich nicht verarschen, ich nicht, nie laß ich mich verarschen, die können mich mal, die mit ihrem Schweineschanksystem, die können mich mal am Bömpes lecken, das laß ich nicht mit mir machen, ich! nicht! Pah. Und das **Zwickel Bier** (4,9%) kann sich selbst an den Struller packen. Nee. Ohne mich.
Und außerdem fand ich, daß gerade hier der Hopfen zu keinem offenen Gespräch bereit war. Das mußte mal gesagt werden. Aber echt.

Further Klosterbier Urstoff-Hell 4,8% Klosterbrauerei Furth. Unschön anzusehen, geschweige denn zu trinken. Bayern fordert den feinsten Geschmacksmuskel, um weiterhin abstufen und staffeln zu können und nicht alles über den totalschnuppen Lattenprügel zu schwingen. Die helle **Edel Weisse** (5,3%) scheint dem Marktzwang geschuldet und darf künftig unentschuldigt fehlen.

Fußball, Bier und Richtig ist: »Die Ehe von Fußball und Bier durchlebte womöglich manche Krise, aber geschieden wurde sie bis heute nicht. [...] Wahrscheinlich harmoniert sie heute sogar so gut wie nie zuvor.« (Dietrich Schulze-Marmeling in: *HATTRICK* 6/1997) Warum die zwei stabilsten Säulen im Leben des Menschen eine das labile Dasein zuverlässig säumende Kolonnade und schützende Arkade bilden; warum eben diese Mental- und Sozialreservate zugleich konstant für Aufregung, Enttäuschungen und psychisch-somatische Hochgefühle sorgen – es sind dennoch die letzten Geheimnisse unserer Zeit; angeschlossen das Subgeheimnis, weshalb beide Verrichtungen korrelierend-kumpelhaft ihre Wirkung aufs Subjekt und die jeweilige Beliebtheit synergetisch nochmals verstärken. Kein Bier schmeckt besser als vier oder fünf Becher vor dem Spiel, nach dem Führungstreffer und während des Nachhausewegs in die: Kneipe.

Deswegen kneten fußballbegeisterte oder absatzwillige Brauereien spezielle Getränke, meist Dosenpfützen; und bringen es fertig, siehe beispielsweise das **VfB 1893 Fan Bier** (5,1%; CD-Pils der Brauerei Dinkelacker Stuttgart; siehe auch Eichborn), selbst respektable Modelle zu schänden – qua Gebindeoptik. Ein **Borussia-Dortmund-Pils** soll seine Runden drehen, Köln probiert das **1. FC Kölsch** (4,8% Küppers Brauerei Köln), Schalke 04 und Inter Mailand haben sich auf den Pilsmischling **Azurro Hibernia** geeinigt, der unter Uns Uwe Seeler am ruinösen Ostimmobilienhandel beteiligte HSV kooperiert geschmacklos mit Bavaria-St. Pauli und sieht die **HSV-Pilsener**-Büchse (4,9%, d. i. Astra Pilsener) weit vorne bei den bedröhnten »Fäääns«.

Es ist ein Elend. Bzw. die ungetrübte Profitabpressung angesichts vielerlei Biere, die herkömmliche Mindesttrinkbarkeitsstandards forsch unterschreiten. Was andererseits auf den Gesamtzustand des »deutschen Fußballs« (Marcel Reif) rückschließen und einen bierverhökernden »Wichtigkeitskasper« (Werner Hansch in: Sat.1-*ran*, 21. Mai 1997) nach dem anderen ins Rampenlicht der Fußballoperverblendungskultur treten läßt.

Neben Bummschädel R. Beckmann fehlte noch das bitterschlechte **1. FCN Pils** (4,8% Christoph Jahn Erben Exportbierbrauerei Ludwigsstadt; siehe auch Club, der); und, ab der Jahrtausendwende, die **Clubererweisse** (mit Spezi), dann wahrscheinlich, um die Verwirrung weiter zu steigern, durch Löwenbräu verfertigt. Spätestens, wenn es den **Meppen Mix** (Cola, Sauerrahm und Diesel), das **Wolfsburger VfL-Keller-Export**, die **Gütersloher Gülle** und das **Eintracht-Gurkenwasser** geben wird, sollten wir gegenüber der Unio mystica von F. und Bier skeptisch sein.

Vorläufig genügt ein Blick in den Fernsehkasten, um Bescheid zu wissen. »Und jetzt kommt das Schöne«, krawallte Bayernpräsident Franz Beckenbauer am 1. Juni 1997 während der Meisterschaftsfeier vom Balkon (Marienplatz) zu seinen Getreuen hinunter, »der FC Bayern und die Paulaner Brauerei laden euch ein auf den Viktualienmarkt, es gibt Freibier.« Die ARD übertrug das Heilgeheul live und pflockte ihren schmierigsten Bierredakteur auf den Schirm, Waldemar Hartmann. »Es kann nichts Schöneres geben«, krötete der, »als Freibier an einem Sonntag in München.« Und eine perversere Koalition (Fußball, CSU, TV) vermutlich auch nicht.

Abgesehen davon, daß man nicht und nicht versteht, wieso Menschen alles, was für die Existenzführung als unverzichtbar gilt, Teetasse, Bettwäsche, Auto und Bier, mit Emblemen bekleben, lasen wir vor dem 97er Champions-League-Finale auf der Titelseite von *Bild Bremen* (28. Mai 1997) die Marschrichtlinie an den BVB: »Füllt den Pot mit Pils«. Zwei Tage später war nicht nur Juventus Turin erledigt, sondern München zur neuen Bierkapitale aufgestiegen durch das Wirken jener, die aus der alten Sauf- und neuen Fußballmetropole Dortmund zwecks Finalbestreitung hatten eingeflogen werden müssen: »Die Spieler [...] verwandelten die bayrische Metropole in die neue Pils-Hauptstadt« (*Bild*, 30. Mai 1997) und stießen das Münchner Helle endgültig vom Thron. Fußball: letzten Endes auch Sortenpolitik.

Abermals schlagender allerdings schilderte *BamS* schon am 27. April 1997 den polykausalen Zusammenhang zwischen F. und Bier. In der Hauptrolle: Schalke-Manager Rudi Assauer (52), der das Erreichen des UEFA-Cup-Endspiels feierte: »Es war morgens gegen 5 Uhr. Der Manager verließ das Klubhaus im Parkstadion mit ›leichter Schlagseite‹ und ließ sich nach Gelsenkirchen-Buer chauffieren, zum *Alten Gasthaus Rottmann*. Ein gemütliches, gelb angestrichenes Fachwerk-Gebäude. Davor zwei wunderschöne Kastanien. Die Kneipe (Pächter ist Schalkes Original Charly Neumann) war natürlich längst geschlossen. Dem einsamen ›Gast‹ im grünen Trenchcoat war's egal. Er pflanzte sich auf einen der Gartenstühle. Ihn störte auch nicht, daß die Temperatur gerade mal 3 Grad betrug. Genau gegenüber liegt Assauers Stamm-Italiener *La Scala*. Wirt Carmelo Campisi, heißer Fußball-Fan übrigens, wollte den Laden gerade dichtmachen. Doch der Manager bat ihn: ›Laß einen Kellner da, bis zum Abwinken. Immer, wenn ich ein Zeichen gebe, muß er mir ein großes Pils rüberbringen.‹ Die Vögel zwitscherten bereits. Viele Leute, die zur Arbeit gingen, erkannten den Manager. Einige blieben stehen und fragten feixend: ›Geht's Ihnen gut?‹ Assauer grinste nur breit und genoß sein Europacup-Glück in vollen Zügen. Die Aktion ›Pilsbrücke‹ dauerte bis 7.30 Uhr.«

So kann »es« gehen. Gleichwohl, Fragen bleiben: Wurde die völkerverbindende Aktion »Pilsbrücke« auch nach dem Triumph der Schalker über Inter Mailand wieder ins Leben gerufen? Ist das *Alte Gasthaus Rottmann* nicht »vielleicht« (Walter Jens) »biergelb« (Conny Froebess-Seidl) angestrichen? Und wo hockte der *BamS*-Reporter, um jede Bierbewegung akribisch notieren zu können – im Glas?

PS: München, 1997 von Dortmund, wie gehört, überrundet, schlug zurück. »Basler bestellt Bier-Tanker«, meldete der *EXPRESS* (7. Mai 1999), um im Fall des vorzeitigen Gewinns der fünfzehnten Deutschen Meisterschaft nicht »manches Pils« (Gunter Gabriel; vgl. *Bier! Das Lexikon*), aber sicherlich manches »Bier« (Basler) zu zischen. Basler: »Ich habe mich mit dem Chef von Erdinger Weißbier getroffen und ihm gesagt, daß er mit einem Tanklastzug vorbeikommen soll.« Angemahnt, gehorcht. Am 10. Mai frohlockte *Bild*: »Meister! Bayern ertrinkt im Bier.« Uli Hoeneß erhielt von Giovane Elber »die Mega-Dusche« aus »drei Liter ›Kaltschale‹«. Geschah ihm recht.

G

Gallus Keine Krankheit. Unser Frankfurter Stadtteil, eine Oase der Zukurzgekommenen, eine Aufhäufung verzichtbarer Bauten, Gassen, Grünanlagen und Geschäfte, abzüglich des nach zwei Jahren Ansässigkeit in der zwoten Quer-, der Schwalbacher Straße entdeckten *Getränke-Marktes u. Abhollagers Elmar Ziegler.* Ziegler verkauft Bier, viel Bier, voller feierlicher Ruhe. Ziegler raucht Zigarre. Der Mann ist freundlich und ein Künstler. Das langgestreckte Schaufenster zieren etwa dreißig etwa zehn bis zwanzig Jahre ungeöffnet gebliebene Flaschen, patinös prangende Kloster Andechser, olle Beck's-Buddeln, Maisel, Wächtersbacher. Unter Staubregen und Lichtfluten färbten sich die Etiketten gleichmäßig silbergrau, als hätte Ziegler seine Exponate auf einen Schlag in die grelle Werbezone gerückt, zu Ringelpiezgrüppchen arrangiert und nie mehr angefaßt.
Es hat was Rührendes, was Segensreiches.
Und Informatives. Der Herr Ziegler vergaß nämlich eine an der Decke baumelnde Werbetafel des Unternehmens Henninger (siehe Unverfrorenheit, die), Reklame fürs herbe **Christian Henninger Pilsener**, welchem noch in der »5th Edition« des Michael Jacksonschen *Pocket Guide To Beer* vom November 1996 ein bis zwei »Sterne« verliehen werden, bei denen es längst weilt.

Gansbräu Hell 4,6% Gansbrauerei Neumarkt. Ins Rostwasserfarbene spielendes, spielend rackerauchzartes und distinguiert gehopftes, abtrunkträchtiges, mit der Malzkeule zuschlagendes Helles. Das **Pils** (5,0%) heller denn das Helle und freudenreicher im geräumig gesteckten Rahmen der Gansschen Hopfennormalverteilung. Die Demarkation vermurkster Märzen ignoriert das reife, kohlebraune **Festbier** (5,5%), das **Keller-Pils** (5,0%) über jedes Urteil »stefansturmhoch« (Karl Kraus) erhaben. Rückt Gott bedrohlich auf den Pelz.

Ganter Badisch Weizen Kristallklar 5,4% Privatbrauerei Ganter Freiburg. Wenn der Bock der Esel der Kuh ist, ist das GBWK das TKKG der Malzemire. Hm. Wir reden heute, als hätten wir Blei am Kleinhirn. – *(Neuer Versuch, zwei Tage später.)* Hört man Shostakovichs Siebte, die »Leningrader«, den menschheitsappellierenden ersten, den zurücksackenden Moderato-Satz, den verklingenden und gramvoll versinkenden, beinahe verstummenden und wieder sich aufrappelnden Adagio-Part – könnte einem das Tippen samt aller Batterien Bier schon dermaßen furzegal werden, daß – –
– einem das unerhebliche **Freiburger Pilsener** (4,8%), das flossenlahme **Pilsner** (4,9%), das im Antrunk breite, im Abritt versagende **Spezial** (5,2%) und das magere **Helle Festbier** (5,5%) zum Gähnen eins werden.

Gasthofbrauereien, Neugründungen von Müßten nicht sein. Begrüßt von albernen Leuten, die siebzig Mark für den auf antik getrimmten Siphon berappen und einem »handwerklichen« Getränk, das überteuert ist, der vorgeblichen lokalen Spezifik und Lagerung in »Eichenfässern« wegen stählerne Treue schwören. Besonders dreist preistreibende Institute an der Bergstraße zwischen Darmstadt und Heidelberg: **Gasthofbrauerei Burggrafbräu,** Bensheim, und **Gasthausbrauerei Weinheim.** Was genausowenig stimmt: »Mitzuerleben, wie ein Pils oder ein Weizen frisch zubereitet werden, ist ein zünftiges Erlebnis. Wenn die würzigen Hopfen- und Malzdüfte aus den Sudpfannen und Läuterbottichen aufsteigen und durch die Gaststube ziehen«, dann stinkt es, nicht »läuft einem das Wasser im Munde zusammen« *(Hamburger Morgenpost,* 2. Mai 1997), ihr Seppl.

»**Gastro Power**« Altneudummer Vokabelwichtigtuerscheiß-
dreck. Siehe Qualifizierteres unter Bier-Krieg.

Gäuboden Landbier 4,8% Brauerei Gebr. Röhrl Straubing.
Besser, als es heißt; süßlich, lieblich, herzlich. Zur **Straubin-**
ger Weisse Bernstein Weizen 5,3% diktierte sich Herr Rudolf einen Reim ins eigene Buch. Aber uns die Flasche weg-
nehmen.

Geisenfelder Urhell 4,8% Getränke Hörl Geisenfeld. Unter
Termindruck gebraut, harsche Bittere, bröselndes Malzaroma, hefeheischend. **Weizen Hell** (5,3%): miserable Mous-
sierwerte bei pudelschwacher Rezens, falschtönende Frucht-
zuspielungen, unfaire Säuerung im schlappen Nachtrunk.
Weizen Dunkel (5,3%): inakzeptabel. Wir möchten diese
Biere nicht mehr wiedersehen.

Gene Schätzen dt. Brauer nicht, »vom hierzulande besonders gefürchteten Turbobier« (*S & K* 7/1997) nehmen sie
Abstand. Zwar »hat Bierhefe, in die man ein Gen aus einer
robusten Himalaya-Gerste übertragen hat, bereits die Pra-
xisreife«, doch »selbst wenn Brauer gentechnisch manipu-
lierten Hopfen oder Braugerste kaufen wollten, ginge das
gar nicht, denn beides stehe ›zum heutigen Zeitpunkt‹ nicht
zur Verfügung«. (*Fränkische Landeszeitung,* 11. Mai 1999)
Während »das perfide Albion« (Albert Hefele) seit 1995
Nutfield Lyte Lager auf die Menschheit losläßt, läuft
Deutschland Sturm: »Hände weg von unserem Bier!« (*Bild,*
29. Mai 1998) Die Avantgarde bildet das ehrliche Handwerk:
»Bauchfacharbeiter Volker Borsen (42), Itzehoe: ›Bei deutschem Bier weiß ich, was drin ist! Wenn Gen-Bier erlaubt
wird, kommt bei mir nur noch Wein auf den Sägetisch!‹«
Torsten Sanftl (31), Fliesenleger, assistiert: »An meinem geliebten Weißbier darf kein Genforscher rummörteln. Ich
verlege ja auch keine Marmorfliesen!« Ein Machtwort
sprach Theo Waigel: »Ich bleib' beim bayerischen Reinheitsgebot.« Hat er nun den Salat.

Gentner Minne-Pils 5,0% Gentner-Bräu Wolframs-Eschen-
bach. Das Etikett erzählt uns allerhand Zeug, von dem wir
bislang weder hörten noch hören wollen. Dafür sagt uns das
zahm schäumende Bier zu. Noch gesetzter die Winterspe-
zialität **Festbier** (5,3%), ein behagliches Landbräu ohne
Macken und Mätzchen. Derweil das **Urtyp Hell** (4,6%) nur
dem Durst gehorcht.

Georgbräu Helles Pils Gasthausbrauerei im Nikolaiviertel
Berlin. In der unnatürlich schummrigen Lösung biologisch
unkontrollierter Hopfenabbau, deprimierende Auswa-
schung der Malzstoffe aus dem Bierboden. Am Ufer der
Spree, von der niemand sagen kann, wo sie entspringt und
wozu, hier, an der Wiege des Weltbeherrschungs-, Welt-
stadt- und Weltenwahns, siedelt seit 1992 »die erste Gasthaus-Brauerei im ehemaligen Ost-Berlin« (Frank P. Freudenberg: *Bier-Metropole Berlin,* Nürnberg 1996), deren
Besitzer Peter Härig, ein »einfallsreicher Wirt« (Freudenberg), auf die Getränkekarte griffeln ließ: »Pils, Hell oder
Dunkel«. Die geleaste Servicekraft walkt wankend zu uns.
»Nemmichn Pils«, ergeht Bestellung, Pause. Spreeufer-
atmo. Berliner Bauchgerede. Pause. »Ja wie, wattdennwatt-
denn?« – »Äh, Pils.« – »Ja, Pils. Hell oder dunkel?« – »Ach
so. Okay, kleines helles Pils.«
Nicht minder inspiriert vom hefig-brackigen Spreeabtrunk
der Maximalmurks **Dunkles Pils,** der blendend mit der orts-
notorischen Touristenfallenschnippigkeit korrespondiert
und als furchterregendes Metropolengezücht a) ein brech-
bohnenfarbiges Schaumpolster zur Schau trägt, b) schlappe
Malzreste anschleppt. Die dunkle Ahnung, Malz müsse herein, erwirkt kein Dunkles, Herr »excellenter Brauer« (Freudenberg). Das vermöge großer Tafeln vor Prachtplattenbau-
ten annoncierte **Bockbier** reservierten wir für ein späteres
Leben. Allzu zeitig wollten wir denn doch nicht in die Ewigen Biersümpfe einrücken.

Geschmackssinn Nennt Hannah Arendt den »intimsten,
privatesten und individuellsten der Sinne« (*Vom Leben des*

Geistes, Bd. 1, München/Zürich 1989). Und doch strebt er ins Allgemeine der Schrift. Siehe hier.

Gesundheit Einen in seiner ragenden Infamie schwerlich zu überbietenden Ausspruch tat laut *junge Welt* vom 24. Januar 1997 der Ex-Bundesgesundheitsminister Seehofer, die alte Runzel, als er weiter wachsende finanzielle Belastungen von Kranken und Versicherten mit Blick auf »steigende Ausgaben« folgendermaßen zu begründen suchte: »Das ist wie beim Biertrinken: Wenn andere mitbezahlen, fühlen sie sich verleitet, medizinische Leistungen in verschwenderischem und völlig unnötigem Umfang nachzufragen.« Nein, wie beim Biertrinken ist das nicht. Beim Biertrinken wird nicht nachgefragt, sondern Bier getrunken. Und dann noch mal Bier getrunken. Und noch mehr Bier getrunken. In allerdings verschwenderischem, bataillisch-ruinösem, ganz und gar nötigem, den »Kollaps« (Robbi Kurz) einleitendem Umfang, daß man hinterher gar nicht mehr nachfragen bzw. nachzählen kann. Aber nachzahlen, das kann man. Am nächsten Tag oder später. Bzw. zahlt schon irgendwer den ganzen Schmutz von angefallenem und ausgetrunkenem, vorher lauthals nachgefragtem Bier. Völlig klar. Außerdem ist Bier, raunen die Eulen Athens, die beste Medizin (vgl. regelmäßig wiederkehrende Meldungen des Deutschen Brauer-Bundes und der Presse, Bier schütze Herz und Kreislauf, begünstige den Cholesterinstoffwechsel, beruhige und enthalte B-Vitamine, Niacin, erklecklich Magnesium, Kalium und leicht verdauliche Kohlehydrate). Daran rüttelt selbst Niedersachsens SPD-Wolf-Weber nicht, der im Sommer 1997 einen Warnhinweis auf Bierflaschen forderte: »Achtung! Der Inhalt dieser Flasche gefährdet Ihre Gesundheit. Warum sollte nicht auf jeder Bierflasche wie bereits auf jeder Zigarettenpackung ein Hinweis auf die schädliche Wirkung bei massivem Konsum stehen?« Warum wurde das Rad erfunden?

Getrennt trinken, gemeinsam lesen! Solidarisch-kritischer Schlachtruf der elementargeistig zerstrittenen Bierrösser Rudolf und Roth.

GFB Zürcher Gesellschaft zur Förderung der Biervielfalt. Präsident Hans Meier und seine unbestechlichen Kollegen haben große Aufgaben vor sich. Geschmack bewiesen sie bei der Betitelung ihres »offiziellen Publikationsorgans«: *BIER* – und mit der Kritik von *Bier! Das Lexikon* (1/1998): »Endlich ist das ultimative Bierlexikon da.« »Nachdem alle Mitglieder des GFB im Oktober 1997 den Sonderdruck mit dem Testbericht unseres Mitgliedes Hansjörg von Arx erhalten haben, gehört *Bier! Das Lexikon* ins Hand- und Reisegepäck jedes Mitgliedes des GFB.« Schreibt ihr noch mal so? »Schweizer Biere« sind ja heuer auch an Bord.

Giessener Pilsner 4,8% Privatbrauerei Denninghoff Gießen. Verspricht exakt, was es hält. Viel zu wenig. Aber das reichlich. Das **Export** (5,2%) eine spanstichige Riesenbeleidigung. **Denninghoff's Weisse hefetrüb** (5,2%) mit Brilloschaum, gefaltet und gefurcht. Vom Temperament her näher am Dunkelweizen (bayerische Lohnproduktion?), welches (**Denninghoff's Weisse dunkel** [5,2%]) selber – nein, hier haben wir was durcheinandergebracht. Wie mag der Text stimmen? Womöglich mit einem Glas **Denninghoff's Weisse kristallklar** (5,2%), dem Parkettbodenkleber – – (Muß überdacht werden.)

Glenk Pils 4,8% Privatbrauerei Glenk Bayreuth. Prägnanter Artikulationen abhold, lallender Hopfen, das Malz war schon besoffen, bevor es mit Wasser in Berührung kam. Tscha, da rutschen die stabilen Definitionen weg.

Gleumes 4,9% Brauerei August Gleumes Krefeld. Rotzfrech. Bengelbier. Pöbelt uns mit aufgeweckten Malzen und plietschen Hopfenatomen an. Der Brauer spricht die weinreine Wahrheit: »von allerfeinster Altbier-Qualität«.

Glossner Hopfengarten Pils 4,8% Brauerei Glossner Neumarkt. Malzige Nase, wehender Schaum, gerecht verteilter Bitterhopfen, aromatisch etwas zugeknöpft. Den Knoten löst – halt: Grüne Verpackung *und* Schraubverschluß gehören verboten und verdammt. Im sprudelnden Sonnenwasser **Pils De Luxe** (4,8%) tummeln sich die bleichen Hopfentöchter Luplinde, Doldgunde und Zapfhilde. Gebräunter, strandnah quasi das sich großbürgerliche Zurückhaltung auferlegende, die fitgeile Geschmacksritterposthistoire fliehende und aus dem Gerstenfeld spedierende **Original Neumarkter Hell** (4,9%). Nochmals ländlich maltsweeter die Glocken nie kungelten als beim **Weihnachtsglöckl Festbier** (5,5%), einer karambafesten Gestalt von rotierendem Gehalt. Die Früchte der **Hefe-Weissen** (5,3%) fruchteten, das **Kristall-Weizen** (5,6%) kam extrastark in die Windeln und verzichtete, Schande auch, auf relevanten Hopfen. Dem herzensguten Bringer Peter Gatzhammer zum Dank sei annotiert: Es existieren ungehindert eine **Leichte Weisse** (2,8%) und das **Alkoholfreie Schankbier** (keine Angaben).

Gögginger Export 5,2% Gögginger Adlerbrauerei. Feist bis fett, Malz allein zu Haus'. Üben. Und am Quantensprung des herb-süffigen, »hopfenwürzigen« **Pils** (4,9%) aufrichten.

Goldene Gans 1346er Urhell 5,0% Brauerei Zur Goldenen Gans Augsburg. Patent, patent, der Gaumen sengt. So darf südlich des Mains unserethalben das einfache Helle schmecken: im Schaum rüstig, geruchlich zurückhaltend, strohschlagendes Gelb, erkennbare Malzpickings und tupfende Hopfung. Ebenso geraten das **Hefeweizen Hell** – mit den gleichen Volumenprozenten und etwas anderen, passabel belegten Parametern, Weizenwerten eben.

Goldener Löwe Edel Pils 4,9% Privatbrauerei Gerhard Först Drügendorf. Einwilligung fordernd. Passiert den TÜV (Test über Verträglichkeit) problemlos. Plakette bis 2009. Ein **Altfränkisches Lager Bier** (4,9%) überrennt alle Sprachgrenzen. Barmherzigkeit uns Schwachen. Die sich stärken für den weitern Weg am Godzilla der Hellen, dem **Vollbier** (4,6%).

Golden Urhell 4,8% Golden Getränke Produktions- und Vertriebs GmbH Altötting. Wenn das Schule macht, dann aber »Gute Nacht«.

Gold Ochsen Feinherbes Premium-Bier 5,1% Brauerei Gold Ochsen Ulm. Ein einziger Schluck von »Ulms flüssigem Gold« stellt uns nicht zufrieden und auf die Probe. Muß man im Vollzug des landesüblichen sog. »Wegochsens« richtiggehend durch die Kehle ochsen, peitschen, treiben, treten. Den Ochsenbraten fett zu machen, spendete die Ochsen-Brauerei dem um 29,80 Mark zu teuren »Brauwelt-Reiseatlas« *Das Deutsche Bier* (Bern 1997) ein Frontalangriffspostkartenmotiv (Schornstein mit zwei Lkws). Ihr glaubt jetzt nicht, daß wir euch Ochsen nennen? Das Beste: Laut Atlas gibt es obendrein ein ausgezeichnetes!, prämiertes!!, ein dekoriertes!!! **Gold Ochsen Pils Schuß dunkel.** Volle Gießkanne Feuer frei!!

Goldstadt Spezial Export Hell 5,0% Brauhaus Pforzheim. Auf Kammerton »aaah« gestimmt. Etikett nach den neusten Erkenntnissen der Altertumskunde. Erfüllt die Kriterien eines Regionalexports.

Goldstar 4,9%, irgendwo Israel. »Dark Lager«? Der blanke weiße Safthintern hängt im Glas. Ein, Frau Wehrmann, die's entführt hat, zu konsultieren, »waschechtes Sicherheitsrisiko«. Großräumig umfahren!

Göller Freyungs Dunkel 5,2% Brauerei Göller zur alten Freyung Zeil. Süße Schwebebalkenkür – mit Willkommensgruß Richtung roten **Bock** (7,0%), dessen Himbeerigkeit die florierende Waldbeerhopfung ergänzt. In der Nachspielzeit gewinnt die **Weisse** (5,2%), und an Wohlgeruch schwerlich zu überbieten ist die tänzelnde **Dunkle Weisse** (5,2%), Fruchtkörbchengröße 75 A (V. Feldbusch), haha. Das **Rauch Bier** (5,2%) zeugt von Verstand und Gabe und läßt das **Lager** (4,9%) 181 Kilometer (nach Frankfurt) hinter sich.

Gordon Highland Scotch Ale 8,6% Fountain Brewery Edinburgh/Schottland. Für den belgischen Markt produziertes schaumgummiähnliches, dem dortigen Braugeschick weit hinterherhinkendes malzaromatisches Breitarschbier. Rücken Sie vor auf getränkelos.

Gösser Beer 5,2% Steirerbrau Graz/Österreich. Trockener Honig. Beliebtes traditionelles Wiener Vollbier. Gut? »Gut besser.« Bedeckt flimmert das **Märzen** (5,2%). Flüssig und fortschrittlich gehopft. Bildet Klößchen am Rachenausgang. Gewürzmayonnaisenartig und unter den Mayonnaisen klar das beste Bier. Geht in eins mit Kartoffelsalat. Das **Puntigamer** (5,1%), »das ›bierige‹ Bier«, heißt so, weil das witziger ist. Muß es aber nicht »das bärige Bier« heißen, das bärige Untergärige? Das raubkatzige Sohlentatzige? Der Elch auf Schlittschuhen? Weil's prima »rutscht«? Gösser hat inzwischen auch einer Kurve des alten Zeltweg- und neuen A1-Ringes (4,319 km) seinen Namen verpachtet, und die Boxencrews tanken in der Startaufstellung **Gösser Ice** (4,8%) zwecks Kühlung ihrer schnell überhitzenden Motoren und Gemüter.

Göttinger Edel-Pils 4,8% Göttinger Brauhaus. Köhler/Schaefer bestätigen: »Es gibt das!« Mit schlechtem Grund. Hat seine Existenzberechtigung nach einem Krug verwirkt. Aber wir dürfen ja nix entscheiden. Hätten wir was zu melden, das **Göttinger Pilsener** (4,9%) könnte bleiben.

Gottsmannsgrüner Pils 4,8% V. Koch'sche Brauerei Gottsmannsgrün. Edel, hilfreich und sehr gut. Verdient seine wiederholte Erwähnung. Das **Schwarze** (4,8%) steilweit über der Umlandkonkurrenz zu verorten. Frech dreckig im Abtrunk. Zum Schlummerdrink erniedrigten wir das **Lager** (4,6%). Trinken ist kein sittliches Vergehen.

Graf Arco Grafentrunk Helles Spezial 5,3% Braustätte Adldorf/Gräfliche Brauereien Arco Valley. Nadelstichproben ergaben: Durch unsre Venen fließt rotes Bier, mitnichten jemals wieder des Grafen Trunk. Des **Grafen Hell** (4,8%) stockt in den Adern: kein Flash, jegliche Höhepunkte schmerzlich vermißt. **Valley Lager** (4,3%) soll die leichtere, zeitgemäße Gastronomiemarke sein. Wenn das mal danebengeht. Ihre feingeistige Werbebotschaft: »Lager – das ist Natur, Abenteuer und weites Land.« Zuletzt passend die anfänglich zappelaromatische und arg würzige Wurzeln schlagende **Weiße Hell** (4,8%).

Gräfenberger Pilsner 4,8% Lindenbräu Gräfenberg. Saure Zipfel, graues Brot, blondes G., die heilige Dreifülligkeit. Korrekt verhielt sich das landstrichige **Vollbier** (4,8%). Es ist ein Tag der Affenhitze.

Grafen-Pils 4,7%, für GPF Getränke Palette Diez. Abt. Aber hurtig für ganz entschiedenes Vergessen.

Graf Ignaz Premium Pilsner 4,9% Bayerische Graf zu Toerring Brauereien Pörnbach. Lief puderrot an, als wir zu fragen wagten, wo der Hopfen geblieben sei. Dem **Graf Toerring Hell** (4,8%) sei zugestanden: »total geschmacksneutral« (Claus Arius II.). Keine Deviation erkennen ließ der **Edeltrunk** (5,2%). Menschen mit Pörnbacher Mildgeschmack nicken ab und greifen zur **Graf Clemens Weisse Hell** (5,3%), obschon sie schlecht werden sagen können, was sie oder ihn von der Valley-Fraktion (siehe Graf Arco Grafentrunk Helles Spezial) trennt. Hie wie da kaum Können.

Gravensteiner Hell 4,8% Gravensteiner Brauhaus Hamburg. »Selbst die schädliche Wirkung auf den Geldbeutel wird durch den köstlichen Genuß erträglich.« Mensch, stimmt. Und die verwürgte Rackerschinderei allhier hat Sinn! **Dunkel** (4,8%), komm her ...

Greif Edel-Pils 5,1% Privatbrauerei Jos. Greif Forchheim. Laut Verifikationsgesetz vom 17. Mai im Gefolge des Evidenz- und des (negativ ausgegangenen) ontologischen Got-

tesbeweises Kant jun. und entgegen der neuheidnisch-neo-
liberalen Proklamation einer allseitigen und immerwähren-
den Präferenz der Falsifikation i. S. Sir Karl Poppers sel. als
auch seiner Vorgeborenen und Gegner, seiner Widersacher
und Freunde Kohlhans, Bruckner, Adorno, Klaus Wittgen-
stein und Theodor Mommsen-Maier sowie dem Torwartsepp
zzgl. dessen Mitstreitern, Bardamen, Wichsgenossen und alten Froschprellern muß es heißen: Das Bier schmeckt. Und
noch mehr – so das Schmecken quantifizierbar sei und nicht
unter die vollauf besoffene Hegel-Doktrin über Quantität
und Qualität, Zahl und Wert, Wesen und Erscheinung, Kern
und Hülle, Gegenstand und Sache, Begriff und Widersinn,
Unfug und Käsgerede falle –: noch mehr schmeckt, quasi-
transzendentalheuristisch schmockt: **Greif Hell** (4,9%). Wer
hätte das zu denken gewagt.

Greifenklaubier Brauerei Greifenklau Bamberg. Sehr geehrte Damen und Herren, der Biergarten, den wir betraten,
mißt zirka dreißig mal fünfzig Meter, liegt oberhalb der
Stadt, ist mit dreizehn Linden und Kastanien bestückt und
ein gesegneter Flecken Erde. Seien Sie versichert: An diesem
hellen, sprühenden, auch tiefen, breiten, hinwieder hüpfen-
den, an diesem Kühle spendierenden und lustlichten Grün
könnten wir uns satt sehen, doch wir verpaßten das erleuch-
tet wolkenlose, heitere Gelb des G.s, welches hier verschenkt, und dessen brezeltrockene Bittere. Bier solcher Bildung, sehr verehrte Damen und Herren, ist das Salz des
Lebens in der Hochzeitssuppe. Geben Sie acht auf jedes
Rinnsal, und löffeln Sie ihren Krug mit dem Zuckerlöffel
aus. Es soll ihr Schaden nicht sein.

Griess Kellerbier 5,1% Brauerei Griess Geisfeld. O doch. O
ja. O Funken der Freude aus beengtem Faß. O schlagende
Würze. O Fülle und Vielschmack. Hier braucht's Nehmer-
qualitäten.

Grimbergen Tripel 9,0% Brouwerij Alken-Maes Kontich/
Belgien. Dreifach gegärt heißt: »De amberkleurige Tripel

heft een alcoholvolume van 9% en is driemal gegist: eenmaal in de gistingskuipen, dan in de lagerkelder en tenslotte in de fles zelf.« Bedauerlicherweise sahen wir das obergärige flesbier van de belgise duvelbrouwer en bloc als brüllend füllig (für ein tangential abteibräuliches Produkt mit zu mächtigem Sherrynachtrunk gesegnet), schließlich als zu industrial und speiig an. Geringfügig milder stimmte uns das honorig pelzige **Dubbel** (6,5%). »Natürlich kann man sich auch gleich einen Sack **Optimo Bruno** (10,0%) an den Kopf werfen lassen, das wirkt schneller.« (Hermann Peter Piwitt) Zum Frühstück in den Espresso füllen, und Sie stehen nie mehr auf. Es gibt Tage, die verlangen das.

Grohe Export/Märzen/Bock 5,1%/5,1%/6,2% Brauerei Grohe Darmstadt. Bier machen den Weg frei.

Grolsch Premium Lager 5,0% Grolsche Bierbrouwerij Groenlo/Niederlande. Juut, Jungs, »auf den geschmacklichen Punkt gebraut« (*Et Füchs'ke* 1/1997).

Gröninger Pils 5,1% Gröninger Privat-Brauerei/Dehn's Privat-Brauerei Hamburg. Seit Rudolf Augstein die Trutzburg an der Brandstwiete verlassen und das Leben eines greisenfaselnden südfranzösischen Wanderburschen begonnen hat, steht auch das Nachbarbrauhaus vor dem Absturz in normaldeutsche Öde, bleibt doch der konstanteste Zecher der Waterkant aus. Der Hamburger tut gleichwohl gut daran, eins seiner zwei gerechtfertigten Biere einmal pro Jahr zu begrüßen. 'ne Brise Märzen wird er obendrein erhaschen, was ihm Rätsel aufgeben dürfte – gleich der **Hanseaten Weisse** (5,3%), von der wir stark vermuten, sie sei importiert. Soviel Weizen war nie links und rechts der Elbe.

Grünbacher Weissbier 5,1% Schloßbrauerei Grünbach. Die Gurken des Jahres: G. und das **Altweizen Dunkel** (5,1%). **Braumeister Weizen** (5,3%) und das aus der Brause abgefüllte **Altweizen-Gold** (5,3%) und den amboßschlechten **Prinzen-Bock** (7,0%) dem Händler lassen. Der kauft sie schließlich ein und sieht ihnen beim Herumstehen zu. Reicht es ihm, bläst er ihnen den Marsch zurück ins Pfännchen.

Guinness Bitter Draught 4,4% Guinness Brewing G. B. London/Großbritannien. Sämig wie flüssige Pfannkuchen, roßkastanienbraun wie roßkastanienbraune Roßkastanien. Schaum quillt und quöllt qualuminös. Qua Kombination aller herzallerinnigsten Eigenschaften des auf dem Hohlkontinent bekannten G. und der vollendeten Versionen des Ale der Imperator unter vielen ungleichen Bitters. Da fliegt uns doch der Krug weg. – Für Belgien (John Martin Geuval) braut Irland das großartige kaffee- und beerenaromatische **Guinness Special Export Stout** (8,0%). Rundum zufriedene Gesichter. »Die Kunst ist konkret.« (Harry Mulisch)

Gulden Draak 10,5% Brasserie Van Steenberge Ertvelde/Belgien. Eruption. Blutorangenrot. Ungehobelter Schaum. Exzeptionelle Fruchtkoloraturen über malzerzgebirgigem Basso continuo. Ideale Fernsichten auf die Neue Welt. So wird gebraut.

Gundel Pils 5,0% Brauerei Gundel Barthelmesaurach. Seit 1602 holt der Barthel »den Most« – und zauselt wieder ab. Weil er Bierverächter ist. Ignoriert eine ausgedehnte, den Nachtrunk merklich streifende Bittere. Etwas mehr (Körper-)Gegengewicht könnte nützen. Gehaltvoll das **Urhell** (4,8%), ein brauchbares Gebrauchsbier, das balsamisch dunkle **Export** (5,2%) ein aufrechter Trinkgenosse. Die Idyllik Barthelmesaurachs freilich bedürfte gebührlicher Feier. Wir müssen dieses Jahr unter 3.000 Seiten bleiben.

Gunzendorfer Edelpils 4,9% Privatbrauerei Sauer Gunzendorf. Den Hopfen per Lufthansa vorbeigeflogen, oder? Auf den Index. Überwindung verlangt das Rauchbier **Schlückla** (5,6%). Fisch in Flasch' iss falsch. Euer **Vollbier** (4,9%) voll

Schuß. Am gequollenen Abtrunk des **Hell** (4,9%) sind wir fast erstickt. Die **Weiße** (5,2%) ist geeignet, um sich mit dem Gedanken vertraut zu machen, ein Leben ohne Bier zu führen. Hamas der Fränkischen Schweiz aber gegeben.

Gutmann Leichtes Hefeweizen 2,8% Brauerei Fritz Gutmann Titting. Angetragen vom verständigen Getränkehändler in Herrieden analog zum einzigen erträglichen Softpils, dem **Spalter Hopfen Leicht** (vgl. *Bier! Das Lexikon*). Doch was wir ahnten: Obergärige wollen erst recht nicht bierwidrig und -feindlich alkoholreduziert und um ihre Geschmacksträger- und Rauschentwicklungsstoffe betrogen werden. Hernach kennen sie fehlenden Duft, breitmaulfroschige Säure, brömsige Konsistenz und ein »unglaublich uninspirierendes Finish« (Th. Roth). Nicht weitersagen.

PS: Dem nichtigen TV-Kanal n-tv gaben wir am 5. Oktober 1997 ein Interview. Gefragt, warum *Bier! Das Lexikon* über leichte und alkoholfreie Biere keine näheren Urteile fälle, wagten wir zu behaupten, besagte Sorten gehörten nicht der Gattung Bier an, weil ihnen die »Rauscherzeugungsqualität« fehle. Keine sieben Wochen später feuerte das goldene Fachflachblatt *Brauwelt* (48/1997) »hüftgeschossen« *(Brauwelt)* das Editorial »Das hat gerade noch gefehlt« ab, das in unserer Sammlung deutscher Dokumente, volkssprachwartlicher Ressentiments und krummsäbeliger Paradedöseleien gerade noch gefehlt hatte: »Über Dinge und Fakten des täglichen Lebens sprechen die Leute viel: Sinnvolles, Blödsinn, Lob und Tadel, gelegentlich auch ausgemachten Unfug. Das Bier ist von solchem Tun nicht ausgeschlossen. Diese Ansichten können sich bis zur schriftlichen Wiedergabe kondensieren, bis hin zu einem Buch. Und wo ein Buch ist, gibt es den Autor eines Werkes, der mit seiner Arbeit im Geschäft bleiben will. Schließlich will er auch leben. Bei der Vielzahl des Fernsehangebotes ist es dann auch möglich, daß ein Autor zu einem Interview vor Kamera und Mikrophon kommt, scheppern gehört zum Handwerk. [...] Da staunen Fachmann und Laie über diese Wortschöpfung: Rauscherzeu-

gungsqualität. Kann es die Intention des Bierkonsums sein, einen Rausch auszulösen. Wer selbigen haben will, könnte dies mit anderen Stoffen in entsprechender Applikation viel schneller und gründlicher haben. Oder umgekehrt: Sind alkoholreduzierte Biere allein deswegen schon schlechter, weil ihnen diese Rauscherzeugungsqualität fehlt? Gottlob gibt es diese Biere, denn sie sind eine Notwendigkeit des Getränkemarktes. Werden in Deutschland weit über 100 Mio hl Bier getrunken, damit sich der oder die Konsument(in) berauschen? Der Begriff ›Rausch‹ ist weitgespannt, wobei es keinesfalls dem Gärungsalkohol vorbehalten bleibt, per Rausch den Gemütszustand nachhaltig temporär zu verändern [...]. Bier ist in seiner vielseitigen Verwendung immer nur dazu bestimmt, Wohlsein und nicht Vollsein auszulösen. Hierzu bedarf es ganz bestimmt keiner Rauscherzeugungsqualität. Und wie lautet ein klassisches Zitat: Si tacuisses – philosophus mansisses.«
Wir sind auf dreiundsechzig Fehler, Ungeschicklichkeiten und Lügen gestoßen – beim flüchtigen Lesen. Wer/was trägt die Schuld? Die Rauscherzeugungsqualität des Sichberauschens am eigenen rauschenden Malstrom an Schaum- und Bruchbegriffen, in denen vergeblich ein Begreifen sucht, der's zu begreifen sucht?

Gutsherren Pils 4,8% Förster & Brecke Getränke GmbH Hameln. Die schärfsten Kritiker der Kelche / waren früher ... *(Nicht fortsetzen.)*

H

Haakon Specialøl 4,5% Macks Ølbryggeri Tromsø/Norwegen. Reiner Bierdadaismus. Rotz, brötz, kritz, schwack, »schlöl«, »blonz«, »stratz«, »gargl«, »schrotz«, »Schadensack« (F. W. Bernstein).

Habereckl Brauherren Pils 4,9% Bürgerliches Brauhaus Zum Habereckl Mannheim. Lohnbräu Binding (siehe Binding Black Lager)? Dem **Export** (5,3%) mangelt es an Ernst; schmeckt – wenn – nach Drops. Der **Feurio Tropfen**, ein »Jahrgangs-Starkbier«, hantiert mit hierzulande verbotenen 9,0% und amtiert doch nur als Night-'n'-Day-Bock.

Hachenburger Pils 4,8% Westerwald-Brauerei Schneider Hachenburg. Erweist der Trinkbarkeit Reverenz. Das schwarze Pils **Schwarze** (4,8%) rast keilermäßig gen Genialität. Das **Ur-Trüb**-4,9%-Zwickel kein Synonym für die Hatz auf einen flüchtigen Bierschmatz. Ur-Trüb, damit Sie auch morgen noch kraftvoll zureiten können.

Hacker-Pschorr Braumeister Pils 5,5% Hacker-Pschorr Bräu München. Zu nah am Export, hopfenvergessen, on- und offtrünkig Ausdünstungen ähnlich Raffineriestoffen. Zur **Dunklen Weissen** (5,3%) wollte sich niemand bewegen, die jungfräuliche **Weisse** (5,5%) bissig, giftig, gehobener Mischmasch. Und das prominente **Münchner Dunkel** (5,0%)? Man muß zu einem Bier mal nichts sagen können.

Haigerlocher Schlößle 4,8% W. + H. Zöhrlaut Schloßbrauerei Haigerloch. Das Noble aus dem Sortimentbaukasten. Beim Schwoab! Würzexport unterm Ich-nehme-beide-Beine-in-den-Schwitzkasten-Schaum. *DUDEN*gelb fällt das

durch Hechingen-Korrespondent Tom Wolf abgesegnete
Original (4,8%) zwischen die Gläserwände. Halfzware
Malzbeer. Tiefsinniger, als es schmeckt, riecht das **Edel Pils**
(4,7%). **Hefe-Weizen** (4,7%): trocken, trüb, trallala, zu pick-
sig. Das **Kristall-Weizen** (4,7%) ein falsch entrichteter Obo-
lus ans Weizenbierkarussell. Soll heißen: -kartell.

Haldengut Hell 4,8% Brauerei Haldengut Winterthur/
Schweiz. Schaum und besonders die 58cl-Flasche: statthaft.
Können Sie am Morgen danach kräftig reinbeißen. Correc-
tion: nach dessen Genuß Sie sattsam ... ach, es geht heut' nicht.
Das **Dunkel Spezialbier** (5,2%) von salbungsvollster, feste-
ster und fitester (Lektor, stimmt das?) Dunkelprovenienz.
Kein Wunder, daß gleichfalls das vor Jahren eingegliederte
Calanda Bräu Lagerbier Hell (4,8% Calanda Bräu Chur)
u. a. wegen seiner zupackenden Art zu gefallen vermochte.
Und weil es ein feuriges Untergäriges mimt, dem paradoxer-
weise das »Spezialbier« des Mutterkonzerns, die **Halden
Krone Premium** (5,2%), nicht die Spur wasserreichen kann.

Haller Löwenbräu Pilsner 4,7% Löwenbrauerei Hall
Schwäbisch Hall. Schaum geht steil, der Hopfenpaß in den
sträflich freien Malzraum führt zu einer hundertprozentigen
Chance, die durch den spurtstarken Finishgegner vereitelt
wird. Die »elektronische Tapete« (Werner Hansch) bannt
den Moment für den Vorhof of Fame. Im **Meistergold**
(4,9%) findet der Bierball seinen Meister. Ein rauschendes
Fest schließt sich an.

Und so verhielt es sich, daß wir **Hallerndorfer Landbier
hell** (4,9% Brauerei Rittmayer Hallerndorf) nicht verstanden;
daß wir so viel Lust zu trinken verspürten und lieber Wasser
tankten; daß wir grantelten und das bronzene **Kellerbier**
(o. A.) verkannten; daß wir rannten, Tabak zu erhaschen,
und das helle **Weißbier** (o. A.) mißachteten. »Nach 3 Bieren
sagt man sich eher die Meinung als auf nüchternen Magen.«
(Jörg Wontorra: *Halbzeit mit Helden – Geschichten, die der
Fußball schreibt*, Düsseldorf/München 1997) Eben.

Halloween Pumpkin Ale 6,2% Brasserie Villers Liezele/
Belgien. Wählen Sie Zapfhahn Super Breifly.

Hannen Mönchengladbacher (siehe auch Übernahme, feindliche) Unternehmen, dessen Credo lautet: »Szene und Gemütlichkeit sollen gestärkt werden.« Prompt passiert was?
1998 entsteht, exklusiv für die Love Parade, **Hannen Rave**
(3,6%), Alt plus Malzlimonade. »Schade«, grämte sich der
sehr geschätzte Wiglaf Droste, »daß man nicht in China ist
[...]. Dann könnte man diese Leute einfach erschießen lassen. Eine Million Arschgeigen weniger. Das wäre cool.« Max
Goldt retournierte: »Die Welt der Mischgetränke ist nicht
unverwirrend.« Recht haben sie »irgendwie« (Michael Rudolf) beide.

Hard Rock Cafe Light Gauge Beer Hard Rock Brewing
Detroit/USA. Heavy Riffs, schneidende Soli, knallende Sna-
res, brunftende Shouter, dröhnende Basslines – so braut und
schätzt der Hardrocker das Bier. Er spielt's laut, kippt's lau.
Anschließend begießt er den Tank seines Harleytreckers damit und wundert sich, warum die Mühle nicht anspringt. Verkehrtes Bier heißt verkehrte Welt. Sie werden es nicht lernen.

Härke Pils 4,9% Privatbrauerei Härke Peine. »Herrlich
herb« ist richtig. Herrlich der herrliche Filzfaserschaum, zum
Frühjahrsleberputz gerade recht. Herrliches Hopfengewölk,
herrliche Frische. Herrliches Bier. Wenn es ein wenig weniger wäßrig wär'. Und was soll »privat gebraut« bedeuten?
Und wieso ein **Classic Pils** (4,7%), das nicht recht pilsig, nicht
recht herb, nicht recht nix? Classix? Unserethalben – clas-
sixherb. Auch eine Definition. Keine Manifestation. Das **Traditions Dunkel** (5,2%) trägt unter steifer Nußrotschale und
ungelenkem Schaum ein »neckisches« (Eva B.) Hopfen-
negligé und »sinnliches« (*PLAYBOY*) Malzaroma zur Schau.
Wuschel am Bierhimmel. Zerstörerisch plump bauert der
Doppel-Bock (7,9%) und spricht dennoch wie »ein Gedicht«
(Goethe) zu uns. **Power** (7,4%), das »Frühlingsbier«, häm-
mert like Kansas zu ihren schneidigsten Zeiten.

Härle Brauerei Clemens Härle Leutkirch. Die von vernünf-
tigen Leuten wg. »ihrer Urwüchsigkeit« *(Oberschwaben
Magazin)* geschätzten Biere haben wir nicht erhalten, dafür
die Versicherung, in den Toiletten der Papierfabrik Baienfurt
sei zu lesen: »**Härle Bier**, dann steht er dir. **Härle Export,**
dann steht er sofort. **Härle Spezial**, dann steht er wie Stahl.«
Wem's hilft.

Harp Lager 5,0% Harp Ireland Ltd. Dundalk bzw. Arthur
Guinness Dublin/Irland. Bittersüß. Die unverbotenste
Frucht nördlich des dritten Breitengrades.

Härtsfelder Gold-Engel Spezial 5,2% Familienbrauerei
Hald Dischingen-Dunstelkingen. Unter der Qualmglocke
des Leipziger Braunkohleumlandes ertappt. Vorsätzlich
aus Baden-Württemberg geflohen. Dort hält sich die
Usance, Essigsude zu steinigen, in Stücke zu reißen und
den Dorfeseln, Korrektur: den Dorfältesten zum Fraß vor-
zuwerfen.

Haselbacher Leicht Schankbier 2,9% Gutsbrauerei Schloß
Haselbach. Dem Herschlepper zuliebe. Und daß die Brauerei das Buch kauft.

Hatuey 4,8% Mayabe Brewery Holguin/Kuba. Terminge-
schäftig in einer kubanisch inspirierten Frankfurter Kneipe
»gecheckt« (Anton Reiser), aus der eingeschmuggelten Flasche. Es soll der Schlagball auf uns niederfahren, wenn nicht
der ebenda »rumgammelnde« (Schiller) Dieter Dehm die
Resteindrücke verschmierte.

Hatz Bottel 4,9% Hofbrauhaus Hatz Rastatt. Schwankend
zwischen fruchtigem Bouquet und »einem besonders feinen
Tanningespinst« (Gambero Rosso: *Vini D'Italia,* Bern/Stutt-
gart 1999), Pfeifen im Walde des Abgangs. Die zweite Bottel
trägt mehr (ein). Das **Privat** (5,2%) goldet gründlich, schäumt
erregt und kann sich mühsam für Hopfen begeistern. Be-
fremdlicher Zwitter. Packwurstfad kriecht das **Export**

(5,2%) zum Glas, vom **Pils** (4,9%) hatten wir mehr erhofft als aromatische Resignation und apathische Verbitterung. Aber auch Biere sind nur Menschen.

Hauff Gold 5,6% Hauff-Bräu Lichtenau. Barmherziges Märzen, gülden und gut wie ein gutes, güldenes Gold. Das **Festbier** (5,6%) soll ästimiert sein: honigtrautes Festumgehungs-, kneipenperfektes Getränk, welches den hausüblichen Hopfenhaufen meidet. Der mutschäumende Klassiker **Urhell** (4,7%) fährt mit ausgewogener Antrunkwürze und dem farbenprächtigen Hopfenschweif eine Traumlinie. Insofern Hauff bei allen Untergärigen bemerkenswerte »Duftaromen« (Peter Köhler) erzielt, sei ihnen vom schief-aggressiven **Original Lichtenauer Weissbier** (5,3%) und der gefilterten Kinderware **Klares-Weizen** (5,3%) inkl. Fuseltreppe abgeraten, rollen Weizenwellen auch nochundnöcher übers Land. – Wäre zu besserer Letzt der 7,1%ige **Cronator**, ein pomfortionöser Bock, der Erwähnung würdig, alle Neune. Der komplettmundige **Krönungsstoff** (5,2%) die bewährte Krönung. Tief durchschnaufen, fest einsaugen.

Hauf-Pils 4,8% Privatbrauerei Hauf Dinkelsbühl. Hauf mit einem »f«. O Mittelfranken, du Hauf(f)-System! Hier haust def(f)initiv die Hopf(ff)enholde fortissimo *(ff)*. Hurra! Das mittellastige **Edel-Hell** (5,0%) wäre gegebenenfalls neu zu definieren. **Hauf-Export** (5,1%): malzzuckerbrodelnde Bequemlichkeit. Delikat das Hefenasen zeigende **Hauf-Weißbier** (5,2%). Leckör!

Haus der 131 Biere Sehr brauchbares Hamburger Fachgeschäft inkl. Sortimentshandel, Internetvertrieb, »Clubzeitung« *Bierprobe* und »Beer of the month club«. Beging allerdings den Fauxpas, das angeblich nach Originalrezeptur gebraute **Pharaonenbier** (siehe auch Islambiere) zu offerieren: »Man muß es probieren, wenn man über die Geschichte des Bieres sachgemäß mitsprechen will.« Wir bleiben dumm und stumm.

HB Altbairisch Ur-Weizen 5,5% Hofbräuhaus Traunstein. Trocken und »bedeckt«. Stilvoll das **Altbairisch Dunkel** (5,3%): überlegt sparsame Malzung, konstanter Schaum, lockeres Hopfenfinish. **Fürsten Trunk** (5,5%) ein Anlaß, die **Hofbräu Weiße** (5,5%) aufzurufen; »mit gesunder Hefe und echtem Geschmack« (Eigenwerbung) bläht's ihr den Wams, jedem abzuraten, der »weit über tausend Jahre aus kultureller Verantwortung trinkt« (Gerhard Polt). Fügsam trabt das **Fürsten Pils** (5,1%) einher. Die **Leichte Weiße** (3,3%) odiert wie der Duftbaum im Raucherauto, Nulloschorle natürlich das **Hofbräu Leicht** (3,3%). 7,3% stemmt der **Trunator Spezial-Bock**, zeigt ein wackeres Dunkelhenna bis Pumpernickel und fällt uns mit dem Schnapsdolch zwischen die Rippen. **Fürsten Quell** (5,3%) verschollen und versiegt.

HB Fest-Bier 5,7% Staatliches Hofbräuhaus München. Schaum kriegt sich gar nicht mehr ein, rohes, unmanipuliertes, behagliches, anständiges Bier schwimmt hinterdrein. Nochmals geratener die **Schwarze Weisse** (5,1%), kaffeeig ohne Limits, cremig, süffig. Blendend. Nochmals bündiger das **Alt Münchner Dunkelgold** (5,5%) qua seiner aufsehenerregenden Schaumansicht und -stabilität. Gegen 's Licht gehalten: grillrot, dem Schlund nicht weniger passabel, eins der schönsten Dinge, die Münchens Brauhäusern entfleuchen, das helle Weizen **Münchner Kindl** (5,1%) nicht auszusparen. Das **Original München** (5,1%) mühelos zur Rasur verwendbar. So darf das Jahr beginnen.

Hebendanz Edel-Pils 5,1% Brauerei Hebendanz Forchheim. Gefällt. **Export Hell** (5,0%): gefällt.

Heckel Hell 5,0% Brauerei Heckel Waischenfeld. Ungespundete, knallig gelbe, markerschütternd bittergehopfte, des Schaumschauspiels entbehrende Sympathiewerbung. Die großartig verlotterte Winzschwemme erfuhr ihre letzte Renovierung während der Bauernkriege. Der Franke widersteht und frischt seine Leber auf. Da hat er Farbe genug.

Heidelberger 1603 Pilsener 4,6% Heidelberger Schloss-quell-Brauerei. Wir befürworten dies üblere Getränk nicht allein ob seiner dubiosen Betitelung Dietmar-Schönherr-Apologeten und anderen unverbesserlichen Fans arschklar saudummer, heute »trashy« genannter Science-fiction-TV-Programme. An die Mißlichkeiten eines Ende der achtziger Jahre wg. libidinöser Verzwickungen gleichwie -zwirbelungen unerfreulich zu nennenden halbjährlichen und derart, recht besehen, recht länglichen Heidelberger Aufenthaltes erinnerte uns gleichermaßen eindrücklich das niederschmetternde **Pils** (4,8%); et **Export** (5,4%). Ach weh, beinahe vergessen: **Valentins Klares Weizenbier** (5,1%). Und jetzt alle: »Ach, du lieber Valentin, Valentin, Valentin, / Ach, du lieber Valentin, alles ist hin!«

Heineken Premium 1997 6,5% Heineken Brouwerijen Amsterdam/Niederlande. Zu farblos, als daß die dürre Malz-oberleitung Zunge und anderweitig eingeschworene Geschmacksbahnen unter Strom hätte setzen können. Seid's net bös': Der **Tarwebok** (6,5%) moacht's a net.

Held Bräu Hell 5,2% Held Bräu Ahorntal-Oberailsfeld. Wir griffen extra exegetisch nach und kosteten vor Ort zweimal H. und einmal **Alt-fränkisches Bauernbier Dunkel** (5,5%). Im Gebinde, gab Chef Robert Polster zu bedenken, könne es – des hereindrängelnden Sauerstoffs halber – zu unbeabsichtigten, den Ur-Geschmack widrig korrigierenden Reaktionen kommen. Man solle überhaupt mit kleinen Brauereien sorgfältig verfahren, die mangelhafte Technik, die Technik ... Hat er so recht, als hieße er Klaus Bittermann. Wir waren einsichtig und erkannten: das **Pils** (4,9%) fläschlicherweise tatsächlich leicht schwächer denn gezapft, behält jedoch seine Hopfenfaçon bei. Das Dunkle ein konsternierender Knüller; die helle Versuchung zerbrach. C'est la shit.

Hellers Kölsch und **Wieß**, Brauerei Heller Köln, seien, versichern unsre Gewährsleute Thomas Roth und Hans-Christian Schmitz, »rein, wie ja jedes deutsche Bier rein ist, und

auch noch irgendwie ökologisch okay und all together top-
fortschrittlich«. Der Haken dabei ist der Haken da drin, im
Brauereiausschank: »Auf unsere Aufforderung, die asozia-
len Schlager wenigstens leiser zu machen, erklärt man uns,
die Musik sei keineswegs asozial, wir hingegen schon, raus
hier. Gerne.«

Helles Bier 4,9% Weißbierbrauerei Zum Kuchlbauer Abens-
berg. Präsente Süße. »Zu leicht für einen Legionär.« (H.-D.
Kotoucz) Das **Aloysius** (7,2%; Weizenbock) kann man gut
riechen. Die Weiße **Alte Liebe** (5,2%) mied uns förmlich. Was
haben wir dir getan?

Hemsbacher Bier Haus Brauerei Zehntscheuer Hemsbach.
Man stellt uns »Sel*bs*gebrautes« auf den Tisch. Es mangelt den Fidele-Studienräte-gehen-ein-hiergemachtes-Bier-
schnuppern-Kitschkaschemmen aber auch sonst am kärg-
sten Verstand. Furchterregend dilettantisch gepinselte
Wandbilder über die gute alte Zeit der Fronarbeit, als noch
kein industriell verseuchtes Bräu die lechzenden Kehlen
frohgemut den Buckel sich wund und krumm schuftender
Untertanen benetzte, konsequente Wiederbelebung des
»Koch-Maisch-Verfahrens«, Manfred Mann's Earth Band
gniedelt durchs Stüberl, ökologische Gerste sowieso – wie
ging der Satz? Wir faßten ein rotstachelbeeriges **Helles** an,
tupften seimigen Schaum, registrierten säuerlichen Antrunk,
würzige Beimischungen und bürstige Nachbittere. Für Ro-
sinen verwendete sich das **Dunkle** und, man mag's gar nicht
mehr schreiben, Obst und Karamelbonbons. Ein Prädikat
wurde nicht verliehen.

Hennemann Lagerbier 4,9% Brauerei Hennemann Sams-
bach-Pommersfelden. Stube wirtlich, Bier hauchedel gehopft, der Schaum flüstert uns zu, das helle Braun flackert,
der Abtrunk gnadenvoll.

Henninger Jubiläums Export 5,5% Henninger-Bräu Frank-
furt/Main. Alle Achtung! Gar kein Vergleich zum **Kaiser**

Pilsner (4,8%)! Ist ja noch gespenstischer. Wann tritt der Internationale Biergerichtshof in Den Haag seinen Dienst an, prellt den Zombie **Doppelbock** (8,1%), ächtet das **Export Classic** (5,5%) und verurteilt das **Diät-Pils** (4,9%) zu lebenslangem Entzug? Wie? Was? »Nimm den Harndrang nicht so schwer, / Hier kommt das nächste Henningä!« Masochisten, alle.

PS: Wer wirbt seit Juni 1999 für Henninger? Bohlen-Putze Naddel. »Die Gerstensaft-Kampagne beginnt am 15. Juni – und ganz Deutschland soll danach im Naddel-Rausch liegen.« (*BamS*, 23. Mai 1999) Slogans: »Naddel dir einen« und »Die Naddel im Heuhaufen«. Stringenter wäre gewesen: »Büchs öffnet Büchse.« »Die Anzeigen törnen auch Dieter Bohlen an: ›Wäre Naddel noch nicht meine Freundin, jetzt wäre sie's.‹« (*Bild Frankfurt*, 4. Juni 1999) – Konsequenz: »Inzwischen verschmäht der Hesse den früher geliebten Gerstensaft« (*Bild*, 20. Mai 1999) der »kleinsten Metropole der Welt« (*Frankfurter Neue Presse*, 26. April 1999).

Herborner Export Premium 4,9% Privatbrauerei Bärenbräu Herborn. Dumm gelaufen. »Was im Leben zählt, ist doch nur der Inhalt.« (Axel Marquardt) Und der ist tot.

Herbsthäuser Edel-Pils 4,9% Brauerei Wunderlich Bad Mergentheim. Eine breite Spur zu teilnahmslos, im Abgang erfreulich hopfenblumig, von der Sorte und kränklich grünen Farbe her nicht zu erwarten. **Goldmärzen** (5,5%) ohne Relevanz.

Thomas Kapielski hält das **Herrenhäuser Premium Pilsener** (4,9%) der Privatbrauerei Herrenhausen Hannover für exzellent. Bzw., im Vertrauen, für »kannste vergessen«. »Wir werden uns rechtliche Schritte vorbehalten.« (Brief der Brauerei Herrenhausen vom 1. August 1998) Übers **Kosher Spezial Premium Pilsener** (4,9%) haben wir drei Pressemappen erhalten und nie mehr was gehört. »Bier nach deutschem Reinheitsgebot, das auch noch koscher ist, wird viele Freunde finden.« (Oberrabbiner Elzas, London) Abwarten.

Herren Pils 4,7% Spezialabfüllung für Getränke-Hoffmann Berlin. Bürgerbräu, Schultheiss oder Kindl? Oder, grausamer, alles zusammen?

Herrn Pils 5,0% Herrnbräu Bürgerliches Brauhaus Ingolstadt. Du und mein Hirte? Während der Gestehung von **Herrntrunk Helles Vollbier** (4,8%) nahm der Brauaufsichtsbeamte eine Auszeit, überm **Herrntrunk Dunkles Vollbier** (4,9%) schlief er ein, ahnend, eitel rötlichem Kribbelsaft entgegentreten zu müssen. **Tradition ... das Bier der Väter** (5,6%) betrachten wir ... als ... wasserscheidenden ... Glibber. Herrgott, was soll aus dem Bürgertum werden? »Der Herr ist das *für sich* seiende Bewußtsein, aber« (Georg Wilhelm Friedrich Hegel: *Phänomenologie des Geistes*, Werke 3, Frankfurt/Main 1970) mehr nicht, ziehen wir **Hefe-Weissbier Hell** (5,4%) und **Hefe-Weissbier Dunkel** (5,3%) zu Rate: erstes ein Durchhänger, letzteres erträgliches Elend. »Bitter« käme der Aufstand der Brauknechte.

Hertog Jan Grand Prestige 10,0% Arcense Bierbrouwerij Arcen/Niederlande. Gemessene 18,9 cm Schnapsschwanz. Etikett an die Wand hängen und bespucken.

Hetzelsdorfer Vollbier 5,0% Brauerei Penning Hetzelsdorf. Hat Größe, Maß, Rhythmus und Takt. Ein Geschenk an die Guten unter uns, ein Widersacher des Grundbösen (Warsteiner, König, Russenmafia). Und nun die Messer gewetzt, verdammtes »Weicheigelaber« *(The Rock)* –

– **Hiernickel Pils** Prozente verlegt, Hiernickel-Bräu Haßfurt. Nicht gefeiert. Schund, getauft **Irish**, meint obergärige Borke. Stänkert. Schäumt unverschämt. Hier wurde eine an Leib und Seele spürbar unglückliche »Hand« (Arnold Schönberg) bewiesen.

Hirter Privat Pils Brauerei Hirt/Österreich. Soll, der Alpenmann weiß es auch nicht besser, »feinherb« sein, wo

»süßlich-würzig« der Wahrheit nahekommt. Akut das Hop-
fenversagen, akut die Imbezillität, wenn sie ihre Tunke
überdies als »zartbitter« bezeichnen. Das malzbetonte, rot-
schwarze, aromatisch stabile **Morchl** (5,0%; »Kein Zucker-
zusatz! Nicht pasteurisiert!«) nimmt man mit. For the
unhappy few.

Hobgoblin 5,5% Wychwood Brewery Oxfordshire/Groß-
britannien. Was hat denn Ian Anderson da vorne drauf verloren? Der soll Flöte spielen und einbeintanzen. Wir nehmen ihm das »well balanced«, steinrote H. jederzeit ab. Die
Hopfengeister bilden einen Zug durch die Gemeinde der
Röstmalze from beginning until finishing – eine säkulare,
feierliche Prozedur.

Hochdorfer Gold-Krone 5,1% Kronenbrauerei O. Haiz-
mann Nagold-Hochdorf. Rasend-auf-Export-Premium-ge-
machtes-Biersurrogat. Das **Pilsener** (4,7%) mundet zur Ci-
garre, Herr Wieland nickt, im Rauchentzug bedeutend.
Wieso eine tendenziell hopfenlodernde, obschon keinesfalls
abfallende **Hochdorfer Pils-Krone** mit nämlichem Alko-
holgewicht hermußte? Der **Maibock** (7,0%) besticht qua
Geruchsfeine. Wurzlige Vatertagsabstinenzmonologsüffig-
keit. (siehe auch Kult Bier)

Hochfürst Jubiläumsbier 5,5% Brauerei Hacklberg Passau.
Suchst du Streit? Auch nicht schön: das blank rezente **Hefe-
weizen** (5,2%). Die **Dunkle Weisse** (5,2%) würde niemandem nicht gefallen. Man trinkt sie erst gar nicht.

Hoegaarden Speciale 5,6% Brouwerij Hoegaarden/Bel-
gien. Blond, füllig und inbrünstig zuckrig, schlummert an
der Schulter des koriandergesättigten Witbiers. Auf den
Aromabeeren auszuruhen, kann ein Manko werden. Zwischen Karamel, Orange, Teebeutel und Scheinwerferlicht
rotiert die Kolorierung betr. **Hougaerdse Das** (5,0%).
Schaum aus dem Atomreaktor. Das Odeur greift nachhaltig

ins Mandarinenhafte, ein klangloses Hopfenfinish will das
Gewusel in den richtigen Hals lenken. Wir haben unsere
Schwierigkeiten.

Hoepfner Pilsner 4,8% Privatbrauerei Hoepfner Karlsruhe. Den Hopfen trug man, scheint's, vorbei, das »himmlisch herb« verflüchtigt sich ethanolisch in Höhenluftbe-
zirke, wo das **Kräusen hefetrüb** (5,1%) ein von wenig
Erfolg gekröntes Aufbautraining zur Stärkung des Hefe-
knorpels und der Malzmuskulatur absolviert. Unsre KSC-
Treter, die einige der hinter Glas gemalten und versteckten
antiisotonischen Getränke bewerben, halten die Etikette
nicht ein, nur dort zu jubeln, wo es Siege zu feiern gibt, also
nicht beim **Jubelbier** (5,6%), nie beim **Export** (5,2%), ausnahmsweise beim **Porter** (6,8%), keinesfalls beim **Hefe-
Weißbier** (5,2%) – »Das soll«, meint Heribert Faßbender,
»von Bochum beobachtet werden« –, unter keinen Umständen beim **Keller-Weißbier** (5,0%) und beim remisfähi-
gen **Edel-Weizen** (5,2%) und mitnichten beim **Goldköpfle**
(5,4%), einer der herbsten Niederlagen, die das Brauhandwerk den in seiner Obhut liegenden Nachwuchssäften bei-
zubringen verstand.

Hofer Hell 4,6% Zeltbräu Hof. Tonnentauglich. **Kristall
Pils** (4,8%): containerkompatibel. Das **Hofer Gassenhauer
Dunkel** (5,3%) gehört verhauen und in die Gosse gegossen.
Kein Bemerken erhascht die **Schmidt Heiner Dunkle
Weisse** (5,0%). Woran dachte der Brauer, als er **Schmidts
Heiner Helle Weisse** (5,0%) und den **Hofatius Bock** (6,7%)
entwickelte? Bier aus Sperrmüll zu extrahieren? An frittier-
ten Hopfen? Olivenölgebadete Gerste? An das schwarze
Loch im eigenen Kopf?

Hohenschwärzer Landbier Brauerei Hofmann Hohen-
schwärz. Kirschgefärbt, malzbierartig. Ein Hopfenfluch. Jedem genehmigt, der besoffen werden will und sich dem
Glauben hingibt, er tränke Rote-Beete-Saft.

Hohenthanner Pils 5,0% Schloßbrauerei Hohenthann. Da lief uns zwischen dem Bier das Wasser zusammen. Blase zuschnüren. Das **Premium Lager Hell** (5,0%) regte Schleimhäute, die Speichelbildung, Magensäfte und Träume an. Die **Weisse** (5,3%) erstrahlt in reiflichem Gelbgold, Schaumberge begehren auf. Einen Sack Holzkohlen schüttete das **Hefe-Weisse Dunkel** (5,2%) aus – die vielversprechendste Exhibition, die wir seit Minuten gekostet.

Höhn Spezialbier Brauerei Höhn Memmelsdorf. Grimmig rezent. Gebt dem Hopfen eine Chance! Nicht alle Welt trinkt Allerweltsbier. Aufpassen!

Holsten Pilsener Premium 4,9% Holsten-Brauerei Hamburg. Heute: *Holsten bräuchte's am dollsten.*
»Olli?« – »Ja, Wonti?« – »Du siehst scheiße aus.« – »Ach nee.« – »Kauf dir mal 'nen neuen Rock.« – »Wieso Rock?« – »Das Beck's-Imitat in deiner Hand trimmt dich auf Weib.« – »Immer noch besser als deine Holsten-Visage.«
Wir machen eine kleine Pause.
»Wollen Sie den Teufel versuchen? In seiner Sudpfanne schmoren? Ohne dick zu werden? Trinken Sie ein **Diät Pils** [4,9%], das Diebels unter den echten Schlechten.« *(Musik. Klappe.)*
(Aus der Reihe: *Gescheiterte PR-Pläne zu geschmacklosen Bieren.*)

Holz Monstermegapopstar Björk aus dem holzarmen Island erklärte laut *WOM Journal* 2/1997: »Bier verstehe ich einfach nicht. Das ist, wie wenn man Holz trinkt.« Wie wenn frau einen Holzkopp schwerträgt. Man versteht es einfach nicht.

Holzlar-Bier 5,2% Privatbrauerei Höss Sonthofen. Steht »Nach Urväterart« geschrieben, ist's zuverlässig nach halbdunkler, halbgarer Enkelgenerationenmanier.

Hölzlein Vollbier 4,7% Brauerei Hölzlein Lohndorf. Pilsverdächtig, grellhell. Lebensspendender Aromakranz. Ker-

nig (niedrige Endvergärung). Lange Hopfenrobe (hundert-
prozentige Hallertaugabe). Berg- und Talschaum. Unter
Buschlinden ist gut sitzen. Hin, »genießen« (Sepp Arsch-
kopp) und freuen. Bzw. mit Tucholsky aufsteigen in die Regionen der Zufriedenheit: Bestellen – trinken – schweigen.
(Sonderhighlight: das »Muttertagsschießen«.)

Honer Pils 4,7% Hirsch-Brauerei Honer Wurmlingen. Ein
Hokuspokus von Schaum, viel bis füllig Hopfen. Das **Gold**
(4,9%) ruht wahrheitswillig in sich. Die **Jubiläums Weisse**
(5,1%) veranlaßt keine Beifallsstürme. Die **Kristall Weisse**
(4,9%) malzpappsüß, die **Hefe Weisse** (4,9%) bestenfalls
hundeelend. Diediedie, nienienie.

Hönig Pils/Lagerbier/Posthörnla Spezial 4,8%/4,8%/
5,4% Brauerei Hönig Tiefenellern. Warum?

Hopf Dunkle Weiße (5,0% Weißbierbrauerei Hopf Mies-
bach) und **Weiße Export** (5,3%) bei Rudolf 1999 trinken. Unter dem Druck, angesichts des »heiß umkämpften« (Jörg Wontorra) Marktes »diversifizieren zu müssen« (Gerhard
Henschel), braut sich Schändliches zusammen. Technobiere
z. B. stehen im Kurs. Auf den »Eis Bock« (auch »Ice Bock«)
Ice (7,5%) haben wir, offen gesagt, keinen Bock, das rote – Je-
sessmaria – »Weizen Ale« **Red** (4,7%) tuckt bei 64 Hopfen-
beats per Minute herum, und das »Eisweißbier« **White** (5,5%)
ist wohl eher Eiweißbier, im Antrunk abgedreht malzig, auf
halber Strecke teils erträglich, wolkig, zum Schluß ein Uz.

Hopfen Gold Premium Pils 4,9% Privatbrauerei Hofmann
Pahres. Da bei dem Betragen gegen unsere Biere alles auf die
Wahl derselben ankommt, so müssen wir zuerst die Ein-
kaufsumstände und das Benehmen der Brauer in Rechnung
stellen. Zweitens die Landschaft. Ein Bier aus dem Ruhrge-
biet kann nicht schmecken, selten jedenfalls. Drittens aber
das Wichtigste, das Bier selbst, ist in Augenschein zu nehmen und auf seine Güte bezüglich der Verkoster zu schätzen. Umgekehrt scheint die Freundlichkeit unsereins ge-

genüber dem Biere auch nicht ohne Belang. Am frühen
Abend, bei weichem Sonnenlicht in der Küche, einem exakt
justierten Kühlschrank, einem frischen Glas, einem Stück
Gouda und einem Laib Weißbrot ist das Herz offener, ge-
neigter, sich mitzuteilen, und die Geschmacksknospen
springen auf und an, und die Sinne sprießen, und die Eindrücke fügen sich zu einem gefälligen Ganzen; die Charak-
tere von Proband und Prüfer fügen sich leichter zusammen;
man gibt von beiden Seiten nach und setzt sich in gleiche
Stimmung; man erfährt miteinander so manches, erinnert
sich der sorglosen, gemeinschaftlich vollbrachten glückli-
chen Stunden und rückt mit gleichen Schritten in Leerung
und Füllung fort, und nur ein gutes Bier eignet sich gut, daß
dann wie selbstverständlich Gewohnheit und Bedürfnis, zu
trinken und getrunken zu werden, hinzukommen. Das H. ist
ein junges, frisches, noch nicht ausgereiftes, noch nicht ge-
sättigtes, nicht volles, nicht hopfenreiches Getränk, will uns
aber günstig stimmen und den Auftakt geben, was es vermag. Den Mittelteil der Sitzung versüßt das **Helle Landbier**
(4,8%). Das Herz steht nunmehr unter der Vormundschaft
der Vernunft, die Nerven stehen unter Starkstrom, die
Zunge steht unter Druck, der Magen steht unter Bier, und
die Leber steht unter Zugzwang. Man fordert mehr, ist eher
in der Sortenwahl nicht mehr so lüstern nach neuen Bierbe-
kanntschaften, wird nicht so lebhaft betroffen von glänzen-
den Außenseiten; achtet stärker auf die inneren Werte des
Biers; man hat echte Begriffe von Vollkommenheit, von
dauerhaften Bündnissen, von Nutzen oder Schaden einer
gänzlichen Hingebung. Und man will endlich besoffen werden. Wenn das Objekt der Gier so geraten ist wie unsres hier,
fällt es leichter, eine dauerhafte Harmonie zustande zu bringen. Gewöhnlich steigen aber die Ansprüche bei sinkendem
Schmeckvermögen. Herr Rudolf dopt sich mit Nußwerk aller Art und restringiert dergestalt den Code der artikulativen
Akkommodation ans Flüssige.
Es ist ein ziemlich allgemein angenommner Grundsatz, daß
zu vollkommener Freundschaft zwischen Bier und Trinker
feine Hopfung, Mäßigkeit im Malzen, Freiheit in Komposi-

tionsart und Konzernunabhängigkeit einerseits, feine Zungenstränge, Mäßigkeit in der Nachfrage, willige Kutteln und freie Leberkapazitäten andererseits gehören. Wir trinken nun aber schon mindestens das dritte – wow – **Alt Pahreser Dunkel** (5,0%), und da ist es so, daß eine der höchsten Glückseligkeiten bei solcher Verbindung – die Austauschung von Geschmacksteilen und Geschmacksempfindungen, die Mitteilung geschwisterlicher Gefühle – wegfällt und sich unser Bier durchaus nicht in unsere Lage hineindenken kann, weil ihm unsere Empfindungen scheißegal sind. Solch ein Bier akzeptiert man vielleicht, man liebt es nicht. Warum haben sehr vorlaute Biere so wenig Sinn für Freundschaft? Sie fühlen weniger Seelenbedürfnis. Sie neigen zum Trotz, sie wenden sich ab, ihnen ist ein günstiges Urteil und ein gemessenes Betragen des Trinkenden gegen sie nicht viel wert. Es ist ihnen schnuppe, unsere Leidenschaften zu befriedigen, rauschenden, betäubenden Freuden nachzurennen, immer zu genießen, geschmeichelt, gelobt, geehrt und aufgestachelt, getatzelt und in prickelnde Stimmung versetzt zu werden, den Rauschzustand zu steigern und uns die ganze Kiste volle Kanne zu verpassen und zu geben, bis nichts mehr zu geben ist. Nur ein leeres, völlig in uns aufgegangenes Bier, ein Bier, das sich uns mit Haut und Haar vertrunken hat, ist eins von besserem Stoffe. Wenn ein Bier, und das A. ist ein Bier, wankelmütig in Grundsätzen und Meinungen, Präsentation und Konsumtion ist und einen Charakter hat, der sich wie Wachs von jedem in jede Form drücken läßt, erlischt die Kerze der Begeisterung, verraucht die Sympathie, aller Benimm ist hin, wir verfluchen es, schreien noch einmal die taubstumme, dumme Flasche an, und wir fühlen uns weniger illuminiert als desillusioniert. Kurz: Zumandiewandlaufen.
(Frei nach Adolph Freiherr von Knigge: *Über den Umgang unter Freunden,* in: *Über den Umgang mit Menschen,* Leipzig 1990.)

Hopper, Dennis Für die allerhöchsten Weihen bestimmt den durchgeknallten Reagan- und Bush-Wähler eine Aussage, die er ad *CINEMA* (5/1999) traf: »Stimmt es, daß Sie früher täglich drei Flaschen Whisky getrunken haben? – Nein, das war viel mehr. Ungefähr zweieinhalb Liter plus etwa 28 Flaschen Bier und drei Gramm Kokain, um munter zu bleiben.« Nur Oliver Reed war und Michael Jackson ist härter gegen sich selbst. (siehe Reed, Oliver)

Hornecker Hell 4,8% Brauerei Stempfhuber Horneck. Stargast Georg »Schorsch« Hackl behauptet, H. zähle zu den historischen Gestalten, die er am meisten verachte: »Stitler, Halin, Hornecker«. **Hefe-Weizen Export** (5,2%): unbesprechbar.

Hösl Edel-Pilsener 4,9% Brauhaus Hösl Mitterteich. »'s Hösl paßt«, behaupten sie. Schmeckt, hömm, wonach? Extrahöslhopfen! Karrang. Zirka wie beim gehörigen **Premium Weihnachtsbier** (5,5%). Feste eingebraut. Fürs Fest.

Huber Weisses 5,3% Hofbrauhaus Freising. Im Rezenzkegel versteckt sich das Birnenapfelpfirsichkirschfinish, kein Gran prätentiös, rund-gutes Weizen. Das **Dunkel** (5,2%) drakonisch fruchtös, jede Suche nach Hopfen führt in die Sackgasse. Eher Malzbier. An der Exportecke lehnt das **Jägerbier** (5,3%) und macht viel Lärm ums allmähliche Verfertigen des Schaums beim Einschenken. Uns ennuyiert das. Die dunkle Weiße **Gutstetter** (5,4%) unter Mühen erschließbar. Ihr weicher Abtrunk, die galanten Dunkelfährten, der geistreiche Geruch prädestinieren sie zu einem »spannenden« *(Süddeutsche Zeitung)* Artikel. Spitzkehre **Klares Edelweizen** (5,4%): Kristallene gehorchen zu maximal 10% dem Genußgedanken, zu 90% AfG-Erwartungen. Als ob sie's gehört hätten, stellen sie ein auf der x-Achse demonstrativ säuerliches, auf der y-Achse ungestüm öbstlerisches **Dithloner Pils** (5,1%) bereit. Und flechten das psychedelisch gecoverte **Helle Urfelder** (5,1%) ein, welches Format hat. Puh.

Hübner dunkles Vollbier Brauerei Hübner Wattendorf. Opak mineralisch, zurückgezogen gehopft. Bauernhofbier von heiliger Zweifalt. Die Katz' kütt. Hier regnet es Segen.

Hübner Vollbier 4,7% Hübner Bräu Steinfeld. Das Fränkische unter den Franken. Das Rostdunkle unter den dunklen Kellermännern. Das Einzigartige unter den Einzigartigen. Das, was nicht klassifiziert sein will. Der Edle greift zu.

Hufeisen Urdunkel Brauerei Hufeisen Pottenstein. Brüchig wie Stroh. Blättrige Nachbittere. Nix hör'n wir trapsen. No body, no fun. Für nich' umsonst geschenkt das **Kellerweizen**. Letzte Verwarnung.

Hummel-Bräu Pils 4,9% Brauerei Hummel Merkendorf. Schaumformation vom Feinsten, Getränk zwickelmatt, nicht auf der Höhe der Zeit und wider alle Vernunft. Das **Kellerbier** (4,9%) war umgekippt. Schuldfrage nicht geklärt.

Huppendorfer Pils 4,9% Brauerei Grasser Königsfeld-Huppendorf. Konstruiert für gescheuerte Holztische. Beim **Vollbier** (5,0%) erkannten wir seine allein im Schaum präsente Rauchigkeit (Bamberg!) für hervorhebenswert an. Und ergänzten: flüssiger Hopfen, flüssiges Malz, flüssiges Bier. Prinzipiell nicht unfalsch.

Hürlimann Lager Bier 4,8%, »gebraut nach der Originalrezeptur der Brauerei Hürlimann« (Zürich) von der Feldschlösschen Brauerei Rheinfelden/Schweiz (siehe da). Schaum wie eine Zwei. Nachkommendes ein einzig' malader Brei.

Hürner Pilsener (4,9%) und **Hürner Urbräu hell** (4,8%) brüht man bei Tucher angeblich »getreu der Hürner-Tradition«, wie sie noch vor wenigen Jahren zu Ansbach (Hürnerbräu) hochgehalten worden sei. Welch ungezügelte Irreführung! Den letzten Angestellten, den wir in der Schloßstraße verhörten, tat dar, seit »mindestens zwanzig Jahren« laufe »hier nichts mehr«. Die Hintergehung hält an.

Hutthurmer Urtyp Hell 4,9% Brauerei Hutthurm. Prunklos gut.

Hütt Pils 4,8% Hütt-Brauerei Baunatal-Knallhütte. Schaum abnehmen. Taste M drücken. Knallt nicht? **Luxus Pils** (4,9%): Schaum abnehmen. Menüpunkt »Hopfeneinstellungen« wählen. Bestätigen. Menüpunkt »Abtrunk« wählen. Stürzt ab? Wiederholen oder Menüpunkt »Neueintrag« wählen und ggf. noch mal eingießen. **Knallhütter Schwarzes Gold** (4,9%): Schaum abnehmen. Im Display erscheint die Aufforderung, die sechsstellige Rufnummer des Wasserwerks einzugeben. Ist das Glas voll, ist kein weiterer Schritt möglich, und im Display erscheint »Bierbuch voll«. Pöff.

I

Ibel Pils 4,6% Privat-Brauerei Ibel-Bräu Kappel. Hat die Menschheit ein Herz, rückt sie aus. Anmelden unter Tel. 295. Gnausoviele Gebinde gluckern. Das **Lagerbier** (5,2%) versteht sich.

Identität »Die reden uns nur schlecht«, quittierte 1997 die Betriebsratsvorsitzende des Leipziger Brauhauses zu Reudnitz, Bärbel Meissner, Brau und Brunnens Plan, den »Standort« zu schließen. Ihr zur Seite sprang die Verbraucher Zentrale Sachsen (VZS), erstellte eine »Boykottliste« (*junge Welt,* 12. Februar 1997) und ließ erklären: »Wir wollen denen helfen, die jetzt keinen Appetit mehr auf Biere aus diesem Laden haben.« Der Osten gärt. »Bier bedeutet im Osten zuvörderst ›Idendideed‹ (K. Bittermann) […]. Nicht umsonst führt die Werbung für Ostbiere Sätze im Mund wie

›Das Bier von hier‹ oder ›Bier wie wir‹.« (Michael Rudolf)
Aus Solidarität mit unseren Bierbrüdern und Betschwestern
haben wir dann schon 1999 ein **Reudnitzer Schwarzbier**
(5,1%) gekauft, getrunken und in Blindenschrift übertragen.
Daß die gleichzeitig anvisierte Abwicklung der Bavaria-
St.Pauli-Brauerei durch die *taz* (1. Februar 1997) kommentiert wurde: »Hamburgs Hafenrand verliert erneut ein Stück
Identität«, das mußte sein.

Ingobräu Pils 4,9% Ingobräu Ingolstadt. Zum Trinken gingen wir nicht mal in den Keller. Das **Altbayerisch Dunkel**
(5,2%) distinguiert bei der Röstansprache. Rhetorisch höl-
zern. Hinterm Finish kein Brüller. Nach längerem Abstehen
einen Streich kräftiger. **Meistersud Spezialbier** (5,3%): Die
Zunge will nicht mitarbeiten, der Gaumen legt die Stirn in
Falten. Etikett erinnert bös' an Aecht Schlenkerla. Diese Ex-
ports und Spezials sind zumeist auf zynische Indifferenz
konzipiert. **Hell** (4,9%): penetrant falsch gehopft. No hops
for glory.

Instantbier Nichts bleibt uns erspart. Die Miracle Beer
Company Suffolk/Großbritannien hat einen Plastiktank
(siehe auch Plastikflasche, die) entwickelt, in dem Bierpulver
unter Zugabe von Wasser »ein würzig-kräftiges, nach ›Ale‹
schmeckendes Instantbier« (*BierKultur* 2/1999; siehe auch
BierKultur) generiert. Die Hamburger Ex-Gymnasiasten-
spirrbrüder Oliver Bräuer und Sascha Hoffmann überfiel
simultan dieselbe »update-Idee« (ebd.); sie errangen den
2. Preis bei *Jugend forscht*. »Liebhaber ›prozentiger‹ Biere
kommen durch Zugabe eines speziellen Alkoholpulvers
ebenfalls auf ihre Kosten. Instantbier – eine interessante
Möglichkeit beispielsweise für den Globetrotter.« (ebd.) Es
wird Zeit für den nuklearen Globalwinter.

Internet-Literatur Zuweilen urheber-, meist haltloses Ge-
waaf Marke Herz-Schmerz-Es-werd-scho-widdä; während
mit der mordsinnovativen Informationsgesellschaft eine

zwar nicht neue, aber ins Grenzenlose und potentiell Un-
aushaltbare geweitete Kultur mutwilliger Lumperei manifest wird. Nichts kann andererseits sinnentbunden genug
sein, daß es auf Dauer vom Bier unberührt bliebe, und deshalb arbeiten nach einem Bericht des *ZEITmagazins special*
(20. September 1996) selbst Bierfirmen an der Stärkung der
Erkenntnispotenzen. Eine nicht näher genannte »Privatbrauerei« (Stauder? Nee. Bärenbräu Herborn? Nimmer!
Licher? Am Arsch!!) habe unter Anleitung der Literari-
schen Gesellschaft Karlsruhe eine »virtuelle Bibliothek« ins
Nichts gerammt, zum »Downloaden« von Büchner und
Kafka; und habe die Downloadinstrumente (Buttons) als
Bierdeckel gestaltet. Beim I.-Downloaden höre man die
Flasche aufgehen und das Bier einlaufen – bis zum Rülpser
des downgeloadeten Bierloaders. Nur ihr Bier, das müssen
wir real trinken.

Irlbacher Premium Exzellent Spezialbier 5,6% Schloss-
brauerei Irlbach. Wenn Sie neben einer sechzigjährigen
Dame aus Hamburg-Blankenese stehen, duftet es milder.
Des Bieres Körper dagegen jung geblieben. Zischt mit Hüft-
schwung ab und geht genial ins Gebein. Das voluminöse
Premium Echt altbayrisches Hefe-Weizen Export (5,4%)
entwirft eine authentische Schaummütze. So gehört sich die
Sache.

Irseer Kloster-Urtrunk ur-belassen 5,6% Klosterbräu Ir-
see. Zwickelspaß ohne erwünschte Folgen. In den Schaum
des **Klosterdunkel** (5,6%) haben sie mit der Stricknadel
gepikst. Von wegen »urbelassen natürlich unfiltriert«. Ab-
führend, das ja.

Isenbeck Premium Dark 4,8% Paderborner Isenbeck
Brauerei. Unserem Eindruck nach das schwärzeste bundesdeutsche Dunkel. Auch anderweitig nicht sparsam mit An-
geberprädikationen, etwa »Premium International«. Aufge-
wachsen unter riesigen Apfelbäumen, homogen stahlig, es
fehlt an Weisheit. Genannte Brauerei existiert freilich nicht

autonom und gehört Warsteiner. Und das sagt mehr als 1.000 Zeichen.

Islambiere Unser Nahost- und Nordafrikakorrespondent Jens Halberbock ergreift das Wort: – Die Frage »Was wurde aus der Nase der Sphinx?« umtrieb schon Generationen von Archäologen. Dabei ist die Antwort wahrscheinlich äußerst simpel: Sie existierte nie, weil das Vorbild, als es dem Bildhauer Modell hockte, keine mehr besaß. Abgefault war ihr Riechorgan, nachdem sie viele Jahre lang übermäßig dem Bier zugesprochen hatte. Jenen, die an dieser These zweifeln, sei versichert, daß sich die alten Ägypter eines bierähnlichen Gebräus bedienten. (Neuere Forschungen gehen sogar von elaboriertem Bier aus. »First cereal grains were malted and heated to provide sugar and flavour«, berichtete die Zeitschrift *SCIENCE* am 26. Juli 1996, »and these grains were then mixed with sprouted, unheated grains in water. [...] The beer was delicious with a long, complex aftertaste.«) Grabmalereien präsentieren stumpenbewehrte Pharaonen und Höflinge, denen über geröteten Wangen zwischen geschwärzten Lidern dicke Klüsen hervortreten. Auch ihren Untertanen schenkten die Pharaonen gerne einen ein, damit sie die Schwielen nicht spürten, die sie sich beim Bau der Pyramiden zuzogen. Andere Darstellungen zeigen, wie die Gottkönige brauen ließen: Auf einem aus Dattelpalmenblättern oder Nilschilf geflochtenen Netz, das über einer bauchigen Amphore hing, lagen Fladenbrote. Das wüstentrockene Backwerk begoß man so lange mit sichelzellenanämischem Wasser, bis es sich in das prähistorische Bierfaß verkrümelt hatte. Der Matsch wurde vergoren und gewürzt (Datteln etc.). Leider konnte man die schmutzigen Lieder, welche die Pharaonen nach dem Genuß des besseren Uferfiltrats grölten, bis heute nicht übersetzen; die Hieroglyphen sind zu krakelig.
Angesichts dieser Rezeptur ist jedenfalls davon auszugehen, daß die Ägypter infolge der Unterwerfung durch die Schergen Mohammeds einzig deshalb den Lehren des Islam folgten, weil jener ihnen ein segensreiches Alkoholverbot ser-

vierte – der Koran als Präventivaspirin sozusagen. Man
hoffte – gleich allen anderen nahöstlichen Völkern, die ewig
und drei Tage den pharaonischen Exporten ausgesetzt gewesen waren –, nie wieder schlechtes Bier trinken zu müssen –
und saß den Interpretationen äußerst großzügiger Koran-
exegeten auf, verbietet doch das heilige Buch der Muslime
lediglich den Genuß von »Sharab«, »Wein«. So ist es kein
Wunder, daß weniger strenge Gläubige zusammen mit einigen Christen Bier in ihre Länder bzw. Hälse importieren.
Für alle genuin nahöstlichen und zugereisten Trinker brach
eine kurze, aber glückliche Epoche an, da sie halbwegs Ge-
nießbares konsumieren durften. Dann allerdings suchten
sich die einzelnen Staaten internationale Lizenzgeber und
begannen, mehr oder weniger eigenes Bier zu brauen. Das
Unglück nahm seinen Lauf.
In Ägypten operierte bisher der belgische Großkonzern
Stella (Interbrew). Als die Brauerei Al-Ahram Beverages
Company (ABC) noch staatlich war, bot ein Kasten à
zwanzig Flaschen zwanzig verschiedene Geschmacksrichtungen – und, als Bonus, jede neunzehnte Buddel eine
ausgewachsene Kakerlake. Die gemütlichen Einheimischen nahmen die Tierchen hin, wissend, daß alles, was vor
Ort entsteht, Ergebnis von Improvisationen ist. ABC
wurde 1997 privatisiert. Kurzzeitig stieg der Absatz, der
Geschmack harmonisierte sich, die Kakerlaken setzten
mehrheitlich zur Flucht an, und das Unternehmen entwarf
speziell für die Oberschicht das **Premium** – den Sheraton-
Hilton-Le-Grillon-Whisky-gestählten Kehlen der High
Society genehm, weil geringfügig herber als **Stella**. Das
kräftigste ABC-Bier allerdings heißt **Meister** und ist, obschon überall erhältlich, vorrangig Ausländern zugedacht.
Die hegen ihre Zweifel, insbesondere an der brauhand-
werklichen Meisterschaft.
Im Mai 1999 kam die fürchterliche Wende. Gemäß den Ge-
setzen der freien Bazarwirtschaft entstand ein weiterer Laden, und unsere drei Ägypter gingen zunächst den Weg eines
jeden Bieres, das Konkurrenz bekommt: die Rinne runter.
Das Haus Gouna, das erst wenige Wochen zuvor den Wein

Obélisque erfunden hatte, brachte seine Version von **Löwenbräu** in die Souks. Sie unterliegt nicht dem ägyptischen, sondern dem deutschen Reinheitsgebot, dessen Einhaltung Proben garantieren sollen, die regelmäßig zum Münchner Lizenzgeber geflogen werden. Ob die Bevölkerung auf die ohnehin den Touristen schmackhaft zu machende kräftige Brühe anspringt? Spätestens wenn ihr auffällt, daß europäische Kakerlaken kleiner sind als die orientalischen, gewiß nicht. Gounas zweite Marke, das **Sakkara**, benannt nach der weltberühmten Stufenpyramide bei Kairo, knüpft übrigens – alle ma' lachen – an die pharaonische Tradition an: »Sakkara-Pils, kein Mensch will's!«

Dem Motto »Walk like an egyptian« waren im Laufe der Jahrzehnte die meisten nahöstlichen Länder gefolgt. Schritt für Schritt genehmigten sie die Gründungen nationaler Brauereien, um lizenzierte Massenware herzustellen. Andere machten sich daran, ihr eigenes, von ausländischen Zöllen befreites Gersten-, Weizen- oder Maissüppchen zu kochen. Algeriens Brauer trugen dabei gleich einem Gerücht Rechnung, das auch im Nahen Osten hartnäckig kolportiert wird. Bekanntlich nähmen besonders Intellektuelle gerne mal »einen zur Brust«, weshalb das hiesige Bier nach dem trinkfreudigen Poeten **Abu Naouas** (Transkription nicht gesichert) benannt ist. Aus algerischen Sicherheitskreisen heißt es, der 1999 gewählte Präsident des vom Bürgerkrieg zerrütteten Landes zwitschere ein Feierabend-A. lediglich hinter Palastmauern. Wer sich in Algerien aufhält, sollte seinem Beispiel folgen. Denn erstens, behauptet *taz*-Korrespondent Rainer Wandler, sei das süße A. deutlich besser als das Import-Heineken, und zweitens spricht für streng häuslichen Genuß, was A. symbolisiert: Geist und Alkohol, zwei Gründe, die der islamistischen FIS genügen, das Getränk abzulehnen, mit den ihrem dumpf-radikalen Flügel eigenen argumentativen Mitteln: Maschinenpistole und Schießgewehr. Manch A.-Fan verlor seinen Bierschlund auch durch das Langmesser.

Kriege sind dem Bier generell abträglich. Der Irak kennt seit geraumer Zeit keine eigene Marke mehr. **Farida**, das »Ein-

zigartige«, verantwortete die staatliche Brauerei, bevor sie
nach dem Ende des Zweiten Golfkrieges 1991 die Produk-
tion einstellen mußte. Die Sanktionen der Vereinten Natio-
nen verhindern u. a. den Import jener Ingredienzen, die man
nicht selbst erzeugen kann. Ob es jemals wieder ein sanft-
herbes F. geben wird, ist fraglich. Sollten die UN das Em-
bargo dereinst lockern, das F. erhielte zu Ehren des »Großen
Bruders und verdienten Kämpfers gegen den Sheitan USA«
den Titel **Saddam-Bier**. Bis dahin jedoch fließt Euphrat und
Tigris viel ungenutztes Brauwasser hinab, und die Iraker delektieren sich an Lkw-Ladungen türkischer Dosen – im
Tausch mit etwas größeren voller Diesel oder Benzin. Die
weniger geratene, relativ bittere, blechern verfärbte Alterna-
tive zu Efes (siehe Efes Pilsener) trägt den schöneren Namen
zur Schau: **Venüs**. Während im Nordirak nachts türkische
Zöllner auf irakische Zigarettenschmuggler schießen, mundet freilich so oder so jedes Bier; vorneweg der brandneue,
süßliche Tuborgabkömmling **Troy**.
Im Libanon kredenzt man seinen Gästen an friedlichen
Abenden das zu Recht billige **Al-Maza**, dessen Etikett offenbar Walter Ulbricht persönlich gemalt hat und das der
Händler »an der Ecke« frei Haus liefert – egal ob im Nobel-
vorort Jounieh oder in den Palästinenserlagern Sabra und
Shatila. Den Bar- und Clubyuppies gereichen mexikanische
Bräus zur Unehre, ergänzt um die gängigen amerikanischen,
deutschen und niederländischen Produkte. Nicht erstaunlich also, daß libanesische Wirte, bevor sie zur Tat schreiten,
gewöhnlich fragen: »Local or foreign?« Je schlichter die
Frage, desto umständlicher oft die Antwort. Häufig und be-
rechtigterweise lautet sie: »Chara al-aik.« Bzw.: »Wer Ka-
melschwänze lutscht und Schafsmösen kaut, dem schmeckt
auch, was Al-Maza braut!« Seit 1999 übrigens im neuen Gewande wieder dabei: **Laziza**, das »Köstliche«, ein Schwindel,
dessen Restbestände 1994 mit dem Ende des Bürgerkriegs zu
Spottpreisen vertickt wurden. Fünf Jahre hat man gebraucht,
um keine Besserung zu erreichen.
Wer Marokko beehrt und ein Rauschmittel begehrt, das
nicht auf der Basis von Marihuana entsteht, muß Unge-

mach erdulden. Der Zipfelmützen Gesöffe im Reich König Hassans II. heißen **Flag** und **Super Bock** und verdie-
nen nicht, Bier genannt zu werden: ungewürzt, labberig,
dünn, CO_2-angereichert. Könnten Menschen, die ihr Heil
unabhängig vom Kiff suchen, außer beiden Zumutungen
nicht auch den recht ordentlichen Wein Rabbi Jacob trinken, es gäbe einen Grund, Marokko erneut zu kolonisie-
ren.

Das pseudo-sozialistische Syrien wäre härter geschlagen als
selbst Marokko, existierte nicht das – nahe Aleppo gefer-
tigte – süffige **Charq**, das man immerhin schlucken kann,
ohne sofort einen Vertrauensarzt der deutschen Botschaft
aufsuchen zu müssen. Leider ist Aleppo deutlich kleiner als
Damaskus und **Barada**, das sog. Bier der Hauptstadt. »Die
Hölle auf Erden in Flaschen« bezieht ihren Namen von
Damaskus' unterirdischem Kloakenfluß. Sogar farblich gehen Kanal und Köstlichkeit in eins. Via Libanon, über den
Syrien offiziell als »Schutzmacht« gebietet, den er inoffiziell aber als kapitalistischen Vorhof nutzt, um die eigene
Bevölkerung ruhigzustellen, erreichen mittlerweile ausländische Biere den Damaszener Markt. Man kann sie
zwar nicht an den Theken der »Arbeiterclubs« bestellen, erhält sie jedoch in einschlägigen Läden und Straßen-
shops. Ansonsten, Fremder, trinke lieber den lokalen Anis-
schnaps Arak, der selbst die zurückgezogen lebenden Syrer
gesellig stimmt und ihre Geheimdienstler außer Gefecht
setzt.

Tunesiens Bistros schenken **Celtia** aus, eins der wenigen
wirklich gelungenen nahöstlichen Biere, das in großen,
dunklen Schuppen als auch in kleineren Spelunken von Tu-
nis allabendlich die Fröhlichkeit befördert. Dem Urlauber
mag es vielleicht zu lieblich sein; gegen Sodbrennen hilft
dann der örtliche Feigenschnaps Bucha.

Bisher unerwähnt blieben alkoholfreie Biere. Exemplarisch
genannt sei das iranische **Delster**, das Frauen und Männer
stramm gleichberechtigt trinken – statt **Sham**, dem »Köstlichen«. Der Berliner Faßbrause nicht unähnlich, stachelt
jedes Glas den Durst weiter an; als Alkoholfreies perfekt,

räumt es doch mit der letzten Erinnerung an echtes Bier auf – eine Lebensnotwendigkeit während längerer Iran-Aufenthalte. Weiterer Pluspunkt: D. schärft den Blick für die oft höchst attraktiven iranischen Schleiereulen und verleitet – selbst bei heftigstem Abusus – trotzdem nicht zum unüberlegten öffentlichen Flirt inkl. Händchenhalten. Für den ziehe man sich in schleierfreie Zonen zurück, unterstützt von einem der besten Wodkas der Welt, gebrannt auf Hinterhöfen, in Garagen und Kellern.

Generell gilt: Aus religiösen Gründen und wegen der brüllend heißen Sommer sind alkoholfreie Biere Verkaufsschlager. Die großen internationalen Brauereien stellen – neben ihren regulären Nullern – für Nahost spezielle Sude bereit. Immer wieder stößt man auf bekannte Dosen, deren Design vom herkömmlichen leicht abweicht und die eine schlechtere Limonade enthalten. Beck's zählt dazu, aber auch ABC (**Birel**).

Bierfreudige Bewohner des Nachbarlandes Libyen erfreuen sich solch eines Angebots, seit Ghadafi das grüne Zepter schwingt und jedwedes Rauschmittel bei Androhung erklecklicher Kerkerstrafen verbietet, weil der arme Oberrevoluzzer als Kind vom Kamel gefallen war und dabei eine lebenslängliche Alkoholallergie erlitt. Obendrein prahlt das staatliche Fernsehen mit den täglich aufs neue erreichten Höchstleistungen in der Nudelproduktion. Die Teigwaren mischt der Libyer – getreu dem rund 6.000 Jahre alten Rezept der Pharaonen – begeistert unter sein Alkoholfreies, und am Ende hat er ein quirlig fortgärendes Spaghettibier. Für uns Anlaß genug, dieses Kapitel zuzusperren.

J

Jacob Altbayerisch Hell 4,7% Familienbrauerei Jacob Bodenwöhr. Freundliche Bierverführer waren am Werk. Fürwahr, es ist, je länger man's nicht trinkt, zum Knochenknabbern, ja zum Knochenknubbeln, ja richtiggehend zum Knochenkuscheln. Ihr **Bodenwöhrer Weissbier naturtrüb** (5,2%) deucht uns ohne Scheiß aber so was von aber über aller Gulaschkanone und fürunwahr zum Kotelettverputzen, daß man es einfach braucht.

Jena »Meine Reisen zerstören mich wie das englische Bier hier«, klagte Jean Paul brieflich aus Weimar am 1. August 1799. Jena, seine Bewohner und sein Bier beurteilte er drei Jahre früher (10. Juni 1796): »Über den Orlagrund gehet keine Schönheit der Welt – ausgenommen die lebendigen, die in doppeltem Sinn darüber gehen. – Inzwischen giebts in der hiesigen Gegend gerade das Gegentheil davon und die Natur brach den Gesichtern ab, was sie den Gefilden zuviel schenkte. Häslicher als jede Physiognomie ist die des Biers, blos der Geschmack desselben ist noch abscheulicher als jene.«
Stimmt bis heute. Jever, it's your turn.

Jever Pilsener 4,9% Friesisches Brauhaus zu Jever. Einst das Versprechen, die Welt könnte besser eingerichtet sein, das Beethoven der bittergehopften bürgerlichen Pilsener, geglückte Vermittlung von Rausch und Klarheit, zügigem Trunk und ungeschmälertem, harmonisch komponiertem Genuß, gebraut im »Rang von [...] Wahrheit« (Theodor W. Adorno: *Beethoven – Philosophie der Musik,* Frankfurt/ Main 1993). Heute, Verfall, Verfall, höchstens noch maßvoll gemäßigt, domestiziert, geschnitten, kastriert, kleinbürger-

lich verklemmt, dem Hedonismus spinnefeind, schreber-
gärtnerisch, buchheckengerade, gezirkelt, ohne jede Cou-
rage, steht »unter dem Bann von Schein« (ebd.) und hat »etwas Verlegenes, Pappiges, Pharisäisches« (ebd.). Alles wird
besser, nichts wird gut.

Jochsberger Edel-Pils 4,9% Brauhaus Jochsberg. Bei ge-
nußreichen Exportkapazitäten freilich zu niedrige Hopfengaben. Vice versa das sehr ähnliche **Hell** (4,8%) annähernd
ähnlich wie das J. Dem abwesenden Hopfenherrgott sei kein
Dank. Hingegen das dargereichte **Gold Export** (5,4%) regelrecht klar und erstklassig. Fa-bel-haft. Dagegen. Wenigstens. **Spezial Dunkel** (5,5%) detto kompletto aus dem Takt.
Marsch, ins Bett!

Joe Sigl Das Flaschenbier 4,8% Privatbrauerei Josef Sigl
Obertrum/Österreich. Dufte Typen, der Joey Joe Josef und
sein Flaschenbier – das muckt, wie Werner Schneyder kalau-
ert. Der ziemlich sicher das extrem witzige Textbanderöl-
chen zu verantworten hat. Unter uns: Wer dem **Trumer Pils**
(4,9%) »erlesene Hopfen-Composition« und »Extra trok-
ken« und »Premium Classe« auf die trockene Haut schmiert,
kann auch keinen Schaum können.

John Martin's 5,8% Brouwerij John Martin Antwerpen/Bel-
gien. Kräuselig und diskret schinkenrauchig; »mittelrezent«
(Conny Seiters), waldhonigfarben. Entkrampft aufge-
schäumt. Schminkt sich »mit Hopfenblüten« und uns das
Vorurteil ab, ein Hybrid aus englischem Ale und belgischem
Kaufmannssaft sei verwerflich. Die entspannten Züge der
Antwerpener Mimik kommen dem entkoffeinierten **La
Trappe Double Koningshoven** (6,5%) zugute, einem Schon-
trappistenbier.

Die Brauerei **Josef Weinzierl** zu Weihmichl/Niederbayern
ließ in persona ihres bemitleidenswert pickelgespickten
Chefkochs wissen, man unterhalte keine Flaschen. Bloß Faß.
Ach was. Fahren wir nicht mehr hin.

Jüchsener Pilsener 4,9% Brauerei Zur Goldenen Henne
Hans Reizlein Jüchsen. Schaum verschwindend (gering).
Spartanische Hopfung. Mineralisch-chthonische Aromatik.
Dunkelgelbbraun. Garantiert unpasteurisiert, hochwahr-
scheinlich ungespundet. Geheimsttip, der, zu flehen und zu
hoffen ist's, nicht ganz so geheim bleibt. Bislang führt nur
die *Getränke Oase Kronland* in Trusetal/Thüringen den aus
jeglichem Rahmen des konzertanten Bierterrorismus fallen-
den gnadenvollen Trank. Sollte die Klitsche dichtmachen,
Völker dieser Erde, denkt daran: Wer zu spät kommt, den
bestraft die Leber.

Jupiler 5,2% S. A. Interbrew Bruxelles/Belgien. Belgiens
Marktführer. Einst aus Liege (Lüttich), woher kütt's heut'?
Aus Leuven? Nach wie vor Liege (Brasserie Jupiler)? Und
die Brüsseler Spitzenhopfen? Fusion bedeutet Konfusion.
Bez. eines Führungspilseners seltsam anregendes Blumen-
bukett. Passend zur Sportübertragung auf Euro Sport (Mon-
ster Truck). Gleichem Interbrewzweig anlasten dürfen wir
das blasse **Whitbread Pale Ale** (5,7%; lizensiert durch Whitbread London), das bedenkliche, immerhin lakritzige **Horse-
Ale** (5,0%) und die Piedbœf-»Tafelbiere«, hübsche Nek-
taräquivalente. **Piedbœf Foucee Bruin** (1,5%) wäre als
Beweis für des Belgiers Willen zu deuten, schlicht everything
zu erhalten, auch das Einfachbier (Malzbier). Dazu ist nichts
zu sagen. Höchstens dagegen. **Piedbœf Blond** (1,5%) weist
trotz überprüfbaren Mangels an allem den hinterherschar-
renden Humpelhopfen auf. Gewöhnen Sie Ihr Kind damit
ein, es lerne davonlaufen. (siehe auch Stella Artois)

Jura-Bräu Pils 4,9% Jura-Bräu H. Knopf Pegnitz. Sakrale
Hopfenschlange ringelt um toten Antrunk. Enigmatisch,
nicht ridikül. Sandig-strandig sackt das **Hell** (4,9%), Folge-
erscheinungen energisch, d. i. brandybrennend penetrant.
Da hat der Bursche was in den Sud gesetzt und I. Kants Im-
perativ »Braue stets so, daß die Terrine deines Maischens all-
gemeines Läutergesetz werden könne« ordentlich versagt.
Für das dunkle Export **Pegnitzer Wurzen** (5,2%) müssen

wir weiter ausholen. Obwohl – selten war Zwietracht herber gesät als hier, hier: zwischen kleiner Bittere und schnaubendem Malz. Glaubhaft ist das alles nicht.

Jura Weizen Hell 5,0% Weissbierbrauerei Wiefenfels-Schwandorf. Trüb tröpfelt Hefe. Draußen treibt der Schnee. Der Himmel hängt schwer. Alt sind die Steine, mit denen wir unsre Häuser bauen. Lang halten sie. Schaum dockt auf. Strömend steil schönheilige Frucht. Wolken schief. Schauer scharf. Abtrunk schrundig. Atomanlagen und FJS geh'n, / JWH bleibt besteh'n.

Justiz Mischt sich aber auch überall ein. Vorzüglich der Islamer ist nicht zu halten: »Weil er mit drei Flaschen selbstgebrautem Bier erwischt wurde, soll der Brite David Brown in Libyen eine dreijährige Haftstrafe absitzen.« (Münchner *Abendzeitung*, 1998) Wir gehen jetzt bald dazu über, Kebabhandel mit Rübe ab! zu ahnden. (siehe auch Islambiere)

K

Kaiserkrone Pils 4,8%, für Norma-Märkte Nürnberg. Nimmt der Hool, bevor er in die Oper geht.

Kaiser Premium 5,8% Österreichische Bräu AG/Österreich. Der Landesversorger, ohne Rückhalt und Rückgrat. Unsere Thesentresen mögen reaktionär klingen, allein, welche Marter mutet sich der Dösi da zu? Franz Beckenbauer reicht doch.

Kaiser Weiße 5,0% Kaiser Bräu Neuhaus. Regte uns weniger auf als alles, was wir 1997 unter Androhung von Schlägen mit der Schneeschaufel gezwungen waren zu schlucken.

Kapielski, Thomas Schätzt den *Blauen Affen* am Hermann-
platz: »Hier kommt wöchentlich ein Lasttankwagen vorge-
fahren und schüttet luftdicht seine tausend Liter in eine Kel-
lerlagerblase, von wo dann adrett und emsig ein frisches, gut
gehopftes, hinreichend schaumstabiles und typisches Berliner Pilsener durch die Kräfte Peter, Walter, Ute u. a. vor
einem aufgestellt und gern hereingesogen wird«; ästimiert die
Bamberger Brauereien Spezial und Fäßla: »Also: Wenn es
einmal wirklich gutes Bier und alles rundum sowohl bier-
technisch als auch biergemütlich und bierbestmöglich sein
soll [...], stürze [ich] praktisch am liebsten in beide zugleich
und kippe ein Hausbräu herein in meine innere Begierde. Im
Spezi wird in einer himmlischen Gaststube ein ganz leicht
gerauchtes Lagerbier ausgeschenkt, welches vom dritten Sei-
del an in schwindlig spiralen Steigungen immer, immer besser schmeckt und in Qualität und Erlebenstiefe Räusche und
Heiterkeiten bewirkt, die in Berlin [...] so völlig undenkbar
sind! Es ist auch der Braumeister und Hauswirt nach Auskunft der Stammkundschaft ein in der Geschlechterfolge der
Brauer geradezu Beethovensches Ausnahmegenie, weswegen
sie ihn auch zärtlich Frankenstein nennen« (*zitty* 15/1997);
entdeckte das »Hyperbelbenehmen gegen Ende eines Bier-
abends«; verschmäht Finnland und malte ebenda »in Kom-
pensationsabsicht pro Tag etwa zehn Halbe Pilsener im Willi-
becher vor Sonnenuntergängen«; erkannte: »Es ist nun aber
leider auch so: Nüchtern bin ich besser! Zu Menschen, beim
Schreiben, im Bewältigen der Alltagslage. Besoffen geht es
mir besser!« (*Davor kommt noch*, Berlin 1998); erzählte über
eine Hansa-Begegnung: »Wir Flaschen machten unsere Dosen auf und wunderten uns schon, daß man den Verschluß
noch richtig schön wegschmeißen konnte. Außerdem
schmeckte das Bier noch mehr nach Blech als sonst. Ein
bißchen so, wie Erbsen schmecken. Da haben wir uns sehr
gewundert und gedacht, ob das schon zu alt ist. Dann haben
wir drunter geguckt. Auf der Dose stand, es war genau der
Tag, der war. Danke, lieber Gott, daß das Bier noch nicht ab-
gelaufen war«; und erinnerte sich an die DDR: »Der Bierhimmel hing voller Bockwürste! Oder Beine! Oder der Bein-

himmel voller Bierwürste. Je nach Staatszugehörigkeit und Interessenlage.« (*Danach war schon*, Berlin 1999)
Soviel Sachverstand in einem Kopf!

Kapsreiter Landbier goldbraun 4,4% Brauerei Kapsreiter Schärding/Österreich. Begleitet die Sage, es sei ein schmissiger Gurgelhieb daneben. Falsch, behaupten wir. Richtig! aber auch.

Karg Weißbier 5,0% Brauerei Karg Murnau. Unheil ist dein Stern. **Schwarzer Woipertinger Dunkles Hefe-Weißbier** (5,2%): Erdhub. Einstampfen.

Die Karlsberg Brauerei Homburg stellt mit ihrem **Karlsberger Hof** (5,4%) den unfromm gefügten deutschen Bierstaat und das akkumulierte Brauwissen auf den Kopf. Die Kappen und Knallknappen halten einen nicht zu knapp zum Narren. Dieter Steinmanns Broschürenpost illustriert eindrucksvoll den Stand des Porträtkartoffeldrucks; die blauesten Nasen und betrunkensten Visagen weit und breit werden via *Karlsberg intern* serviert, Hamsterwangen beim »Bockbier-Anstich für einen guten Zweck«, Hannelore Kohl anläßlich der Verleihung des Kaiser-Augustus-Ordens durch die Vertriebsleitung Trier, Karnevalsprinzen und Betriebsplunzen und alle, die dem Karlsberg-Verbund hörig sind. In der Pfalz und an der Saar existiert, hat es den Anschein, ein beachtlich' Filz, ein Geflecht aus Braugewese und eiertanzenden Journalerbeuteln, aus Restaurantklüngel und Festivitätskultur, aus Feuerwehrgesangsvereinsaltstadtdorfundoktoberbikerscooterfreizeitstrukturen und Organisationsprotofaschismus unterm Diktat des wahlweise Fasses/Kruges der Karlsberg-Family, assistiert von Herzogs Roman und dem 1. FC Kaiserslautern und den gänzlich unbestechlichen Provinzspitzenfernsehkräften am »Karlsberg Ur-Pils-Stammtisch der Journalisten«. Die mafiaähnliche Verbandelung gießt *Karlsberg intern* in unanfechtbare Zeilen der Verlautbarungshudelei um, jene allerletzte Schwundstufe der Presse: »Zu den zahlreichen

Journalisten gesellten sich weitere illustre Gäste, u. a. Harald Wenzel, Direktor der Mercedes-Niederlassung Saarbrücken/Neunkirchen, und die Polizeidirektoren Dietmar Hühnefeld und Michael Engelbert. Die etwa 50 anwesenden Gäste waren sich mal wieder darüber einig, daß der Karlsberg Ur-Pils-Stammtisch ein hervorragendes Medium für die Kontaktpflege und den ungezwungenen Gedankenaustausch ist!« (3/1997)
Naivität und Obszönität: die Fluchtpunkte des Bierdenkens, der sich blähenden Provinz, des Konzernherrschens, der korporativen Korruption. »Unsere Zukunftskompetenz hängt nicht nur davon ab, wie beweglich wir im Getränkemarkt agieren«, heißt es (12/1996), sondern ob 's Bier durch die lautesten Kehlen läuft wie geschmiert.

Karmeliter Edel-Pils 4,8% Familienbrauerei Karmeliter Bad Neustadt/Saale. Stachelbeergelbes, weichherzig sprudelndes, nach Mandeln, Apfeltasche und Donut riechendes, verheißungsvolles Unterhaltungsbier. Ein **Dunkel** ließen wir uns vom Faß gefallen.

Kartause Ittingen Klosterbräu 5,5% Actienbrauerei Frauenfeld/Schweiz. »Hopfen aus dem Klostergarten. Von Hand gepflückt und verlesen.« Und wir sind der Leo von der Pelzwiese. Der Kuno von der Kuhweide. »Dunkelblond Bier« nennen sie 's, als verstünden Mönche hierüber zu handeln.

Kater »Wie die Gottessuche, mit der sie noch anderes gemeinsam hat, wird auch die Suche nach der unfehlbaren und unverzüglichen Katerheilung nie abgeschlossen sein«, schreibt Kingsley Amis (*Man kann auch mit Alkohol fröhlich sein*, in: *Na Prost!*, Zürich 1997) und empfiehlt Ruhe, Haarewaschen, Vichy-Wasser und chemische »Kopfwehentferner«. »Wen die Götter verderben wollen, den überreden sie zuerst dazu, daß er zur Frühstückszeit zur Flasche greift.« Oh, scheiße.

Kathi-Bräu Braunes Lagerbier Brauerei K. Meyer Hekkenhof. Auf dem umwerfenden Anwesen der geachteten Bikerkneipe pflegt man obskure Transportformen: Abfüllung in den 5-l-Ölkanister, halb vom Hahn, halb »Keller«. Die plackenschwarze Flüssigkeit übersteht mühelos einen dreistündigen Pkw-Ritt und schenkt uns kompottartige Komponenten. Koinzidenzen zwischen Treffpunktnobilität und Geselligkeit à la Schlegel. Anderswo sieht's anders aus: »Sie wissen, die Wirtschaft stottert durchaus noch in Berlin.« (HR 1, 3. Juni 1999) (siehe auch Wirtschaft)

Kauzen Helles Landbier 4,9% Kauzen Bräu Ochsenfurt. Schaumsturheilheit. Gelbsuchtgelb. Harnabtrunkabgang. Die **Winter-Weisse** (7,1%) vorn wie mittig wie hinten Terpentin, lupenreine Methylmetastase. Das **Original 1809** (5,1%) dünkt uns ein fadenscheiniger Kompromiß zwischen Pils, Hell und Export. **Bock** (7,1%) – achjana; Beispiel fürs eindimensionale Bier im Spätkapitalismus: leistungsorientiert, verblendet, fahrig, erosabgewandt, konsequent: verbockt.

Keller Bier 4,8% Fischer's Brauhaus Mössingen. Perfekt! Perfekt. Perfekt. Primissimo. Ruhend rund. Fruchtig, weich, hervorragend gehopft. Paradiesisches Bier, gaumenaktiv, mundraumkomplex, feinfühlig. Sehr viel besser kann man es nicht machen.

Kenia *Bild*, 12. September 1997, Seite eins, inmitten der ostafrikanischen Biergartensaison: »Rebellen steckten einen deutschen Biergarten bei Mombasa in Brand. Ein Urlauber aus Deutschland berichtet: ›Wir saßen gemütlich beim Bier, als etwa 50 Bewaffnete das Lokal stürmten. Sie raubten uns Geld und Uhren. Dann jagten sie uns weg.‹« Eine Unverschämtheit, das.
Bild, 13. September 1997, letzte Seite: »Kenia – Rebellen überfielen deutsches Bierlokal«; was ein echtdeutsches Bierlokal in Kenia ist! »Das Urlaubsparadies Kenia – jetzt machen Rebellen mit Kalaschnikows Jagd auf deutsche Urlau-

ber. Der Touristenort Unkunda [...] – mitten im Ort: ein
deutscher Biergarten. Hier sitzen Urlauber in der Sonne,
trinken Weißbier – fast wie daheim. Plötzlich Lkws, besetzt
mit über 50 Rebellen. Bewaffnete Männer mit schwarzen
Kampfanzügen, roten Stirnbändern. Sie springen von den
Ladeflächen, stürmen mit Kalaschnikow-Gewehren, langen
Macheten in das Lokal. Sie nehmen den Urlaubern Geld und
Uhren ab. Ein Deutscher: ›Sie drohten sogar, uns umzubrin-
gen!‹ Kurz darauf steckt die Bande den Biergarten in Brand.
Panik unter den Gästen.«
Wäre alles gelogen: Der Kundschaft samt ihren Redakteuren
gehört die Fresse zementiert.

Keo Beer 4,5% Keo Ltd. Limassol/Zypern. »Unpasteuri-
siert«. Leicht behauptet. Zypern zählt eine Brauerei und drei
Bierkommissare. Herr Roth sang zwei Schlucke später:
»Kee-oooh, wir fahr'n nach Lodz!«

Kesselring Export 5,3% Privatbrauerei Kesselring Markt-
steft. Günstige Hermeneutik der Nicht-Pils-und-daher-ein-
autonomes-Bier-Idee. Get on with it! Ohne störende Zwi-
schenrufe wird das **Hell** (4,7%) zum auf den nächsten
vierzehn Seiten besten Hellen erkoren. Das dunkle Weizen,
die **Schlemmer Schwarze** (5,0%), nötigt, jucks, Schlemmer
zu schlemmen. Hoch!

Kiesel Weihnachts-Festbier 5,7% Kiesel-Bräu Traunstein.
Zwingend? Nein.

Kitzinger Premium Pils 4,8% Privatbrauerei Bürgerbräu
Kitzingen. Eins der begriffsstutzigsten Gemeinwesen ist
die Stadt Kitzingen. Auf niemals endende, sich selbst verschlingende Schleifenstraßen schickte man die Biertouri-
sten, lotste sie über Waschbetonbrücken und Bundeswege,
in *Lidl*-Getränkemärkte und das *E-Center*, eine Bierlager-
halle, wo's – gierig umklammerte das Forschercorps neue
Marken – wieder nur »ganze Kästen« gab. Ganze Kästen
sollten wir verkosten. Trinken S' halt jeweils einen Kasten.

Logo, trinken wir pro Marke Stücker zwanzig Flaschen. Wo liegt das Problem?

Ein erhabener Moloch. Sein Pils kaum weniger impertinent. 68 Dezibel Schaumknistern (sog. Sackfaktor), der Ramsch drunter von schlampiger Bitterkeit, könnten Sie ohne Bedenken in Wodka-Gläsern servieren. Das dunkle **Ur-Kitzing** (5,1%) fragmentarisch, möglicherweise hätten wir die vergrätzt-verschnupfte Hopfennase gründlicher durchblasen sollen.

PS: Nach Drucklegung Betrieb geschlossen. Verdient.

Kitzmann Echtes Erlanger Bergkirchweihbier 5,9% Privatbrauerei Kitzmann Erlangen. »Kitzmann ›Bergkirchweihbier‹«, teilt ein Schüler des Nürnberger Radiotycoons Günther Koch auf vier Quadratzentimetern Rechenpapier mit, »ist kein alkoholisiertes Mineralwasser.« Stimmt. Sondern, schrieben wir (a. a. O.), das **Edelpils** (5,0%). So heimst man zwei Marken ein. – Apropos: Das **Kitzmann Urhell** (4,9%) in grau-brauner Koalition mit **Jubiläums Erlanger** (5,7%) Bier für den Wiederkäuer. Keine Macht den Kitzmännern!

Klausner Pils 5,0% Klausner Getränke- und Vertriebs GmbH i. G. Neukirchen. Haben schlimmere Pferde kotzen sehen.

Klosterbrauerei Mallersdorf Mikrobrauerei (2.400 hl), reelles Kloster und gegenüber seinen Big Betbrüdern Weltenburg, Andechs und Ettal tolerabel, prozedabel, inkommensurabel. Eine Nonne gibt die Braumeisterin und erstellt das **Vollbier Hell** (5,0%) mit dichtem, ruhigem Schaum und komprimiert-lakonischer Malztönung. Irgendeinen Gott, Quatsch: **Bock** soll es auch geben.

Kloster Urstoff 5,4% Klosterbrauerei Münnerstadt. Pechdunkles »Spezial Märzen«, obwohl »hergestellt aus vorwiegend hellem Malz«. Geröstetem Apfel angenähert. Der Appetit kommt beim Trinken.

Kneitinger Edel-Pils 5,2% Brauerei Kneitinger Regensburg. Nicht weiter aufdringlich (geworden). Das **Dunkel** (5,2%) arm, der **Bock** (6,0%) vergleichsweise zahm. Zur Abscheulichkeit fehlen zwei Millimeter.

Knobloch Lagerbier 5,1% Brauerei Knobloch Schammelsdorf. So. Präzis' so. So ist Bier. Ein gehöriger Wind Metaphysik faucht durch realpraktische Gemütlichkeit. Hatte der Allvater des ungespundeten und zu Reife und Beauty, Reiz und schüchternem Appeal erzogenen Frankenlandes, Nürnberg Ost raus und rein in die begnadete Walachei, drei Hände im »Spiel« (Beckett). Seine Untergebenen legen folgsam nach und pfeffern den Schocker **Festbier** (5,0%) und den Hammer **Weißbier** (4,9%) der erschrocken entzückten Gilde vor. Ein *(wieder gesammelt)* Beweis, daß es funktioniert.

Koller's Klassik 5,3% Landshuter Brauhaus. Vorbildliche Schaumhaltung. »Öko-Bier«, das seinen Titel zu Recht trägt. Vergnüglich anzusehendes, mit einem Lüftchen Sauerkirsche jonglierendes Zwickel. **Kollerbräu-Hell** (4,5%) eher soßig. Helm auf zum naturaromatisierten **Helm-Pils** (4,5%)! Die 5,0-Prozentepfünder **Hefe-Weisse** und **Dunkle Weisse** (5,0%) im Glanz der Reife.

König Ludwig Prinzregent Luitpold Weissbier Hell 5,5% Schlossbrauerei Kaltenberg Irmingard Prinzessin von Bayern. Ehrerbietig erweisen dürfen sich unsere Leser über Mörtelkellen voller Schaum, morgendliches Licht im Glase, gemischten Obstsalat und taufrische Rezens. Die Spielart der Dämmerung gibt das mörderische **Prinzregent Luitpold Weissbier Dunkel** (5,5%) ab. Mit ihrem **Kaltenberg Hell** (4,8%) gewinnt Prinzessin Irmingard keine neuen Freunde, muß sie auch nicht, das **Königl. Festtags-Bier** (5,6%) war unter vorangeschrittenem Alkoholismus kaum zu kategorisieren. Während das **Kaltenberg Spezial** (5,6%) weder alles noch nichts ist. Mehr wäre gewonnen durch weniger.

König-Pilsener 4,9% König-Brauerei Duisburg-Beek. Wie der Stadtteil, so das Bier: malad, desolat, affenhart. Die Werbung mag Oldtimer in Tuckenchrom schrauben und uns den Tag gehören lassen, we say: Make my day. (siehe auch Bier-König)

Königsbacher Spezial Export 5,3% Königsbacher Brauerei Koblenz. Reckt uns formatbildenden Schaum entgegen und kommt kurzweilig nach dem Pils (siehe *Bier! Das Lexikon*). In der 5-l-Flasche zu DM 15 aufwärts läutet das **Zischke** (4,8%) den Abstieg ein, um via 0,7 l schraubverschlossenen **Seccolo Bier-Sekt-Mix** (6,8%; 70% Bier, 30% Sekt) Königsbachers Tiefpunkt beim **Schüsschen** (3,1%) zu erreichen: »Schußbier Pils mit Malz 60/40«. Mit Malz? Bier? Ehrlich? Und Schuß? Booaa. Wer den hat, ist klar.

Kraus Lager Hell 4,7% Brauerei Kraus Hirschaid. Nehmt dies, wenn ihr zu nehmen versteht. Euer Schaden soll es nicht sein.

Krautheimer Pilsner 5,0% Friedrich Düll Privatbrauerei Krautheim-Volkach. Unterfränkischer Durchschnitt. Die Weingegend behauptet Territorien makelloser Einfallslosigkeit. Das »wurmt aber die Bierbrauer« (*Fränkische Landeszeitung*, 1. März 1999), weshalb Stefan Kolb vom Verein Fränkische Bierstraße fordert, »mehr mit dem Begriff ›Bierfranken‹ zu werben«. De Dülls werden Sperenzchen machen.

Kreativ Sind garantiert immer die, die's nicht sind: Ehrgeizlinge, Ranwanzer, Kofferträger. Nehmen am »Kreativ-Wettbewerb« (*UNICUM* 7/1997) des creative centers Deutscher Brauer Bund teil. »Gesucht wird eine zündende Werbeidee für das deutsche Bier.« Kann die Homepage lange warten. Die »Adventure-Week in Österreich mit River-Rafting [...], Schwimmen in kristallklarem Wasser, Hüttenübernachtung und ›Bierseminar‹« fällt aus. Basta. (siehe auch Werbung)

Krombacher Pils 4,8% Krombacher Brauerei Kreuztal-Krombach. Wußten Sie, daß Gerhard Schröder gerade das Gebäude verlassen hat?

Krönes' Eifeler Landbier 4,6% GSL-Landbier Vertriebs GmbH Gerolstein, evtl. Gemünder Brauerei Schleiden. Schaum »sensationell« (Arnold Hau), stark wie Wackelpeter und Muskelmus. Hernach vertrackt versauert. Die Böden, die Böden. Und GSL-Landbier – etwa ein Ableger des Gerolsteiner Mineralbrunnens (natriumarm)?

Krug-Bräu Lagerbier 5,0% Krug-Bräu Breitenlesau-Waischenfeld. Fachwerkhausbier. Nicht mehr ganz baufrische Malzholzbalken, dazwischen morscher Bitteremörtel, darüber klappriges Rezensgiebeldach. Wir empfehlen eine Bewerbung bei »Unser Bier soll schöner werden«. Was hören wir? Einspruch? Leserrandale? Wollt ihr den totalen Krug? Ihr wißt, wohin das führt. Zum vernichtend mäßigen **Pilsner** (4,9%).

Kulmbacher Edelherb Premium Pils 4,9% Kulmbacher Brauerei. Ein Riesenladen mittlerweile, synthetisiert durch EKU, Mönchshof, Reichel und Sandler. Ein einziger Etikettenschwindel (siehe z. B. EKU Pils). Die Umtriebe der »Feinherb-Mafia« (Michael Rudolf) gewinnen beängstigende Dimensionen. Wann annektiert Kulmbach die Fränkische Schweiz? Wann bombt die offenbar zu jeder gewaltsamen Aktion und Übernahme bereite Gemeinde die Fränkischen Keller aus? Das Verhängnis, genannt »Marktbereinigung«, nimmt seinen Lauf. Wir zitieren ihn ungern schon wieder, den *WELT-Report Bier* vom 16. September 1998 – doch um Mißverständnisse zu vermeiden: »Der Strukturwandel kommt schleichend voran. Kommunal ist er in groben Zügen abgeschlossen, wie die Beispiele Kulmbach, Dortmund und Hamburg (bis auf Bavaria St. Pauli) belegen. Jetzt geht es in den Regionen ans Aufräumen, womit die Standortpolitik etwa von Binding begonnen hat. [...] Wer nicht in die neuen Strukturen paßt, sollte rechtzei-

tig überlegen, ob nicht der Abschied vom Markt [...] sinnvoller ist.« Dafür gibt's normal aufs Maul. – An selber Stelle
quakt der Präsident des Bundesverbandes Mittelständischer
Privatbrauereien, Rainer Pott: »Das Kaleidoskop darf nicht
verlorengehen«, man dürfe »die Flinte nicht in die Gerste
werfen«. Fraglich, was verlogener, korrupter ist: nämliches
Geschwafel oder die reale, im Spitzenprodukt manifest ge-
wordene Kulmbacher Großmannssucht. »Märkte sind wie
Gezeiten« (Hans Schinner), Mägen nicht. – **Kulmbacher
Weihnachts-Festbier** (5,6%), apropos, nach tauben Nüs-
sen.

Kulmbacher Kommunbräu Renovierter Brauereigasthof,
luxuriöse Holztische, eine Bedienung mit offenem Ohr
auch für knappe Trinker und Trinkgeldkleinkrämer; Stim-
mengebrummel, dem mißtönende Klänge fehlen. Über dem
Dunklen liegen Gesten größter Versöhnlichkeit: fair, wür-
zig-aromatisch und rötlich schimmernd in die Gläser ge-
schmiegt. Wir glaubten uns auf einem sozialdemokratischen
Stadtteilfest. *(Livebericht von Thomas Roth, Bonn/Mos-
kau)*

Kult Bier Faßzwickel der Kronenbrauerei Nagold-Hochdorf (siehe Hochdorfer Gold-Krone). »›Kult‹ soll in der Region überall dort seine Anhänger finden, wo Kultur eine
Rolle spielt.« (*WELT-Report Bier,* 10. September 1997) Wo
denn dann?

Kunze, Reiner Wurde zu wenig verboten. *Die wunderbaren
Jahre* (Frankfurt/Main 1976) zeichneten Herrn Rudolf
grundverkehrt: »Als Michael aus den Bierstuben kam,
wirkte der Platz wie leergekippt, Michael aber wie vollge-
laufen. [...] Seine Gitarre lag nicht mehr auf dem Brunnen-
rand. Sie hatten seine Gitarre. Sie hatten eine Geisel. Da be-
schloß er, zum Spaß ein Gitarrenlexikon zu schreiben.«
Später: »Auf dem Ordnungsstrafbescheid über 10 Mark, mit
dessen Entgegennahme Michael um drei Uhr morgens sein
Instrument auslöste, stand: Störung des sozialistischen Zu-

sammenlebens (Spielen mit der Gitarre). Würde sein Gitarrenlexikon eben über 10 Mark kosten, und er hätte einen Gewinn gemacht. Und so übte er schon mal für den Kapitalismus, der sicher baldigst käme.«

Das **Kurfürst Carl Theodor Kristall-Weizen** (5,0%) wird
das Frankenthaler Lebkuchenhaus in die schwerste Iden-
titätskrise seiner Vereinsgeschichte stürzen. Freilich heißt
das Pilsener jetzt **Pilsner** und das hadersüchtige **Kurfürst
Carl Theodor Export** (5,5%) blitzgescheit Export. »Kur-
pfälzisch frisch«: ein Attribut, das wir uns nicht merken
müssen.

Kürzdörfer Landbier 5,0% Brauerei Kürzdörfer Lindenhardt oder: Das beste Bier Deutschlands. Weit droben im
nördlichen Bayern, wo einst Zonenrandgebiet war, dort, wo
noch heute jeder zweite Weiler seine Familienbrauerei be-
herbergt, eine mit Linoleum und kargem Gestühl, wackeln-
den Tischen und grauen Stickdecken ausstaffierte Stube,
dort, zwischen Hersbruck und Bayreuth, findet, wer länger
sucht, das beste Bier des Landes.
An der A 9 von Nürnberg nach Berlin liegt etwa dreißig Kilometer vor Bayreuth die Ausfahrt Trockau. Linker Hand
führen kurvenreiche Straßen in die Fränkische Schweiz, die
gemeinhin als das Dorado des Bieres angesehen wird, nicht
zu Unrecht, wie eine ausgedehnte Kellerbierexkursion jedem
Geübten unmißverständlich klarmacht. Rechts weg kauert
die winzige Ortschaft Lindenhardt, im *Brauereiadressbuch*
des vermögenden Fachverlags Hans Carl (Nürnberg) unter
»Creussen« geführt. Die Infrastruktur der wundersam ver-
schlafenen, ja versonnenen Wald- und Wiesenlandschaft
genügt vereinzelt nicht mal dem Mindeststandard. Notdürftig aufgeschüttete Feldwege verbinden anmutig karg gebliebene Siedlungen, die Menschen begegnen dem Besucher ihrer Wirtshäuser wohltuend zurückhaltend.
Manch Brauer mag die eigenen Produkte gar nicht erst hergeben; er bescheidet dem Fremdling dessen Ansinnen, gegen
Geldwerte ein paar Proben in der alten bauchigen Halbliter-

flasche zu entführen, nicht selten abschlägig. Anders Meister Heinrich Kürzdörfer, dessen Betrieb – Jahresausstoß zirka 1.500 hl – Lindenhardts Hausnummer 16 trägt. Bereitwillig offeriert er sein Sortiment. Das **Vollbier** (5,0%) schenkt uns einen Bienenstich allererster Sahne. Wie, murmeln wir entrückt, kann das sein? Und warum kennt kein Schwein das couragiert und voller Verstand gehopfte **Ökobier** (5,0%)? Den Gipfel der Braukunst erreicht allerdings das K., ein märchenhaft trockenes dunkles Export mit mythischen Fruchtkränzen und bis ins letzte Finishwinkelchen tarierten Geschmacksruhmestaten; daneben fester Körper, schöpferischer Hopfen und, erinnern wir uns richtig, eine flaumleichte Extrakakaonote. Erschütternd brillant, unerreicht, magnifik – der definitive Spitzenreiter sämtlicher Rund-um-den-Schornstein-Bräus, der selbstredend jedes Industriebier unter den Schemel säuft.
Man sollte schleunigst umziehen und die Brauertochter heiraten.

Kutscher Alt 5,0%. Auf den Bock setzen wir uns nicht. (siehe Binding Black Lager)

Kwak Pauwel 8,0% Brasserie Bosteels Buggenhout/Belgien. Cognacschwenker voller Engelsanteile. Hochgradig malzaromatisch, gewünscht am Nordseestrand, Geschmarre –: am Lagerfeuer. Wir redigieren: Kaminfeuerbier. Früher war's Kutscherstärkung (daher die Riesengläser) und ersetzte die Pferdewurst.

L

La Gauloise Blonde 7,0% Brasserie du Bocq Purnode/Belgien. Umständlich zu rauchen. Leichter zu trinken, und zwar pfeifenschnell. Unterm Weihnachtsbaum haben Sie die Auswahl zwischen dem properen **Blanche de Noël** (4,0%) und dem friedensstiftenden, weil bleischlaffördernden Honigbatzen **Regal Christmas** (9,0%). (siehe auch Corsendonk Agnus)

Lagunitas Tocaloma Amber Ale Lagunitas Brewing Petaluma/USA. Erstaunlich, was hineingeht, wird man nur gezwungen.

Lal Toofan 4,6%, gebraut von Ushers of Trowbridge/Großbritannien. Inder, der zu lange im hl. Fluß gebadet. Dung, feuchtes Holz, Benzin, alles mögliche. Wer spricht das Machtwort? So viele auf einmal?

Landpils nach alter Brauherrn Art 4,8% Wildbräu Grafing. Derart oll hätten wir das gar nicht geschätzt. Riecht wie ein Kessel kunterbunter Waldmeisterdinos, Weinbergschnecken und Gummimäuse. »Interessante Mischung«, singt Frau Conrad zur stiefmütterlichen Blume auf akribisch bereitetem Malzbeet. In die Falle der negativen Pinik tappte das **Meistersud Spezialbier** (5,3%). Wir kriegen euch alle.

Lasser Premium Pils 5,0% Privatbrauerei Lasser Lörrach. Sie zerbrachen sich den Kopf. O ja, den zerbrachen sie sich. Sehr zerbrachen sie sich den Kopf. Sie wollten nicht enden, bevor sie sich nicht den Kopf zerbrochen hatten. So zerbrachen sie sich den Kopf, bis er zerbrochen war, bis er in Trümmern lag und das schauerliche Desaster, der zerbrochene

Kopf, nicht mehr zu kitten war. Nicht mehr zu reparieren war der Kopf, denn er lag zerbrochen. Zerbrochen, zerstört war der Kopf. Der Kopf war am Arsch. Voll kaputt war er, der Kopf. Der Kopf war hin. Denn sie hatten ihn sich zerbrochen. Sie hatten ihn gequält und gepeinigt. Sie hatten ihn angespornt, alles zu geben, den Rest, das, was übriggeblieben war. Sie hatten ihn herausgefordert und nach vorne gepeitscht, und dann war er zerbrochen, in tausend Stücke auseinandergestoben, dann war er hin, da lag er rum wie ein kaputter Krug. Das hatten sie davon, das L. und das **Export** (5,2%) richten zu wollen. Der Kopf geht zum Kühlschrank, bis er bricht.

La Trappe Dubbel 6,5% Bierbrouwerij De Schaapskooi Tilburg/Niederlande. Diamantfarben. Marmorkuchenschaum. Die Backstube grüßt. Sozialdemokraten treten zum Kommunismus über. Fässer rollen die Straße hinab. Die Welt ertrinkt im Genuß.

Laupheimer Kronen-Spezial 5,0% Familienbrauerei Paul Eble Laupheim. Soll der Brauer selber trinken.

Lauterbacher Brotzeitbier 5,0% Privatbrauerei Ehnle Lauterbach. Völlig. Kann man das Vesper ruhigen Gewissens opfern und zum **Festbier** (5,7%) schreiten, welches eine Klasse für sich, wär's minder verdieselt und verdaddelt im klumpfußschweren Abtrunk. **Edel-Weizen** (5,3%): kristallin, zischend. Tertium non datur.

Lauterbacher Pils 4,9% Lauterbacher Burgbrauerei. Postleitzahl: 36341. Ehrt die Zungenspitze, deponiert dort Säuredepots. Hörbar unaufdringlich. Unaufmerksam. Aber »köstlich« (R. Wieland). Das helle, handelsüblich trübe **Hefe-Weizen** (5,0%) schätzt eine gepflegte Unterhaltung weniger, als uns lieb sein will; es mangelt über die eingehaltenen Standards hinaus an Performance, Avantgarde, Chuzpe und Abenteuer, äh – »Bier-Finessen aus Hessen« – wir kapitulieren.

Lech Mocny 7,0% Lech Browary Wielkopolski/Polen. Der Pole und unter 5,4%: nee. Werftgröße 7 und mit der Braunkohlebaggerkelle zugeschlagen. Rares Geschmacksrabaukentum. Mag am hochvergoren-vergaunerten Katholizismus liegen. Gäben die Popen grünes Licht, L. eroberte säkularisierte Länder im Streich. Laßt uns von L. regiert werden!

Leffe Blonde 6,6% Brasserie St. Guibert Dinant, eigentlich S. A. Interbrew Bruxelles/Belgien. Vertrüge ein höheres Drehmoment, denn von Belang, werte Damen und Herren, ist, daß ein Bier beim Start fix beschleunigt. »Großer Gott!« (ZDF, 17. September 1997) Wie bitte? »Nein, er wollte mir nichts tun, er wollte nur Lebewohl sagen.« (ARD, 17. September 1997) Was? »Die Münzen sind alle. Es tut mir leid.« (Vox, 17. September 1997) Also. **Brune 6** (6,5%) schmeißt mit Schaum um sich und wird bisweilen belobigt als malzslickbreiter Aperitif. Am herbsten und eher heilenden Säuerlingen akkommodiert das 8,2%ige **Radieuse**, unbeschreiblich, so ein Mischmaschmatsch. Für aufstrebende Antialkoholiker. (siehe auch Jupiler; siehe auch Stella Artois)

Leibinger Hefe Weizen 5,2% Brauerei Max Leibinger Ravensburg. Kohlensäurestrudel wie im Goldfischaquarium nahe der Sauerstoffpumpe. Grünstich. Schaum thick as a Hefebackstein. Frucht fehlt. Das **Dunkle Weizen** (5,2%) kurzatmig gleich seinem Kompagnon, schäumt auch. Mit Kandis verrührte Teerplacken. **Pils** (vom Faß) zu süß. Auf dem Flüssigkeitskamm des **Kristall Weizen** (5,2%; »… trinkt sich gut!«) werden die Höhenzüge Vorarlbergs nachgebildet. Das hellere resp. helle Malz erwirkt eine befriedigende Gesamtbeurteilung, die sich durchs **Edel Spezial** (5,2%) nicht schmälern läßt. Zurück in die angeschlossenen Trunkhäuser.

Leicht Bräu Pilsner 4,7% Brauerei Leicht Memmelsdorf. Ohne Bedeutung. Die Möglichkeit bestünde, den Kram als überwürzt zu attribuieren. Null zu gebrauchen das **Export**

(4,8%), »genau wie Kranwasser« (Th. Gsella). Das **Unge-spundete Lagerbier** (5,1%) noch am profiliertesten, am profilneurotischsten, wie Klärwasser.

Leikeim Landbier Hell 4,7% Brauhaus Altenkunstadt. Womit die uns jetzt wieder kommen! Wir haben doch schon letzte Woche erklärt: dito den **Kunator** (8,2%), die **Premium-Weiße** (5,3%) und die **Schwarze Weiße** (5,3%) um Christi willen nicht schicken. Müssen wir Maßnahmen ergreifen? Sähe häßlich aus.

Leinburger Pils 5,0% Brauerei Bub Leinburg. Harter Punch aus der Mitten. »Zünftig-würzig«, kräht Herr Winnat. Bei der Hopfenspende pflegt der Franke Zurückhaltung. Das **Dunkel** (5,2%) paßt sich mühelos höheren Normen an. Vertrauenswürdig und wenig berührend das helle **Weißbier** (4,9%). Zum **Hellen** (Prozente verpaßt) schweigekreisen wir verstärkt.

Leinleitertal Edel-Pils 5,3% Brauerei Ott Oberleinleiter. Kraftvoll zubeißender Hopfen – in den Adamsapfel des Aromas keilend, dem Bier bleibt die Luft weg. Der lineallineare Antrunk und die wässernden Brandblasen des **Export** (5,2%) nahmen uns die Puste. Das schwächelnde, tatenlose **Weißbier** (5,2%) gehört nicht zum Verein, der **Bock** (6,8%) rammt uns den Pfahl der Fahlheit in die Brust. Vier »verdammte Irre« *(From Dusk Till Dawn)*.

Leitner Pils 5,0% Privatbrauerei Leitner Schwabach. Binding nacheifern, ist es das? Ihr **Fest-Bier** (5,5%) wirkt abstinenzfördernd. **Hell Vollbier** (4,8%): Bier im Irrealis. Das **Märzen** (5,1%) stolz und stumm, der **Prinz Albrecht Trunk** (5,1%) dösig und dumm. Angestrengt sinnlos die **Schwabacher Weisse** (5,0%). Und wozu der bescheuerte Plastikpfandbutton? Die Flaschen bringen wir nie zurück.

Leninismus Füllsel, das die Einhaltung der alphabetischen Ordnung und die Integration des Stichwortes Leik ermöglicht, welches laut *Knaurs Fremdwörter-Lexikon* (München 1982) auf Liek querverweist, »Tauwerk, mit dem die Segel eingefaßt werden, um sie zu versteifen«, aber nicht weiterverbindet zu seinem natürlichen Nachbarn Licher. Der/das bierlexikonwürdig wäre, hätten wir Leninisten nicht mit der Tilgung – Moment, da bist du ja – in schon vier Einträgen!

Leopold's Brauhaus Alexanderplatz, Berlin. Scheint, zu finden unter der Anschrift Karl-Liebknecht-Str. 13, Alexander Bräu beerbt zu haben. Dreißig Bierkrugwurf vom Georgbräu (siehe Georgbräu) entfernt. Erlaufen Sie das mal Mitte Mai bei 30 °C und mit prallem Wurstwanst. – Erwarteten wir die Fortsetzung der neuhauptstädtischen Biermisere, zeigte sich vis-à-vis der verblichenen zonalen Lebensmittelhandelsversuche (Berliner Markt) ein mirabellenfarbenes, bißchen verklemmtes **Zwickel**, das es verdient, zwo Sommernachmittagsstunden lang gekümmelt zu werden. Das **Dunkle** schlägt Georgbräu um drei Biermeter vierzehn. Moderat und modal. Nix taugt das **Helle**. Wäre auch zu schön gewesen.

Leupser Dunkel 4,9% Brauerei Gradl Pegnitz-Leups. Die fleckenlose Verderbnis. Der Schaum quirlig, nasal Muckefuck, die Hopfenimplikationen stichig, die, sobald es ums Finish zu tun ist, unziemlich ihr Dasein fristen. Ungeöffnet durchs ungeöffnete Fenster werfen.

Lewer Festbier 5,5%; in Liebenburg gebraut und abgefüllt von den Damen und Herren Herdam, Longwitz und Vogel. Jens Herdam möchte per Brief vom 8. November 1998 »darauf hinweisen […], daß der Stammwürzegehalt bei 15,5% gelandet ist und somit auch ein paar Alkoholprozente zusätzlich entstanden sein dürften«. Wenn Alkohol Geschmack garantiert, rahmiger Schaum Geschmack signalisiert, eindringliches Honiggelb Geschmack induziert, hehrer Hopfen Geschmack initialisiert, fanden wir, was wir immer suchten: das quadrierte Singularbier, vollkommen wie der Frauen Taille. Der blendenden Schönheit assistiert

Gerechtigkeit: Außer uns wird's kaum jemand kennen. Doch die Welt da draußen ist hart. Back to Gemeinheit.

(Trostzugabe: der dunkle, kraftstrotzende, in allen Regenbogenfarben glimmende, temperiert alkoholisierte **Liebenburger Bock** [7,5%].)

Licher Premium Pilsner 4,9% Privatbrauerei Lich. 1996 bundesdeutscher Spitzenreiter bei den Umsatzeinbrüchen (vgl. *stern* 23/1997, Quelle: »Brauindustrie '97«); und Einbußen 1997? 1998? 1999? 2000? Wird der Eisvogel (diese »Öko-Pornographie [...], Licher Bier aus dem Herzen der Natur [...], was weiß ich«; Jörg Schröder/Uwe Nettelbeck: *Cosmic,* Berlin/Schlechtenwegen 1982) auch nach der Jahrtausendwende zum Sturzflug ansetzen? Licher – eine dem Aussterben geweihte Eisbierart?

An uns kann es nicht liegen. Wir lieben Licher und wollen's loben bis zum Ende der Vorgeschichte. Sein kommunistisches Bukett ist »vom Feinsten«, sein Schaum von parteidisziplinärer Aufrichtigkeit, seine Farbe strahlt in den Morgen der Zukunft der Emanzipation von feinherbem Stänkerbier; das Hopfenfinish ist linksradikal und der linksradikalste unter den linken Abtrünken. Licher, sagen wir's offen und direkt: das revolutionärste Bier der Welt.

Ein neues Werbekonzept soll nach Bekanntwerden dieser bekennenden Bierkennerurteile bereits in den verschlossenen Licher-Schubladen und auch bei den zuständigen Anwälten liegen. »Da gibt es kein Gekicher, / Die Linke trinkt nur Licher«, lautet eines der künftigen Mottos, und gleichfalls überzeugen wird der kernige Spruch: »Licher – Klassenhaß vom Faß!«

Schon Manfred Kanther gab, geht das Gerücht, gegenüber seinen Kabinettskollegen die Losung aus: »Ein Licher kommt mir nicht ins Haus!« Wolfgang Schäuble propagierte: »Schultheiss ja, Licher nein!« Und unter Ulrike Meinhofs Nachlaßpapieren fand man einen stark verschmutzten Zettel (12 x 4,7 cm), Wortlaut: »wir brauchen kein alt! wir brauchen neu! und das neue ist licher, licher, dieser verreckdochgleich antiimperialistische riesentrank.

wir, die stadtguerilla, sagen vorbehaltlos ja! zum bombigen licher-pils! ja, ja, ja, mit licher kommt die raf ganz prima kla'!« Und Christian Klar ergänzte handschriftlich: »klar, ulrike hat recht. und jetzt ein licher!«

Licher, der Sieg ist dir sicher!

PS: Gerade wird uns die Meldung hereingereicht, das Rätsel um Goethes letzte Worte sei endlich gelöst. Nicht »Mehr Licht!« habe der Dichterfürst auf dem Sterbebett gefordert, sondern: »Mehr Licher!«

PPS: F. C. Delius, der nicht fehlen darf, geht nicht fehl: »Das Bier kommt aus Lich und ist abgestanden.«

PPPS: *Bild* vom 13. August 1998: »Weil's Licher zu billig ist: Brauerei kauft eigenes Bier zurück.« Ein Schritt in die richtige Richtung.

PPPPS: »Licher muß Büchse aufmachen« (*Frankfurter Rundschau*, 12. Dezember 1996). Ähem, die Sammelbüchse.

Liebe »Ich liebe Bier.« Sagt (*Bild*, 3. Januar 1998) der des Dopings überführte Leichtathlet Alexsandr Bagatsch. Sagensemal.

Liebe, Sünde, Leidenschaft Nach dem sächsischen Pressegesetz sind wir verpflichtet, folgende Gegendarstellung, unabhängig von ihrem Wahrheitsgehalt, zu veröffentlichen: »Wes Natterngezücht habe ich da an meinem Kölschhahn gesäugt? – Jürgen Roth, der gestern an dieser Stelle den Kölner Karneval ungespitzt in die Domplatte rammte, nistete sich vor einigen Tagen bei mir ein; er wolle, so hatte er zuvor erklärt, ›investigativ über das Kulturphänomen Tolle Tage recherchieren‹. Mehr als fünf Stunden schunkelte Roth als lebendes Kölschfaß durch diverse Kneipen, um sich dann im *Zarapzap* an Superwoman zu kleben. Mit den Worten ›Darf ich einmal heftig Ihren Brustpanzer tätscheln‹ griff er an den selbigen und hängte ihr seine vom Bier betäubte Zunge tief in den Hals. Roth gab sich dem Karneval hin, bis er einfach in sich zusammensackte. Mit einem Taxi schaffte ich seinen bewußtlosen Körper ins Zwischenlager, auf dem er die ganze Nacht hindurch den Satz ›Liebe, Sünde, Leidenschaft‹ brabbelte. In der

gestrigen Querspalte riß er sich nun – meine Gastfreundschaft
mißachtend – die Maske des objektiven Berichterstatters vom
Kopf. Es erschien die ekelerregende Fratze des Frankfurter
Antikarnevalisten, der per se alle Jecken diffamiert. So seien
erwachsene Karnevalisten nichts als ›bier- und schnapsver-
sumpfte Nattern‹. Seinen eigenen Ausfall gegenüber Superwoman bewußt verdrängend, verurteilt er den Karnevalskuß,
›Bützchen‹ genannt, als ›ganztägiges Knutsch- und Abschlabberdelirium‹. Man könnte meinen, *Bild* hätte einst zu Recht
über Roth geurteilt: ›Schmuddeldichter: ein vom Alkohol zer-
fressenes, krankes Hirn‹. Doch offensichtlich ist er nur ein
Mann, der seine eigenen Probleme im Freudschen Sinne auf
andere projiziert. Leider ist er Rosenmontag aus Köln abge-
reist. Im nächsten Jahr jedoch wird er bis Aschermittwoch
bleiben und lernen, daß der ›Nubbel‹, eine mit den Sünden der
Jecken beladene Strohpuppe, auch für ihn heute morgen um
0.00 Uhr symbolisch verbrannt wurde. Wenn nicht, wird er
im Jahr 2000 das letzte Todesopfer des diesjährigen Karnevals,
denn dann brennt anstelle des Nubbels Roth!«
Björn Blaschke (*taz*, 17. Februar 1999)

Lieblingseintrag, der Im befreundeten Guide *Bier – Über
1000 Marken aus aller Welt* (5. Aufl., Bern/Stuttgart 1996)
von Uns Michael Jackson: »'t **Kuipertje** Kleinbrauerei in
Heukelum, Gelderland, mit unterschiedlichen Bieren.«

Liefmans Kriekbier 6,5% Huisbrouwerij Liefmans Ouden-
aarde/Belgien. Aus der in Papier gefalteten Magnum-Wein-
flasche. Basiert auf sog. »Braunbier«, reift ewig, extempo-
riert nach Süße persistente Säure und beeindruckt bereits
beim Einguß durch moderne psychoaktive Farbspiele. Der
vielfach prämierte Traum diktiert, was ein edles, herbes,
trockenes Naß ist. Respekt zollen und der Rezens des Ge-
schwisterteils **Frambozenbier** (5,4%) den Teppich auslegen,
damit nichts wegrennt.

Lindemans Kriek 4,0% Brauerei Lindemans Vlezenbeek/
Belgien. Marzipan. Ja. Marzipan. Ein Dunst, als sei's Marzi-

pan. Durchaus. Gibt es nichts zu rütteln. Hat uns von den drei in diesem Eintrag herumfliegenden Lambics nach wie vor am zweitbesten gefallen. Das unter Einlagerung etlicher Schwarzbeerkontingente gewonnene **Cassis** (4,0%) blubbert ochsenblutrot bei niedriger Gischt und hoher Weinreife. Zwecks Prophylaxe betr. **Framboise** (2,5%) stelle man das Glas auf den Kopf.

Löbauer Bergquell Pilsner 4,7% Brauereigesellschaft Löbau, gebraut und abgefüllt in der Hochdorfer Kronenbrauerei Nagold. Bisher dachten wir, Kanülen setzen sich harte Drogenabhängige. Dabei versemmeln die Nagolder eine Teilauflage des superben Samuel Adams (siehe *Bier! Das Lexikon*). Vermaledeite Kreuzundquerbrauerei.

Lohrer Keiler Weißbier Hell 4,9% Privatbrauerei Stumpf Lohr am Main. Imposanter Pfirsichbirnenzinken. Schadet sich mit einem angespannten Malzwegtrunk. Dem Hopfen steht der Schweiß auf der Stirn. Zum **Keiler Weißbier Dunkel** (4,9%) könnte man »He, Dunkel!« sagen. Darf unter Gewaltanwendung (Resolution Fischer) fertig getrunken werden.

Lone Star 5,0% Lone Star Brewing San Antonio/USA. Als Pkw-Treibstoff verschlissene Abrißbirne. Wildwasser, aus dem Verkehr ziehen! Oder nippt ihr wieder Berentzen?

Lotto Ist es mit der Wahl des Biers eine Glückssache, ein Glücksspiel, ein Lotteriespiel, so ist's mit dem L. wie mit dem Bier, denn es ist und bewirkt meist dasselbe wie jenes. »Lottozahlen immer blöder«, befand *Bild* im Dezember 1995 und komplettierte den postmetaphysischen Dualismus am 12. April 1999, abermals Seite eins: »Lotto: War Fortuna besoffen?«

Löwenbrauerei Passau Urtyp-Hell 4,8% Löwenbrauerei Passau. Die Schleusen zum Purgatorium geöffnet. Wer sich die Zunge verbrennen will.

Löwenbräu Kellerbier Löwen Bräu Buttenheim. Wir passen radikal. Die übrige Mannschaft, **Pilsener** (5,0%) und **Weißbier** (5,0%), möge sich ins Knie bomben.

Löwenbräu Münchner Hell 5,2% Löwenbräu München. Vormittags, mittags, abends, mittags, vormittags, nachts, morgens, mittags – und immer gleich. Und immer wie exportiert (vgl. **Export** [5,6%]). Über den **Triumphator** (7,6%) zu triumphieren, ihn »niedergemacht« zu haben, bedeutet einen zweifelhaften Erfolg. Das schlöffige **Hefe Weißbier** (5,1%) bleibt besser, wo es herkommt: in der Ähre. Rauscht ein **Heller Bock** (7,2%) um die Ecke, ducken Sie sich, ziehen die Plastiktüte über den Kopf und verkleben Ihren Mund (Tesa dreilagig). Da fällt uns noch die Geschichte mit dem **Ice Beer** ein: 1 Horrortrip, der 4,9% dauert und geistige Verkrüppelung nicht unter 24 h verursacht. Sperrt's in die Ausnüchterungszelle.

Löwenbräu Neu-Ulm Hefe-Weisse 5,5%; für Löwenbrauerei Neu-Ulm, hergestellt in der Ulmer Münster Brauerei Ulm-Do. Arsenale aus Falläpfeln, falsch: aus Pferdeäpplern links und rechts der Zunge. Kein schöner Anblick. Greulicher Rülpsquotient, Schaum zuunterst plaziert. Das ist gegen die Regel. Das **Kristall-Weizen** (5,5%) macht glücklicherweise weniger Theater. Vorhang zu.

Löwenbräu Zürich Lager 4,7% Löwenbräu Zürich/Schweiz. Lehnt Schaum schankweg ab, ein schlankes Verschenkbier. Schier zu dunkel, wirkt kellerartig, rezens- und sinnlos. Knappheit an Hopfen sowohl als an Malz. Kollaps vor dem Finish. Sanker!

Löwengarten Export Hell 4,8% Brauerei Löwengarten Rorschach/Schweiz. Keusch und unbescholten in der optischen Präsentation, wild und ungezügelt im Trinkakt.

Lübzer Bock 7,0% Mecklenburgische Brauerei Lübz. Wird und wird nach neun Wochen offener Lagerung nicht und nicht pilzig, faulig, schimmlig, schlecht. Wer oder was steckt da seine Finger in die Flasche? Jedenfalls förderlicher Stabilitätsfaktor bei langen Kabinettsgesprächen und weltumstürzlerischen Geheimmeetings. Ergebnis der Zweiplusbiergespräche.

Lucifer 8,0% Brasserie Riva bzw. S. A. Dentergem/Belgien. Lohnbräu? Duvel-Imitator (siehe *Bier! Das Lexikon*), ähnlich Judas (siehe Maes Pils). Nachgegärtes, weißgelbliches, durch fadenscheinigen Schaum gedecktes, konspirativ säuernd sauendes Zeugs. Zeugwart, in die Windelwäsche damit! Das **Dentergems Wit Bier** (5,0%) bildet Fettaugen, der Schaum wischt von dannen und probiert apfelsaftaffine Hühnerbrühe, deren Kern die ätherischen Öle des belgischen Hopfenbonbons freigibt. Was weiters meldet unser Zettel? »Und kernige Hefecharakteristik. Wieder ein wahrhaftiger Belgienböller.« Wird stimmen.

Luisen-Bräu Dunkel 4,3% Gasthausbrauerei Luisen-Bräu Berlin. Berlin, die dritte Gasthausbrauerei (siehe Georgbräu Helles Pils; siehe Leopold's Brauhaus). Die Coda. Verkohltes Kastenbrot. **Hell** (4,7%): ein Topf umgekippter Aprikosenkonfitüre (ALDI Zuckerlust). Der Nachbarschaft (Charlottenburger Schloß, mächtig prächtige Kastanien und Linden) zur Unehre.

Lutèce Bière de Paris 6,4% Brasserie Faubourg Douai/ Frankreich. Exempel der qua künstliche Beatmung wieder zum Leben erweckten Sorte Bière de garde. Der stemmig stammhalterhafte, stangenhaltende Malzcorpus und die schüchterne Bittere kombinieren eine ans Ale denken lassende (Korrektor, gut geschlafen?), auf die Champagnerflasche gepfropfte Freundlichkeit. Extravagant.

Luxembourg Black Lager 95 4,8% Brasserie Reunies Lu-
xembourg/Luxemburg. Was Spezielles. Malzbierkontakte
werden ihm nachgesagt. Die Brauerei ist in keinem Fach-
buch verifiziert. Schwant uns da ein Schwindel?

M

Maccabee Beer 4,9%, Israel. Buchstabensuppe aus Zwei-E-
zwei-C-zwei-A-Bier. Tel Aviv, so ist die Leber. Aua.

Mac Queen's Nessie 7,5% Eggenberger Schloßbrauerei
Vorchdorf/Österreich. Schwierig, schwierig. Dörrhopfen
tremoliert uns die Ohren voll, vom Whiskymalz, wie auf
dem Etikett gesungen, kaum die Rede. Katzen würden
Whisky saufen. Das Pils **Hopfenkönig** (5,1%) riecht mastig-
greisenhaft, worunter unser geschätzter Hopfen leidet.
Nachpolieren.

Maes Pils 5,1% Brouwerij Alken-Maes Waarloos/Belgien.
Massenpils schlechthin – weniger hin, mehr schlecht. Weil
»doppelt kalt gefiltert«? Kalt gebäuert ham wa nich', horr-
horr. **Tourtel Malt** (0,4%) sei genannt wg. des kunstvollen
Zettels. Bestes Leerbier. Deftig kontrastiert durch den Bre-
cher **Judas** (8,5%), dessen Mousseaux sich in Ekzemge-
schwindigkeit vom Gel abhebt. Das grob alkoholisch.

Mager Ur-Hell 4,6% Brauerei Mager Pottenstein. Platt =
Flunderspeisung. Das **Märzen** (5,1%) wäre unter der Be
zeichnung »Pils« besser gefahren und nicht aufregender. Das
Dunkel (k. A.), abgehalftertes Adelsbier, strömte ungefragt
über eine 200-Kr.-Original-*Fackel*-Schenkung (Nr. 374/375,
Mai 1913). Wird nicht verziehen. Und mit dem ehrlich-ech-
ten **Pils** (4,8%) trüb begossen.

Mahr's Bräu Pilsner 4,9% Bamberger Mahr's-Bräu Gebr. Michel. Isses nicht. Schaum stottert, die Feinherbe nebensächlich. Was man als Getränk deklariert ... **Hell** (4,9%): Nanu! Sprotzeln können sie. Dessenungeachtet Zusammenbruch in großblasige(n) Löcher(n). Körper demoliert. Mürbe macht auch betrunken. Das topologische **Ungespundet hefetrüb** (5,2%) flog nach einem Schluck vor Schreck davon.

Maisacher Perle 5,3% Privatbrauerei J. Sedlmayr Maisach. Gluckerfreudiges Export. Der **Helle Bock** (7,6%) bockt zunächst, läßt sich aber aus seinen vier Wänden komplimentieren. Wer mag Socken unter Hempels Sofa knabbern?

Maisel Pils 4,7% Maisel Bräu Bamberg. Wir siedeln um. Eine **Bamberger Weisse** (5,2%) muß uns nicht über den Weg laufen; noch trauen. Zum Gefährten bestimmen wir das vier Fünftel neutrale, ein Drittel herzhaft herbe, mittagsdurstkillende **Bamberger Hell** (4,6%). Das röchelnd-bröckelnd rauchige **Kellerbier** (4,9%), anders als der knochenverkantende **Benediktiner Helle Bock** (6,7%), hakt. Knallen Sie Ihre Hauer ins gültige Diätbier, **Edelhopfen** (4,9%), und ins **Original Helles Festbier** (5,5%). Vesper ohne Reue, Behagen ohne Ende.

Maisel's Weisse Dunkel 5,4% Privatbrauerei Gebrüder Maisel Bayreuth. Schaum wühlt im Kräuterfeld und sucht nach Äquivalenzen, mannometerpetergibeinneues. Nur von Schneider abzuhängen – famos, frisch, frank, schlank und frei und immer dabei. Pour votre plus grand plaisir. Der **Weizenbock** (7,2%) bettelt vergeblich um Vergleichsmöglichkeiten.

Malaysia *Bild,* 2. Juni 1999: »Ekelhaft! Als ein Malaysier einen Schluck kühles Bier trinken wollte, bemerkte er ›etwas Fremdartiges‹ von mehreren Zentimetern Länge in seinem Glas. Es war ein fetter, vermutlich betrunkener Blutegel, der im Gerstensaft schwamm. Großer Schock, schwere Magen-verstimmung – Brauerei verklagt.«

Malz Spieler vom TSV 1860 München. Gesichtet im »Fän-seh« (F. W. Bernstein), Rückennummer 24. Vorname? Ste-fan? Helles? Wahrscheinlich: Röschtli Malz, zentraler linker Defensivangreifer. Auswechseln, Herr Lorant! Und diesen Beitrag mit.

Mammut Festbier Premium Pilsner 4,8% Mammut Ge-tränke GmbH Sangerhausen. In Glas und Beton gießen, nicht ins Glas! Gorleben, wir bedürfen deiner.

Marathon 5,0% Athenian Brewery/Griechenland. »The Greek Beer«, »Quality Beer«, »Bière de qualité«. Ein Wort ist immer falsch.

Marburger Premium Pils 5,0% Marburger Brauerei Otto Beyer GmbH. Feinherb-frostiges Imitat eines Stils, den es nicht gibt (Lex Baudrillard). Über den Spurgel des micker-rezenten **Edel-Export** (5,2%) wäre einiges zu klagen. Man sieht was von der Stadt, das Regnerische, das Schlammige und Morastige, das »Miefische von der Lahn her« (Tom Wolf). Wohl aus Fremdproduktion stammt ein zu gelungenes **Hefe-Weizen** (5,3%), welches bricht finishkonziliant zufrieden-stellend weg. Das **Hefe-Weizen Dunkel** (5,2%) »unlahnig« bittrig. Bummelweizen. Das **Alt-Marburger Schwarzbier** (5,0%) fegt Kneipen leer. Die **Kristallweizen**-Buddel brach sich in der Bahnhofsunterführung vorsorglich das Genick.

Ob die Brasserie Moortgat Breendonk/Belgien gut daran tut, für L'Abbaye Maredsous die Speckecken und Süß-kruschpeln **Maredsous 6°** (6,0%) und **8°** (8,0%) einzutop-fen? Wir verharren beim Duvel (siehe *Bier! Das Lexikon*).

Marke Scheyern Kloster-Gold 5,4%, in Lizenz durch Ha-senbräu Augsburg. Ihr Schaum verhielt sich nach Art der Schneeflocken, die auf gesalzene Fahrbahnen plumpsen. Gepfeffert der Trank – wegen prä-, ja, laut *DUDEN* empföhle sich: wegen prägustiöser oder prägustierender Schlachtwurst. Wir denken an: wegen prägustiver Darmpökelei. Allenfalls gemessen gehopft. Mehr Licht ins **Kloster-Export Dunkel** (5,4%) bringt der vierzehnte Zug, alsdann Gaumen und assistierende Sensualsektoren ihre Verrichtungen einstellten. Zuvor zuckten wir ob minimaler Schoko und luschwürziger Aromatik. Während die **Kloster-Weisse Dunkel** (5,2%) das Stück *Kohlensäurereigen in Kandismilch* gab. Danach jene Schaumbläschen, die Schmalz am Schnitzler –: heute läuft es nicht: – am Schnitzel wirft. Ärger – nun genuine Hasenbräus – wie (als?) **Weißer Hase** (5,2%), der nicht aus 'm Zauberhütl hüpfte, sondern Nähe Wegesrand lagerte, plattgewalzt. (Metaphorik nachbessern.) Lassen Sie's links liegen. Dito **Fortuna Hefeweizen** (5,2%). Und das **Hell** (5,0%) – nach wiedergekäutem Hopfen? Kannste keinem Hasen geben.

Markgrafenbräu Pilsener 4,7% E. Winkels KG Karlsruhe. Nein.

Märkisches Urbräu 5,6% Brauerei Dessow. Anwärter auf den Titel des Müllenniumsbiers.

Marshall, Tony »Und sind auch Sorgen da, die hat ein jeder ja. / Wir wollen ganz zufrieden sein und trinken Bier und Schnaps und Wein.« Stille. Pause. Ja, der Seuchenschädel spricht. Hat das unser Bier verdient? Nein. Werner Hahn (in: Siegmund Helms [Hg.]: *Schlager in Deutschland,* Wiesbaden 1972) kommentiert: »Das ist kaum noch zu überbietende Stimmungsmache. [...] Das befreite Lachen im Erlebnis der Freude gerinnt aus der Perspektive der Mainzelmännchen zum verzerrenden Gekicher, wenn es sich der vermeintlichen Gefühls- und Sprachwelt der Backfische verpflichtet fühlt.« Genau. Und das »trinitarische Aufgebot zur Bewußtseinstrübung« führt in den Getränkefaschismus. Wenigstens vermacht uns Leser Theo Bachteler Paul Kuhns Eversingle »Bier, Bier, Bier ist die Seele vom Klavier / Es gibt kein Bier auf Hawaii« (Columbia o. J.). Deren Cover zeigt den Genialen am Piano, und das Musikgerät belagern ungelogen dreißig Flaschen/Gläser **Hansa Pilsener**. Die Neufassung für die CD *Javalins Beat* (Bear Family Records 1994) blieb trocken. Tempi passati.

Marston's Pedigree Bitter 4,5% Thompson & Evershed Burton-upon-Trent/Großbritannien. Überall belobigt, hier beleidigt: sauer wie Runzelorangen, hell wie Neonlicht, spitz wie Reißzwecken: Pale Ale in der Defensive. Erniedrigende Gegentreffer zum Schluß. Kein Mundefutter.

Martini Meister Pilsener 5,1% Martini-Brauerei Kassel. Geringfügig vollwertkörniger als sein Partner in crime **Nörten Hardenberger Pils** (4,8%), welcher – füllhörnig schäumend, der Körper hat die Pantoffeln an – kaum durch die Tür paßt, die sich öffnet zum Reich bewußt- und sprachloser Fixverdauung. **Heller Urtyp** (4,8%): ein Mastprogramm für die Bierwüste Nordhessen, wo das schlüssig schlanke **Weissbier Hell** (5,2%) und das verflucht schwarze, angereizte, körperlich ragende **Weissbier Dunkel** (5,2%), tippen wir, nicht entsteht. Sonst klappt keine Logik mehr. Zumal das **Weissbier Kristallklar** (5,2%) seine Kumpel sogar um 0,3 cm Schaum und 1,4 Obergärigkeiten überschwappt. Unter *der* Latte kann das frühkirschrote **Winterbier** (5,6%) nur feinst verbittert einhertändeln.

Martins Gans-Bier 4,9% Martinsbräu Marktheidenfeld. »Martins Gans-Bier, das Bier mit der Gans. Ganz frisch, ganz spritzig, ganz anders.« Ergänzen? Gans ausgeschlozzen.

Maruhn Premium Pils 4,8% Maruhn Getränkemarkt Darmstadt. Einen irren Zinnober veranstaltet das größte Biergeschäft der Welt um den stillen Erzeuger. Im Gebinde schlummert, schätzen wir, Binding. Daher.

Maternus Premium Pilsener 4,8% Brauerei Tivoli Düsseldorf. Wer immer ihr seid: Im ALDI Meiningen führt ihr eure

Vorstellung auf, und darob forkeln wir euch an den Äquator.
Euer **Altmeister frisch-würziges Alt** (4,8%) hauen wir euch
währenddessen um die Ohren. Ein Schauspiel wird das.

Maxlrainer Lagerbier 4,8% Schloßbrauerei Maxlrain. Getrunken für die Wertung.

Mayener Pils 4,7% Privatbrauerei Max Graessl Löwenbrauerei Mayen. Abstoßende Bittersäure (so ungefähr), die
sich peu à peu an der Halswand festkrallt. Wir machen uns
gleich in die Hose.

Mayer's Pilsener Premium 4,7% Privatbrauerei Gebr.
Mayer Oggersheim. Ausnehmend fruchtig, tropisch. Greift
nach den Sternen und dem Herzen. Deftig mostig, der Wein-
region ein Vorschlag, das **Festbier** (5,1%), das **150er Black
& Dry** (4,7%) wäre in einem Atemzug mit Köstritz zu nennen. Die Kontrolle hat man, scheint's, verloren beim **Stamm-
haus-Bier Export Urtyp** (5,1%), dem **Keller Bier** (4,7%)
muß man die Hopfenbrocken einzeln aus der Hefenase popeln, und der **Halali Edelbock** starb den frühzeitigen Tod
durch Ermüdungsbrüche an Hopfenkopf und Malzbecken.

McEwan's Export 5,0% Scottish & Newcastle Breweries
Edinburgh/Großbritannien. Dem Bierfummler fällt bei
Scottish Ale als erstes »Torfrauch« (Michael Jackson) ein.
Blödsinn. »India Pale Ale« steht drauf, drin ist, dem Mais sei
Undank, die dunkle Ausgabe von US-Bud.

Meckatzer Pils 4,8% Löwenbräu Heimenkirch-Meckatz.
Riecht angenehm und hält, was es nicht verspricht: ein krei-
selndes »Genußerlebnis«. Volle Flasche voraus! Pepsifarben,
sauerampfisch das **Urweizen** (5,2%), die pauswangige Birne
kreischt im Finish. Au Backe. Ob es ein helles **Weizen**
(5,2%) geben muß? Aus Versehen geklaut und mit an den
Pranger gestellt: **Leichtes Helles** (2,9%). Plus etwas, was sie
Weiss-Gold (5,2%) nennen. Breitet die Alufolie des Schwei-
gens übers zweitschlechteste Kristall der Milchstraße.

Mecklenburger Landbier 5,1% Schweriner Schloßbrauerei. Ohne rechten Zug, der damit demnächst abgefahren sein dürfte.

Meerrettich Eine Abart Nationalspeise der bayerischen Minderheit in Mitteleuropa. Gehört aufs Graubrot. Deshalb müßte er, der M., nicht unters Bier. Den Reinheitshütern südlich des Mains ist's Wurscht. Die Lehrbrauerei Doemens stellt für die »Disco-Generation«, berichtete die *Fränkische Landeszeitung* (11. Oktober 1997), den »Meerrettich-Trunk« **Wasabi** her (die Berliner Bier-Company soll auch mitmischen), der »grün« sei und »einen« – ja mei – »scharfen Nachgeschmack hat« – »rinnt bisher aber nur durch japanische Kehlen.« (siehe auch Tokio-Szene) Darf so bleiben.

Meinel Pils 5,2% Meinel-Bräu Hof. Gelb wie Gerste, herb wie Hopfen. Kongruent. Des **Lager Hells** (4,6%) Maststich macht bei uns keinen. Die reichhaltige Orchestrierung vom hellen **Hefe-Weizen** (5,1%; gebraut durch Weißes Brauhaus Neunburg) liegt uns lieblich, bitzig und spritzig, stichelnd und hänselnd in den Lauschern. Wenn Ohren trinken könnten, würden sie Kränze reden, und das Buch käme nie zum Abschluß.

Meissner Schwerter German Porter 5,8% Schwerter Brauerei Wohlers Meissen. Deutschland den Deutschländerwürsten! Schwerter zu Schubkarren!

Meister Vollbier 4,8% Brauerei Meister Unterzaunsbach. Meistervoll. Daher geheißen Vollbier. Volle Schaumkelle, volle Malzröhre, voller Hopfentopf. Beiß doch rein. Sich schreiben muß es, den Germanisten zur Seelenruh', einein deutig »meisterhaft«.

Memminger Gaugraf Silach 5,7% Bürger- & Engelbräu Memmingen. Dem Memminger, was wabert ihm durch die Glomme: eingefleischter Hirnwahn, lausige Rückwärtsgesinnung und ein Drink, der jeder Nervenzelle einzeln die

Signale des Mißmuts meldet. Eine »hochexplosive Ladung
B&E-Biere« hatte Albert Hefele annonciert. Zum **Welfen-
Pils** (5,0%) wäre Ungehöriges bekanntzugeben, schöben
nicht die sprichwörtlichen Memminger Strafkammern pro-
phylaktisch einen Riegel vor. Am ertragreichsten das **Gold
Export** (5,3%). Kann die Wunde jedoch nicht schließen.

Meusel Hell 4,6% Meusel-Bräu Dreuschendorf. Pröckelnd.
Mehr Erklärungsbedarf? Nö. Das **Pilsener** (4,8%) sieht die
Sonne nicht. **Märzen-Spezial** (5,4%): keine Leuchte, **Fest-
bier** (5,5%): ein fehlerhafter Traum, der **Kellertrunk** (4,8%)
ist zu handhaben und der **Bock-Dunkel** (7,5%) endlich die
Notbremse. Der Duft der kleinen, engen Welt. Unser Obo-
lus: »Mischkasten bei mehr als 2 Sorten bis max. 4 Sorten 1,–
DM Aufpreis.«

Michelsbräu Export 5,4% Privatbrauerei Michelsbräu Ba-
benhausen. Verdient für seine Nachlässigkeit in allen Momenten des Trinkaktes jeweils einen Satz heiße Ohren. Die
Hände haben wir nicht.

Michelstädter Pilsener 4,8% Privat-Brauerei Dörr Michel-
stadt. »Herr Wirt, einen frischen Trunk!« (Joseph von Ei-
chendorff: *Wanderlied der Prager Studenten*) Da wir
»nachts [...] durchs Städtlein schweifen« (ebd.) und 's Be-
gehr ans Fräulein schmerzlich weisen, da wir drängend um
Geneigtheit bitten würden, da am Fenster, weit geöffnet, wir
des Waldhorns Kunde gern vernähmen, da wir, stur und
schwach, uns dehnten nach Erwiderung und Glück; da wir
uns verzehren und Opfer mächtig brächten dar; da wir wollten, es wäre so, wie wir es wünschten, da trinken wir halt mal
ein M.

Michelstädter Rathausbräu Pils 5,3% Hausbrauerei Michelstädter Rathausbräu. Gischt, halte ein! Stop! Ist ja gut!
Wir glauben, daß du steigen kannst! Du möchtest doch bestimmt, wir berichteten von deinem Brüderchen, über das du
schützend deine zornige Fracht stülpst – »deine schützende

Hand hältst« können wir schlecht schreiben. Möchtest du nicht? (Unter uns Lesern: Mehrere dieser Gasthausbräus, und wir nehmen alles diesbezüglich Geäußerte zurück.) Bierkäufer Uli Straub, aufgesammelt an der A 67, müssen wir ooch noch bezahlen. Leicht lebt sich das Leben nicht.

Millennium So schnell kann's gehen. »Ich saß mit Freunden beim Bier«, beichtete Medizintechniker Walter Süß der *BamS* (28. Februar 1999), und schon schoß die Scheiße in den Kopf: »Da hatte ich den Einfall, mir die Jahrtausendwende als Marke schützen zu lassen.« Über dreißig Artikel tragen das Emblem »Millennium 2000«. Flink schnitt ihn die Brauerei Hoepfner und sicherte sich das Logo **Jahrtausend-Bier** (siehe Ayinger Bräu Hell; siehe Hoepfner Pilsner) – »Preis für die mengenmäßig limitierte Jubiläumsbuddel: um die 100 Mark«. Die Brauerei Iserlohn konterte und versprach, ein **Pils 2000** zu quirlen. »Das Bier«, erklärte Geschäftsführer Michael Jochheim, »ist etwas ganz Außergewöhnliches, denn jedes Jahr werden wir es im Geschmack verändern.« Nun wißt ihr, warum wir eure Standardware nicht rezensieren.

Mittenwalder Edel Märzen 5,1% Brauerei Mittenwald. Wo verblieb die Würze? Die Fässer vertauscht? Brauer neben dem Käppi? Dessen **Josefi Bock Dunkel** (6,5%) ein wahrer Knüppelbock. Arm, solch Geprotze. Hoch hinaus will das **Vollbier Hell** (4,7%). In der Zugspitzbahn gustiert, ermittelten wir: zweifellos »das Bier aus Deutschlands höchstgelegener Privatbrauerei«, und tief ist der Fall gelagert: Hopfen 3 NN, Körper 14 NN, Rezens 38 UN. Angesichts des **Berg Gold Export** (5,2%) mußten wir das Ansinnen der Hopfenmaid, »seine Werdenfelser Heirat« zu exekutieren, abschlägig bescheiden.

Mohren Spezial 5,6% Mohrenbrauerei A. Huber Dornbirn/Österreich. Hat seine Schuldigkeit bereits nach der stimmigen Schaumvorführung getan. Jener Pfiff Hopfen, dessen das **Pfiff** (4,9%) enträt, setzt dem **Export** (5,0%) die bitter blitzende Bommel auf. Beim Dunkelbier **Gambrinus** (4,8%) mochte man nicht mehr kärrnern und erteilte dem Schutzpatron die Order. Und weil der weltweit schuften muß, hat er nur mit Farbmalz gewedelt und die Palme einem anderen überlassen.

Mönchsambacher Export naturtrüb 5,2% Privatbrauerei Zehendner Mönchsambach. Die Natur braut mit. Und was die Natur richtig anpackt, das, na ja, ist dann halt der Himmel – dreigeteilt. Friedlich koexistieren das Walhalla der **Lagerbier-naturtrüb**-5,5%-Addicts und das All der **Hefe-Weizen**-5,5%-Süchtigen. Flaschen, Freunde, seid umschlungen!

Mönchs Gold Märzen 5,0%, für Hofer KG, den ALDI Österreichs. Lassen Sie uns auf andere Gedanken kommen.

Mond-Bier Idee der Schweiz-Appenzeller Brogli und Bänziger. 1997 vergaben sie die ersten Lizenzen nach Wünschelrutendeutschland, zwei nach Bayern, vier nach Baden-Württemberg, wo verwarzte Alternativkreise den Schmu ums »Bio« bereicherten. Klaus Wittmann nennt das »Bio-Vollmond-Bier« »eine neue Kostbarkeit« *(taz,* 5. Juni 1997) und zitiert den schlauen Rettenberger Brauereibesitzer Herbert Zötler: »Es sind ganz bestimmte Rohstoffe, eine bestimmte Hefe.« Heinrich Goetz von der Binger Lamm Bräu hingegen hat kühlen Kopf behalten. Zwar maischt er für sein **Vollmond Bier** (5,0%; 0,33-l-BV; siehe auch Bioland Pilsner) artig unter Vollmondbelichtung, doch verhökern tut er's, inkl. trendy Bierfilzen, tagsüber. »Es gibt jede Menge Esoteriker«, verriet er der *Südwestpresse* (31. Mai 1997), »die sowieso unser Bier kaufen.« Den Schaum können sie begraben, Bläschen für Bläschen, den netten Fruchtzuschnitt und den kreglen Hopfen werden die Vollarschgesichter ohnehin nicht registrieren.

Monheimer Alt Monheimer Brauerei Peters & Bambeck. Auch: »Das Brauhaus Alt«. Tiefroter Glanz, sanftmütiges Hopfenallroundmanagement, wendiger Abgang, pelzweich zuvorkommend. Wer M. in *Peters Brauhaus* (Düsseldorf, Kasernenstraße 1) trinkt, schaut als Bonus schöne Frauen und darf sich per Hausgazette *Peters Brauhauspost* 2/1997 handfeste Histörchen vorschnarren lassen – z. B., was Heinrich Heine aß und wie er zum M. gestanden, wäre wenn und wieso nicht. Sind wir ehrlich, haben wir vom **Monheimer Kräusen-Pils** keinen Dunst.

Moninger Pilsener 4,9% Brauhaus Grünwinkel Brauerei Moninger Karlsruhe. Scheint dies bereits erschütternd unvermögend, war übers **Export** (5,2%) und das **Pilsener Extra Dry** (4,9%) gar kein Schwafeln möglich. Ein Stopfen das **Dunkle Weizen** (5,0%). Das, wir wollen undeutlicher werden, stümperhafte **Hefe Weizen** (5,0%) tastet sich in Biernähe vor. Während es die, keine Kunst, Steigerung **Kristall Weizen** (5,0%) mit Hariboabrieb probiert, richtet das **Weihnachts-Bier** (5,6%) aus: Gut ist nicht gut genug. Eingekochtes Clubdiesel der **Bertold Bock dunkel** (6,7%), indes **ABaDu** (4,4%; »dunkel in der Farbe, aber nicht stark«) ein Scherz sein soll. Der gelingt angesichts der erbrechungswürdigen Lizenznehmer **Rössel Pils** (4,7%) und **Rössel Export** (4,7%). Flaschen, R. I. P., werdet wiederverwertet.

Moosehead Canadian Lager 5,0% Moosehead Breweries Saint John New Brunswick/Kanada. Von »grasig-hefig« keine Flagge. Schuppig, faltig, zahnlos Farne mampfend. Schaum negativ. Saccharinhaltiges, stärkeklebriges Mooswasser. Werter Leser: Nicht die Flinte ins Fichtenwäldchen werfen, es sollen genehmere Haussorten erhältlich sein.

Moravia Pils 4,8% Lüneburger Kronen-Brauerei. Theodor W. Adorno (Binding) schreibt in *Minima Moravia* (Frankfurt/Main 1951): »Noch der Schaum, der blüht, lügt in dem Augenblick, in welchem man sein Knistern ohne den Schatten des Entsetzens wahrnimmt; noch das unschuldige Wie schön wird zur Ausrede für die Schmach, nicht als Bier geboren worden zu sein, und es ist keine Schönheit und kein Trost mehr außer in dem Blick, der aufs Grauen, das Mora-

via, geht, ihm standhält und im ungemilderten Bewußtsein
der Negativität die Möglichkeit des Besseren festhält. Welche sich erfüllte in einem frischen kleinen Moravia, einem
Ding der Unmöglichkeit, einem Ding nicht von dieser Welt.
Denn gut Ding will, wie es der Volksbiermund in ungeschmälertem Gespür für die richtige Maß kündet, Weile haben – und kein der Wahrheit verpflichteter Pilstrinker bei
diesem bedauernswert unbegehrenswerten Schlunz verweilen. Soll mich doch der Papst ins Knie ficken!«

Moritz Fiege Gründer-Hell 5,1% Privatbrauerei Moritz
Fiege Bochum. Wer sein Bier in einem als Fachwerkhaus gestalteten hölzernen Sixpack-Träger anbietet, dem »Fiege-
häuschen«, der tickt hier oben nicht mehr sauber.

Morland »Old Speckled Hen« 5,2% Morland Place Abing-
don/Großbritannien. Blasenwurf und Spinnwebenzucht.
Farbe gedämpften Lavaströmen nachempfunden. Selbst für
ein Strong Ale zu intim mit der Leberwurst und dem Dörr-
obstkorb.

Mort Subite Kriek 4,3% Brasserie De Keersmaeker Asse/
Belgien. Die sinnreichste Form, Getreide und Sauerkirschen
unter einem Dach zu betten. Allerdings gerät das M. matter
und weniger sauer als gewöhnlich, die durch Fruchtzucker-
zweitgärung temperierte Süße liegt flach. Wir knobeln noch,
ob die ständige Vertretung belgischer Lambics demnächst in
der Kriekstraße oder in den **Gueuze**-Tempeln (4,3%) zu finden sein wird, wo man die braungelbe Spätlese aus den Fäs-
sern kratzt und bis zum herben Abgang schmatzt.

Müllerbräu Gold Export 5,5% Müllerbräu Pfaffenhofen.
Von kulanter Harmlosigkeit. Minimale Politurbeimengung?
Zum **Premium Altbayrisch Hell** (5,0%) möchten wir uns
aus juristischen Gründen nicht näher erklären. Seinen Ruhm
verdient das **Weizen Export** (5,5%): geringe Süße, törichte
Schärfe, im Abtrunk wie nikotinfreie Zigarren. Wer jetzt?
München?

München Ein Beispiel unter vielen. Monopolbildung, Braubarbarei. Die *Frankfurter Rundschau* (4. Oktober 1997) faßt zusammen, daß a) das Münchner Oktoberfest (siehe Oktoberfest) »teures Bier und rammelvolle Buden« bedeute, b) Asien nicht zurückstehen und -schrecken will und Oktoberfestivitäten in Peking und Shanghai aufzäumt (siehe Tokio-Szene), c) das Haus Paulaner plant, »Erlebniswelten« aus dem Boden zu stampfen, »um sich gegen den Trend sinkenden Gerstensaft-Konsums zu stemmen«, d) »Aktionen mit Lockvogelangeboten« indes abgelehnt würden und e) die Fusion der Brauereien Spaten-Franziskaner und Löwenbräu die »große Münchner Lösung« verhindert habe, einen Coup, der f) vorsah, »für 700 Millionen Mark gemeinsam eine Braustätte vor den Toren der Isarmetropole zu errichten«; g) »schluckte« Paulaner bereits 1996 Thurn und Taxis (Regensburg) und ziehe in Erwägung, ob man h) »enger mit der neuformierten Reichelbräu« (siehe Kulmbacher Edelherb Premium Pils; siehe Fernsehen, Bier und) klüngeln und schummeln solle; i) und letztens nahm Paulaner dessenungeachtet 1997 568 Millionen Mark ein. »400 Millionen steuerte der Gerstensaft dazu bei.« Kapitalismus ist ungerecht.

N

Nachtwächter Das erste, am frühen Morgen dem müden Zapfhahn (siehe auch Pepys, Samuel) unter gutem Zureden abgeschwatzte Glas, das sich in der Leitung zur Ruhe gelegt hatte und, meint Herr Weber (Kronach), als »abgestanden« gelten muß. Vulgo Bier mit durchgestandenen langen Lügenfüßen und Käsestangen. Kann jemand diesen Text aufräumen?

Nankendorfer Bier 5,2% Brauerei Zum Weissen Lamm Schroll Nankendorf. Den fränkischen Resopalcharme aufs

Dunkle poliert. Brautag: Samstag in acht Tagen. Wer sich
dann nicht der Großdemonstration für eine staatliche Erhal-
tungsgarantie gegenüber der »Privaten Kleinbrauerei« an-
schließt, fliegt raus aus unserem Buch.

Nankendorfer Polster Bräu Weisse Hell 4,9% Polster
GmbH Nankendorf, lohngebraut seit fünfundzwanzig Jahren. Schmerz, laß nach.

Nassauer Traditions Pilsner 4,7% Nassauische Privatbrauerei Hahnstätten. Galaktischer Hopfen, granatengeiles
Bukett, beinahe geschlagen vom extrageherbten Pils **Ora-
niensteiner** (4,6%), um Längen unterboten durchs milchige
Zwickel **Kellerpils** (4,7%). Für ihr **Klassisch Alt** (4,8%)
mühten sich die Brauer abermals enorm. Mit euch gehen wir
einen »heben«.

Nette Edel Pils 4,8% Brauerei zur Nette Weißenthurm
(wohl Königsbacher). Recht rauhes Zentrum, aber gockeln-
des (nicht krächzendes) Hopfenfinish und ein funktionie-
render Schaumfestiger. Kann in der Disko bei Bedarf »ziehen«.

Neumarkter Lammsbräu Schwarze 5,1% Neumarkter
Lammsbräu. Knapp vor der Deadline reingerutscht. Wir waren angenehm enttäuscht. Mußten wir nicht mehr nachdenken. Daß kommen wird ein **Dinkel**, rechnen wir dem immer
spinnerteren Ökogehippel zu, welches bereits das **Dinkel**
(5,0%) der Ochsenbräu Gebr. Schlauberger, sorry: Schlum-
berger Nattheim erwirkte.

Neunhofer Pils 4,9% Brauerei Goldene Krone J. Wiethaler
Lauf-Neunhof. Rieselnd und perlend, der Malzkörper liegt
grunzend in der Sonne, unzählige Farbpartikel (Bierpig-
mente) flüchten ins Schattenreich, der Hopfen rackert den
Umständen entsprechend hart und umsonst. Plakativ und
erfolgreich das **Vollbier Hell** (4,8%), bis zum Ortsausgang.
Am Schaum des **Landbier Export** (4,9%) schraubt man

noch, die Karosserie macht mit dem gewählten Dunkelrot eine gute Figur. Die **Wiethaler Weisse** (5,4%) stellt Einverständnis zwischen Rezens, Obst und Malz her. Friedliches Bier schmeckt immer.

9springe Dunkel 5,2% Brauerei Neunspringe Worbis. Im rußigen Flüssigkeitskegel warten ein weicher, voller Antrunk, ein sämiger Körper und eine rachenraumfüllende Malzgarnitur auf ihre Abholung.

New Angel 4,9% Crailsheimer Engelbräu G. Fach. Der Engel der Geschichte saust rückwärts, das Trümmerfeld ausgebreitet vor seinen Augen, die Flügel flattern hilflos, da alles nur Versprechen war: die »himmlische Extraklasse«. Wer Erlösung erhofft durch den **Dark Angel** (5,2%), schaut den Fürsten der Finsternis, die heißt: »Trend zum Schwarzbier«. Man blickt dem Nichts ins Antlitz.

Night-Beer Hat der *stern* (23/1997) entdeckt. N. »wird nachts gemacht«. Soso, nachts. In jener Nacht, »worin, wie man zu sagen pflegt, alle Esel schwarz sind« (Hegel). (siehe natürlich auch Mond-Bier)

Nudelnüchtern »Den Gerstensaft zu meiden; / Man büßets mit dem Tod. // Mit ein paar lausigen Dichtern / Traf man beim sauren Bier euch an, / Versteht sich, nudelnüchtern, / Wohl auf der Kugelbahn.« Darin – Eduard Mörike: *Des Schloßküpers Geister zu Tübingen – Ballade, beim Weine zu trinken* – lungert Wahrheit.

O

OB Beer 4,5% Oriental Brewery Seoul/Südkorea. Nein, kein Gips, zu flüssig. Behandlungskosten übernimmt die Kasse.

Oberbräu Urtyp Hell 5,0% Privatbrauerei Oberbräu Holzkirchen. Stallgebräu. Dröhnt – wie jeder Gärstoff – »after a while« (Ian Gillan). Null Schimmer erweckten das **Holzkirchner Gold Export Hell** (5,5%) und die **Weisse Hell** (5,2%). Darauf einen Grünhorst Tomatensaft pur.

Oberndorfer Premium Pilsener 4,5% Oberndorfer Privat-Brauerei Graf-Eder. Tut niemandem weh. Wenn wir nicht völlig auf den Hund gekommen sind, erschnüffelten und witterten wir im **Privat** (4,9%) eine Art Verwesungsgeruch. Das **Edel-Weizen Kristallklar** (5,4%) geriet tapetenkleisterspritzig, das **Edel-Weizen hefetrüb dunkel** (5,4%) abwegig. Das **Edel-Weizen hefetrüb hell** (5,4%) rührt evtl. von wurmstichigem Weizen. Das ideale Sortiment für die schönen Stunden der schlechten Laune.

Oechsner Premium Pils 4,9% Brauerei Oechsner Ochsenfurt. Zurufe: »Chips!« »Zwiebelringe!« Altbackene Walnuß? Wer »Premium« hört, hört richtig. Mit der Gemüseraspel sind sie übers **Märzen Export** (5,5%) gegangen. Wummsiges Volumen. Buttrigkeit. **Schwarzbier Premiumklasse** (5,0%) eine Kreisklasse für sich. Im Gaumenbezirk wie makelhaft. Zahllose Anstreichungen am Rande des hellen **Weißbiers** (5,2%): Schauminterpunktion befriedigend, mangelhafter Körper, Ausdrucksschwächen bei der Fruchtlinienführung, respektlose Rezens, schlechtes Betragen (Schmaukenwolken). Thema verfehlt.

Ohne Filter (4,6%) von der Meininger Privatbrauerei
wurde 1997 abgefrühstückt. Neu anzubieten hätten wir: das
bedenklich mürrische **Lager Gold Urhell** (4,6%), das
ruinöse **Landsberg-Bräu** (5,2%), ein Bier, das sich **Frisches
Pilsener** (4,9%) nennt, und eins, das als **Premium Pilsener**
(5,0%) firmiert, eine haltbare Mineralquelle; ein **Gold-Ur-
hell** (4,7%), Schnapswasser mit dem blödesten Nachtrunk
dieser Breiten; einen, wenn die Blase schon mal in Betrieb ist,
kümmerlich überwürzigen **Hellen Bock** (6,3%) und das
Marke Ahoi Wosinge Carnevalsbier (4,9%), das eine 1938
von tollkühnen Karnevalisten vollbrachte Tat feiert: hinten
»Trinktip« anläßlich der Wasinger »Pilswoche« (»Ich will
noch mehr!«), vorne massig Text zu 38, nochmals hinten:
»Kein Tag ohne Aktion.«
Wir meinen: zuviel des Schlechten. Aussortieren, Sortiment
entstalinisieren.

Oktoberfest »Schon vier Tage vor Eröffnung des Münchner
Oktoberfestes«, meldete die *Fränkische Landeszeitung* am
17. September 1997, »hatte das Großereignis drastische Auswirkungen auf den Straßenverkehr. Ein Lastwagen mit 900
Kästen Festbier geriet bei Neufahrn auf der Autobahn ins
Schleudern und kippte um.«
Der Anblick war erhaben. Milliarden und Aberbillionen
Scherben pflasterten den Asphalt. Folge: Totalsperrung.
Ende, Sauerbraten. Doch der als gemütvoll geltende, in seinen gewichsten Karossen ob der unvorhersehbaren Verzö-
gerung gleichwohl furchtlos mosernde Bayer gab sich nicht
geschlagen. Er organisierte flugs neues Bier, und bereits am
ersten Festtag räumte er auf der Theresienwiese 800.000 Liter des exklusiv von Münchner Brauereien gefertigten Bräus
(das Landgericht München I bestätigte 13,5% Stammwürze)
weg. Des woar a »Gaudi«, »Bier, Busen, Brezn« (*Bild*, 22.
September 1997).
Bis zum 5. Oktober 1997 dauerte das 187. Oktoberfest. Wie
es da zuging, weiß man, ohne präsent gewesen zu sein. Denn
an Münchner Kiosken war lange vor Faßanstich, dem – seit
1950 – »O'zapft«-Prozedere, *Wies'n – Das offizielle Maga-*

zin zum Oktoberfest käuflich zu erwerben, ein 5 Mark teures DIN-A5-Heft, das von wahrlich abgründiger Verblasen-
heit kündet.
1995 hatten die Veranstalter beschlossen, die Wies'n »offiziell« zu vermarkten, mit »Logo«, logisch. Und mit besag-
tem Pressestiefel. Weil Münchens Bürgermeister eigentlich
ein Oktoberbürgerbiermeister ist, richtete auch Christian
Ude sein Grußwort an die nervös von einem Raucherbein
auf das andere tretenden Kampftrinker. 6,9 Millionen Besucher feierte er a priori; über 650.000 Brathendl; Myriaden
Tonnen Steckerlfische; 5,1 Millionen Maß; und 85 Ochsen.
Und noch bricht niemand.
Der Ochse, lesen wir, »dreht durch«, während er an der
»Dampf-Lokomobile« hängt. Der Münchner liebt es ab ovo
extravagant. Einfache Wörter sind ihm zuwider. Alles nennt
er nicht zu toppend »Schmankerl« – »Vergnügen« klänge glatt
zu medioker, zu wenig traditionsbehaftet und -beladen, zu
abgeklärt. Dampfen muß die Bierzeltchose, die Birne schwillt,
das Geschrei findet kein Ende; des weiteren »Trachtenzüge«,
»Folklore-Botschafter«, »über hundert Rassepferde, Ochsen,
Kühe, Ziegen«, »Münchner Kindl zu Pferde«, und »beim
Wies'n-Rundgang darf auf gar keinen Fall der Andenken-
Kauf fehlen«, wär' ja die Höhe. »Später, zur zweiten Maß,
gönnen Sie sich dann ein halbes Hendl oder eine Schweins-
haxe oder Schweinswürstel mit Sauerkraut oder einen Gänse-
braten« – oder auf einen Schlag. Befehl ist Befehl.
Wies'n und das dazugehörige Werbepapier: o wundersamer
Mehrfachmist und -schwachsinn. Da gibt es »Spanferkel in
Malzbier«, »im Käferzelt trifft man alles, was Rang und Namen hat, hier haben Gerd und Michael Käfer eine wirklich
schöne Idylle im Landhausstil geschaffen«, claro. Festwirts-
familie Schottenhamel zieht »Riesen-Truthahnkeulen aus
dem Ofen«, und es kreist die Rundfahrgerätschaft resp. das
»Hochfahrgeschäft« »Sombrero« – »familienfreundliche Va-
riation des Polypen« – über den Bierschädeln; nicht zu
leugnen das »Galactron-Space-Center« und die »Gaudi-
Schützen«, eine elektronische Schießgewehrvorrichtung
»mit einer sehr gelungenen bayerischen Aufmachung«.

On top of the Quark gibt OB Ude seinen süßen Senf dazu. Die Wies'n sei »trotz aller Neuerungen geblieben, was sie immer war«, und das freut den SPD-Tycoon, nämlich »Volks-Fest im besten Sinne des Wortes«. Nicht, daß man es mit einem »Sumpf bodenlosen Geschwätzes« (Leo Kofler) zu tun habe; nein, Anstich-Ude schraubt die Phrase ins höchste Nichts und landet dort, wo sie samt und sonders landen: auf der Schnauze und der Schnapsleichennase, »verwurzelt und gewachsen in bodenständigem Brauchtum«. »Er ist halt ein Profi«, lobte Stoiber laut *BamS* (21. September 1997) den Arbeiterkämpfer.

255 Schausteller, 690 Betriebe, 14 Bierzelte, 100.000 Sitzplätze, 66 Seiten *Wies'n-Magazin*: ein abscheuliches Universum. 1810 nahm die Eskapade erstmals ihren Lauf, weil Kronprinz Ludwig die Prinzessin Therese von Sachsen-Hildburghausen heiratete. Man stellte Pferde und später »einen afrikanischen Volksstamm« zur Schau, »der 2. Weltkrieg zwingt die Wies'n zu einer Zwangspause«. Heutzutage zwingen sich Hergereiste und einheimische Bollerdeppen zur Ungezwungenheit. »Spaß an jedem Tisch, in jeder Box« verspricht Spatens »Hippodrom«, »man singt Nationalhymnen genauso wie aktuelle Schlager«, die »Musi« brummt, wenn »der ›Funke‹ überspringt«, der Volkskörper bebt – und stürzt irgendwann endlich satt und prall darnieder.

Wie gesagt, wir wissen's nicht aus eigener Anschauung. Wir wissen bloß, daß »Gemütlichkeit« und »Barbarei« nirgendwo sonst ähnlich stramm am Leben sich erhalten – wo selbst die Schweinshaxn zur Tortur gerät, »die Schwarte« nämlich, weiß man auf der Wies'n, »muß beim Hineinbeißen krachen!« Donnerbalken ahoi!

PS: »Daß es den Münchnern bzw. den Bayern mit dem Reinheitsgebot nicht nur bierernst ist, sondern es sich um eine staatliche Grundfeste handelt, läßt sich daran erkennen, daß Bayern 1919 der Weimarer Republik erst dann beitrat, als das Reinheitsgebot im Reichsbiersteuergesetz verankert war. [...] Freiheit, Kirche und Bier gehören seit jeher zu den Grundfesten des Freistaates Bayern.« Was »Die Bayern« (D. Sch.-Marmel.) nicht daran hinderte, während der Wies'n gegen Schalke nur einseins zu spielen. Diagnose *Thüringer Landes-Zeitung* (27. September 1997): »Beim ›Wies'n-Hit‹ fehlt Stammwürze.«

OL OL Schwarzbach. Zeichner. Trefflicher Zeichner. Exzellenter Zeichner. Besonders bierbetrunkene Stumpfköppe versteht er ins Bild zu setzen. Oft heißen die Jürgen.

Old Nick Young's Barley Wine 6,8% Young & Ram Brewery London/Großbritannien. Keinen Honorarpakt mit dem zum Markenzeichen avancierten Teufel schließt, wer sich das gesundheitsfördernde Starkale verpaßt. Nachhaltig gründelt O. im Refugium des Portweins, wiewohl nicht zu schwerkräftig, kakaoig und kupfer-mahagonifarben, dauerhaft bitter sein Finish. Das betulich malzende **Ramrod Pale Ale** (4,8%) ist recht.

Operator 7,0% Schloßbrauerei Odelzhausen. Musterfall der Vermählung zwischen sog. Kultur und Bierbetrieb. Der O. lief erstmals 1963 »zur Eröffnung des 1963 wiederaufgebauten Münchner Nationaltheaters« vom Band. Wir müssen uns überwinden, um zu konzedieren, daß er – heiliger Strohsack! – einen selten optimalen dunklen Doppelbock vorstellt. Mundial und geruchsmental derart fehlerfrei, daß drei Halbe später die Oper und das ganze Theatergeschrotte nicht länger nerven.

Original Büchenbacher Beck'n Bier 4,6% Brauerei Herold Pegnitz-Büchenbach. Schweflig dunkel, astrein. Reserviert der stecknadelkopfgroßen Gasthausbrauerei einen Ehrenplatz im linken hinteren Gehirnschwamm.

Original »Quöllfrisch« 4,8% Brauerei Locher Appenzell/Schweiz. Kein ausgefallenes Zwickel. Riecht appetitlich, ist dominant biergelb, wurde solide fruchtverbraut, falls es das gibt. Von der »quicklebendigen Hefe« merkten wir weniger. Im Rahmen des »CoopNATURAplans« will Locher der Kundschaft »naturtrüb«, »biologisch« und, kaum

zu fassen, »alkoholhaltig« kommen – wobei das **Bio Bier**
(5,2%) spielend die dämmrigsten Regungen evoziert; nach
stundenlanger Meditation, ob man denn hinlangen mag.

Orval 6,2% Brasserie D'Orval Villers D'Orval/Belgien. Als
Schleier aus Tausend und einem Faß steht die Hefe quer in
der Flasch'. Wie ein alaskischer Schneeschauer stöbert sie auf
und nieder. Wie teerklumpiger Straßenstaub pappt sie an der
Flaschenwand. Ein Fruchtfauch beim Heben des Kronkor-
kens. Guten Morgen! Orange. Oder Aprikose. Oder Nek-
tarine. Stumpfe (Milch-)Säuerlichkeit schiebt sich gleich
leckerem Kieselstein unter die Zunge. Magmaähnliche Zäh-
flüssigkeit. Kulinarische Aristokratie, die ihresgleichen nicht
findet.

Osbourne, Ozzy Der unbegabteste und komischste Sänger
(»Oh fuckin' business!«) des Hard-Rock-Zeitalters. Leistete
für Black Sabbath (»Fuck it!«) Legendäres und erschloß als
Solist (»Fuckin', fuckin'!«) Goldader über Koksline. Das
Genremagazin *Rock Hard* (11/1997) brachte ein Interview
mit dem »Madman« (»Fuckin! Oh fuck it!!«) zustande, das
wir den musikhistoriographisch geschulten Fraktionen unserer Leserschaft nicht vorenthalten wollen. – Ozzy »begrüßt mich mit ›good to see you again‹, obwohl er mich tod-
sicher nicht wiedererkannt hat. Wie er zehn Minuten später
zugibt, erinnert er sich sowieso nie an Gesichter – und an
Namen schon gar nicht. Sharon (›my wife and manager‹ –
Ozzy nennt den Namen seiner Frau nie ohne diesen Zusatz)
beschwere sich ständig über ihn, weil er wichtige Leute seiner Plattenfirma grundsätzlich mit dem falschen Namen an-
rede, und sein Gedächtnis habe ›seit damals‹ ein paar größere
Lücken. Was ich ihm ohne weiteres abnehme. Mit ›damals‹
sind natürlich die Siebziger und große Teile der Achtziger
gemeint, in denen Ozzy den ›verdammten Planeten leerge-
soffen und jede gottverdammte Linie weggekokst‹ hat.
›Glaub' mir, wenn ich jetzt ein Bier trinken würde, gäb's im
gesamten Königreich nicht genug Flüssigkeit für mich […].
I'm a fuckin' addict.‹ […] Ich frage vorsichtig, ob es ihn stört,

über Drinks & Drugs zu reden. ›No fuckin' problem‹, stottert Ozzy los. ›Ich bin drogen- und alkoholabhängig, aber ich praktiziere meine Sucht nicht mehr. Ich kann mich an so vieles nicht erinnern, weil ich ständig dicht war. Ich habe Platten gemacht, die ich nicht kenne, und Häuser gekauft, die ich in meinem Leben noch nie gesehen habe. […] Bei mir im Keller […] stehen kistenweise Tapes mit irgendwelchen Aufnahmen rum, an die ich mich überhaupt nicht erinnern kann, weil ich ja immer besoffen oder stoned war.‹« Langsam fühlen wir mit dir.

Ottakringer Helles Bier 5,2% Ottakringer Brauerei Harmer AG Wien/Österreich. Traditionsproletarische Brauerei, die ihren »ehrlichen« Ruf schädigt mit »flott gestylten Middle-class-pimp-shit-Etiketten« (Th. Roth). Da der Betriebsgraphiker genau sechs Ideen hatte, entschloß man sich, ungefähr sechs entsprechende Biere zu schaffen. Patente Farben bekam das Helle verpaßt, und die Dose fordert mindestens drei Statements heraus: a) schmeckt zu dosig; b) schmeckt zu schal; c) schmeckt gar nicht. Kreuzen Sie die falsche Lösung an. Dann dudeln Sie das von bayerischen Einflüssen nicht verschont gebliebene **Gold Fassl Pils** (4,6%), kosten das keck-süffige **Gold Fassl Spezial** (5,6%), füllen das **Dunkle** (4,2%) ein und lassen es mit einer gewagten Mischung aus Hellem und Dunklem, der **HeDuMisch**, fast gut sein; wenn da nicht der **Bock** wäre, dessen Schild glitzert wie ein großdeutscher Blau-metallic-GTI.

Oudenburgs Abdijbier 8,0% 't Steedje Oudenburg/Belgien. Im sauerkirschenabhängigen weiß Etikettierten wurden zerstampfte Waffeln verstaut. Das **gelb Etikettierte** (8,0%) neigt zu Honig und rottender Orange. Schaum eine Frechheit. Hätte ja sein können.

P

Paceña 5,2% Cerveceria Boliviana Nacional La Paz/Bolivien. »Wird in 4000 Meter Höhe aus reinstem Quellwasser gebraut«, flüstert man uns zu. Rein und allein aus Wasser? Will man da, bei allem Respekt, nicht zu hoch hinaus? Sofern allenfalls Zitronenschalenabrieb den Weg ins H_2O fand, mit dem sich bestimmt viel, viel schmutzige Drogenwäsche waschen läßt?

Pacifico Clara 4,5% Cerveceria del Pacifico Mazatlan/Mexiko. Beim fünften Anlauf fast ein Märzen. Ferner das reine Grauen.

Paine Lager 4,5% Cerveceria Valdivia/Chile. Kohlstrünke büschelweise stecken im Abtrunk, qualvoll durstvermehrend lappende Salzzungen belegen die unsrige. Erklärung: »Das Paine Bier wird im südlichen Chile von Nachkommen deutscher Einwanderer nach dem deutschen Reinheitsgebot von 1516 gebraut.« Die Colonia Dignidad, das Pain Lager, gilt als Großabnehmer.

Palmbräu Kraichgau Pilsner 4,7% Palmbräu Zorn Söhne Eppingen. Den mächtigen Schaum durchbuddeln ohne Hacke und Gabel? Warum auch? Bei der bitterbösen Bittere. Das **Export Classic** (5,1%) gibt viel zu bedenken. Wie ein Malzauszugsgetränk steigt der 7,0%ige dunkle Bock **Schwarzer Zornickel** in die Puschen. Daneben macht es sich das Trübseligkeit verheißende **Ur-Märzen** (5,5%) bequem und stimmt leicht übergoren auf Fröste ein. Märzen? Aprilscherz? **Weihnachtsbier** (5,2%)! Trotz umsichtigster Lagerung schamlos schaumlos rollt das **Rezent Weizen Hell** (4,9%) aus dem Gebinde. Wir lachten uns Milz und Leber

kaputt. **Rezent Weizen Dunkel** (5,0%): gewöhnungsbe-
dürftige Zumutung. Letztere gemischt, wir haben's probiert,
geht sogar.

Palm Speciale 5,0% Brouwerij Palm Steenhuffel/Belgien.
Aprikosendekor unter frisch gepflügtem Schaumbeet. Mes-
singblitze (Ale!). Gottlos gut. Mannigfache öbstlerische
Aromata, fetzig herbes Finish. Dem Perfektibilitätsgedan-
ken streng verpflichtet.

Das geachtete Rheingönnheimer Weizenbier hat die Park-
brauerei Pirmasens an sich und umgebracht. Kondolenzen
c/o **Park Weizengold nach Rheingönnheimer Art** (5,2%).

Patrizier Königstrunk Export hell 5,3% Patrizier Bräu
Nürnberg/Fürth. Nicht in den Hals laufen lassen! empfah-
len wir 1997 anläßlich sechs geprüfter Sorten. Sieben schänd-
liche wollen getrunken, lehrt die Bibel, bevor sieben schöne
gewärtigt werden.

Paulaner Original Münchner Dunkel 5,0% Paulaner Thomas Bräu München. Löscht ob seiner Brandigkeit keinen
Brand. Mit dem **Original Münchner Urtyp** (5,5%) muß
man Geduld haben. Gibt ab drei Uhr in der Früh vorsichtig
zu erkennen, erträglich zu sein.

Pedavena Pils Classica 5,0% Pedavena Via Maffucci Milano/
Italien. Servil und schüchtern. Duckmäuserisches Dolomi-
tentier. Qua Alkohol tückisch. Vorsicht, Steilwandwanderer!

Pepys, Samuel Hallodri und Londoner Schatzmeister. Sein
kaum hartnäckig genug zu preisendes *Tagebuch* (Stuttgart
1997), geführt von 1660 bis 1669, unterrichtet uns über fröhliche Stunden zu Zeiten der englischen Restauration. Eintrag
4. Juni 1660: »Heute morgen wurde die Proklamation des
Königs gegen das Trinken, Fluchen und gegen Ausschwei-
fungen den Schiffsbesatzungen verlesen, alle waren sehr einverstanden.« Und taten, was sie immer taten. 7. Juni: »Un-

gefähr um 3 Uhr morgens begannen die Matrosen das Deck
zu scheuern, das Wasser lief direkt in meinen Mund, wovon
ich aufwachte. Ich zog meinen Rock an und schlief gegen
den Tisch gelehnt weiter.« Besoffen. 30. April: »Nach dem
Abendessen etwas Musik. Dann gingen Mr. Sheply, W.
Howe und ich in die Kabine des Leutnants, wo es sehr lustig
zuging. W. Howe zog den Zapfhahn aus einem kleinen Bierfaß und ließ das Bier in seine Kappe laufen; nachdem er es
getrunken hatte, schlug ich ihm die Kappe ins Gesicht. Darauf nahm er meine samtene Studiermütze und füllte sie auch
mit Bier. Sehr fröhlich, aber meine Kleider vom Bier verdor-
ben. Sehr spät ins Bett, mit schwerem Kopf.« In dem ein
rechtes und ein linkes Auge kleben (22. Mai): »Plötzlich
heißt es, der König ist an der Küste. Mylord ließ zweimal Sa-
lut schießen, und die ganze Flotte folgte diesem Beispiel, es
gab ein ziemliches Durcheinander, das sehr hübsch wirkte.
Die Kanone gegenüber meiner Kabine feuerte ich eigenhän-
dig für den König ab, ich hielt aber meinen Kopf zu nahe
drüber und hätte mir beinahe das rechte Auge weggeschos-
sen.« Besoffen. Wahrscheinlich. 23. Mai: »Mein Auge rot
und schmerzhaft von gestern.« Späterhin (4. Oktober 1661)
trinkt er »die eine oder andere Flasche China-Bier«, vom
Wein wird ihm schlecht, andere Vorkommnisse erheitern ihn
wenig: »Beim Mittagessen bei Mr. Battersby war ein junger
Pastor, der schon vor dem Essen sinnlos betrunken war, was
mich beunruhigte.« (18. November 1661) Und zum Trinken
animierte usf. usf. usf.

Peterhof 4,7% Vena Brewery St. Petersburg/Sowjetunion.
Dämpfe: durchgeschmorter Sellerie (Tschernobyl?), Mehl-
tau um den Gaumen. Dem Leverkusener auf den Wanst ge-
schneidert. **Nevskoye** (5,7%): Verwirrung stiftende Impressionen überspielen abseitige Alkoholanteile und den ins
Messingrohrische verweisenden Fabrikgeschmack. Richtig
panne, die beiden.

Wenn zwischen dem stets gestatteten **Pfister Öko 33** (4,5%
Brauerei Pfister Weigelshofen) und dem gestanden stetigen

Öko-Pils (4,5%) ein Unterschied besteht, fressen wir den ganzen Kasten. Das **Landbier** (4,6%) beweist, warum hin und wieder die Konventionalität des Tischtranks über die Neuerungssucht geht. Seine erschöpfende röstliche Note ließ uns schreien vor Lust, na, besser: Glück. Glück haut hin. Der knollige Hefezacken des **Weißbiers** (4,6%) brachte uns auf den Teppich der Tatsachen zurück. Trotzdem Kompliment an das geschmackssichere, heimelig bebaumte Haus, dem das ZDF (*Kein Leben ohne Bier,* 16. März 1999) zielsicher bescheinigte, zu den Kleinoden zu zählen.

Pfungstädter Maibock 6,5% Pfungstädter Brauerei Hildebrand. »Kommt aus dem Faustballparadies und macht halt blau.« (Gerd Fischer) Stimmt. Selten weniger Sprit und mehr Gutmutmalz verspürt. Einer der stärksten Böcke hierzulande. Alle Mann ranissimo! In der Winterpause den **St. Nikolaus** (6,5%) verspeisen. Da droht Unzucht mit Anhängigen (Lebkuchen, Mandeln, Krokant). Hat das Potential zur Suchtsubstanz.

Philosophie In Form der sog. Bier-P. unliebsame Begleiterscheinung der hopfenhofierten Klugscheißerei. Man läßt am Stammtisch seinen Sermon ab, hält jeden Käse für eine Praline der Vernunft und röhrt ungefragt so lange in den öffentlichen Raum, bis der Rest jener Welt, die gescholten wird, die Flucht ergreift. Ausnahmen: die stillen Klugen, die profunden Bierkenner. Zwei seien hervorgehoben. a) Gerhard Polt: Seine Programmschrift *Europa und Bier* (in: *Menschenfresser und andere Delikatessen,* Zürich 1997) widerspricht dem Gemeinplatz, Bier gehöre ins Zelt. »Ohrenbetäubend der Lärm. Bier – Rausch – Gewoge! [...] Gemütlichkeit heißt die Parole! Da gibt's keinen Widerstand. Das Bier muß hinein!« Es ist nicht auszuhalten. Doch die »Utopie« hat eine Heimstatt: »Was heißt da Reinheitsgebot? Wer Durst hat, trinkt Bier. Ganz einfach Bier. Der Biergarten? Ja, das wäre etwas. Er brächte Ruhe ins Biertrinken. Keine deutschen Eichen – Roßkastanienwälder überzögen Europa. Herrliche Schattenspender beschützten uns vor dem

Ozonloch, wir tränken unser tägliches Bier, sauften nicht, grölten nicht – bedächtig genössen wir unser Bier. / Am Atlantik oder an der Wolga! Nur so dasitzen. Leise fächelt der Wind. / Wir Europäer trinken uns zu. Von Ferne ertönt feine Blechmusik. Ohne Verstärker, versteht sich. / Wir Europäer verstehen uns. / Und wer das Bier alkoholfrei will, kann sich ja einen Schnaps dazubestellen!« – Erwähnenswert auch Polts Neufassung des dialektischen Dreischritts: »Zeit plus Zeit ist mehr Zeit / Brot plus Zeit ist Brotzeit / Zeit mal Zeit ist Malzeit.« Und together wahrscheinlich Gemütlichkeit. – b) Ror Wolf: Der Schreckensbeschreiber und Lustvermehrer äußert sich in *Raoul Tranchirers vielseitiger großer Ratschläger für alle Fälle der Welt* (Gießen 1983) unter dem Eintrag »Bier« wie folgt: »Man denke an die zahlreichen fürchterlichen Eisenbahnkatastrophen, die auf Versäumnisse oder Irrtümer von Bahnpersonal, dessen klare Urteilskraft durch Bier getrübt und deren Pflichtgefühl eingeschläfert war, zurückgeführt werden mußten. Daß sich der eine oder andere am nächsten Morgen das Leben nahm, als er sah, was er angerichtet hatte, nützte den Verunglückten wenig. Die Welt samt dem Bahnpersonal trinkt weiter [...].« Wohl wahr.

Pietra Biera Corsa 6,0% Brasserie Pietra Furiani/Frankreich. Riecht maronenartig, ist maronenfarbig, bildet haselnußfettigen Film und einen Körper aus, der dies korsische Kastanienbier rundum schmückt. Gnädige Bittere oben drauf, und gewagte Komplimente sind nicht mehr zu vermeiden.

Pils Der von Karl Kraus irrtümlich geschätzte Peter Altenberg wußte andererseits: »Pilsner Bier ist das eigentlich einzige Alkoholgetränk, das absolut für viele Leidende eine Medizin, ein Diätetikum, eine Rekonvaleszenz, eine Erlösung, ein Heil erster Ordnung bedeutet!« Beruhigend, das zu hören.

Pilsnase, die Spitzname, den sich Ex-(Fußball-)Bundestrainer Jupp »Die Tolle« Derwall fing. Kam so: Weil er 1980 nach dem Gewinn der Europameisterschaft unheimlich hoch »gehandelt« wurde, tunkte er für einen TV-Spot seine »Nase« in ein Glas, zog sie behende wieder zurück und grinste schaumballenverziert aus der Wäsche. Heute stünde für den Job Ulrich »O-Saftsack« Wickert parat, obwohl wir den dummen Kerl beim Tagesthema Bier ehrlich nicht verwendet wissen wollten. (siehe auch Fußball, Bier und)

Pirker Helles Zoigl Kellerbier 4,9% Pirker Brauhaus Pirk bei Weiden. Ehrsam gebittert, heiter schäumend, eindrückliche Malzintensität. Langatmig ländlich (Erntecaro) und nachhumpelnd sweet das **Dunkle Zoigl Kellerbier** (5,1%). Geritzt.

Plank Hefeweizen 5,0% Privatbrauerei Plank Laaber. Für ein durchschnittliches dunkles Weizen fast zu überdurchschnittliches Durchschnittsdunkelweizen.

Plastikflasche, die Ihre Einführung steht ins Haus. Pionier: Holsten, dessen Vorstand Günter Ellenberg unkt: »PET ist für uns alle ein großes Thema.« (*Bild,* 21. September 1998) »Fortschritt oder Barbarei?« fragte das lauteste Blatt der Welt ausnahmsweise richtig. »Eindringender Sauerstoff kann zu üblem Oxydationsgeschmack führen« – für Holsten (siehe Holsten Pilsener Premium) wäre es eine spürbare Verbesserung.

Politik Die Frankfurter Oberbürgermeisterin Petra Roth (CDU) plante im Spätsommer 1997 ein »Alkoholverbot auf öffentlichen Plätzen« (*Bild Frankfurt,* 5. September 1997). Das ging und geht nicht nur zu weit, das geht (und ging) gar nicht. Andererseits: Der erzhohle Ex-Stadtrat Diether Dehm (Lieder im Park, SPD, neuerdings PDS) schrie auch gleich wieder: »Sobald das Gesetz durch ist, werden wir uns an der Hauptwache und auf dem Römerberg zum ›Open Äppler‹ treffen.« Das muß und darf ebensowenig sein.

Pöllinger Hell 4,9% Brauerei Pöllinger Pfeffenhausen. Übellaunig, wadenbeißerisch, gegen die Fahrtrichtung gebittert.

Das Malz im Blindflug durch die Flasche. Braumeister, wo warst du? Früher? Bei Iglo? Dein **Export** (5,2%) genossen wir als unvorhergesehen knackiges Hallertau-Export, das **Pfeffenhausener Kellerbier** (5,2%) schäumte derart bedrohlich, daß wir die Flucht ergriffen. »Reminiszenz an die vergangene Zeit« hörten wir's rufen. Brrrr.

Postwirt's Dunkel 5,0% Postbrauerei Karl Meyer Nesselwang. Soweit unser Gedächtnis noch regulär arbeitet: *das* Dunkel. D'accord, zweite oder dritte Stelle wäre auch gerecht. Wir sind nicht kleinlich. Größe in allen Lagen bezeugt das **Posthorn Gold** (5,1%).

Premium Die Firma Goldblume, Düsseldorf, vertreibt eine 3,8%ige **Haltbare Premium Vollmilch**.

Premium »Special« 5,1%, gebraut für Delhaize »Le Lion« Bruxelles/Belgien. T 5. Hier schießt sich der Belgier ins Knie, unbedrängt.

Primus 5,0% Brouwerij Haacht Boortmeerbeek/Belgien. Hocherfrischend, frech und pritzelnd, »mittelschwer« (Les Claypool), konstant gehopft. Dem interessierten Gebrauchstrinker ein Labsal. Das **Tongerlo Witbier** aus der Tube ging uns rege an und leimte ungebührlich, **Tongerlo Dubbel** (6,0%) und **Tongerlo Tripel** (8,0%) verströmten fidel den Geruch von allen *Stern*-Ausgaben.

Prokopfverbrauch BRD. 1994: 139,6 l. 1996: 131,7 l. 1998: 127,4 l. Ältere Menschen und Frauen sagen dem Bier mehrheitlich ade, gesunkene Reallöhne und gestiegene Arbeitslosigkeit spielen ihre Rolle, während PR-Fachmann Reinhard Springer nach einem Bericht der *Frankfurter Rundschau* (11. Juni 1997) eruierte: »Daß der Pro-Kopf-Konsum von Bier in den letzten Jahren gesunken sei, liegt laut Springer nicht am Gesundheitsbewußtsein der Bevölkerung, sondern an zunehmender Aversion gegen schlechte Werbung.« *Bild* (10. Oktober 1997), besorgt wg. der landesweiten Bölk-

schwäche, erkannte: »Bierbauch ist out«, »Die Bierautoma-
ten in den Fluren sind in fast allen Firmen verschwunden«,
»Es gibt keine guten Bierbücher mehr«, »Sechs Halbe pro
Arbeitstag auf dem Bau – früher völlig normal. Heute auf fast
allen Großbaustellen [...] striktes Alkoholverbot«, »35% der
deutschen Haushalte sind schon Single-Haushalte, Tendenz
steigend. Auch hier weniger Alkoholkonsum – alleine trinken macht keinen Spaß.« Wie immer hat unser Autor zwei
Fehler versteckt. Außerdem gefallen ihm die direkt daneben
lagernden Überschriften vom Tage besser: »Lauschangriff:
›Schnarri‹ weinte« und »Haut die Maut!«, Verfasser: Rolf
Bier, der, wir berichteten, 1996 für den Kommentar »Warum
wir Deutsche weniger Bier trinken« (30. Januar) geradestand
und als Zentralgrund damals ermittelte: »Auch alte Menschen
trinken weniger Bier.« Muß eben der Juhnke zwei Zacken
zulegen. (siehe auch Wodka, auch Champagner)

»Promille-Papst« Michael Dietzsch, Marketingchef von Bitburger (siehe Bitburger Premium Pils) und Präsident des
Deutschen Brauer-Bundes – laut Bericht des *Spiegel*
(37/1997). Das journalistische Glanzstück über eine fach-
männische Verkostung bringen wir in Auszügen: »Vor dem
Bier schäumt erst mal die Riege der Brauereibosse: So gehe
es ja nicht, maulen sie in seltener Eintracht. Da sei man nun
mutig nach Essen gereist, um sich für das ZDF-Wirtschafts-
magazin *WISO* einem Geschmackstest zu stellen. Und dann
warten gleich 15 Sorten Pils. ›Fünfzehn!‹ Erich Dederich vom
Deutschen Brauer-Bund ist erschüttert. [...] ›Bei 15 können
Sie auch würfeln‹, sagt Dederich, der weniger um die Nüch-
ternheit seiner Standesvertreter bangt als um die Glaubwür-
digkeit der Zunft. [...] Kein Wunder, daß von den zwei Dutzend eingeladenen Vorstandsherren nur ein Viertel zugesagt
hat. Karlsberg kniff ebenso wie Holsten und Veltins. Warsteiner sah in dem Test ›keine sinnvolle Information für den
Endverbraucher‹ und erklärte schriftlich: ›Es gibt keine all-
gemeingültigen Wertmaßstäbe für Geschmack.‹ [...] ›Da vorn
sitzen unsere Killer‹, sagt Constanze Ganter von der kleinen
Freiburger Brauerei Ganter, deren Marke im Biertest eben-

falls verkostet wird. Die Killer geben sich leutselig. ›Ich hab'
schon einen auf 'm Rohr‹, ächzt der Bitburger-Abgesandte
nach dem zehnten Glas und dem immer gleichen Prozedere:
Schauen, schnuppern, schmecken, schlucken, schreiben. [...]
Dietzsch blickt müde auf die Batterie anonymer Gläschen
vor sich. Gut zu wissen, daß ab dem zwölften nur noch ausländische Sorten kommen sollen. Da weiß man wenigstens,
was garantiert nicht gut sein darf. Licher feixt derweil. Henninger muß mal aufstehen. DAB fragt nach dem Sendeter-
min [...], nur um rechtzeitig ›die Auswanderung planen zu
können‹. Ganz so schlimm kommt es nicht, obwohl ausgerechnet der Brauerpräsident sein eigenes Bit nicht identifi-
zieren kann. ›Viele Biere oszillieren um einen guten Wert‹,
entschuldigt Licher-Chef Hattig den glücklosen Konkur-
renten und sich selbst. Auch er hat seine Marke nicht erkannt.
[...] Bei der wichtigsten Frage wird auch er [DAB-Mann Bur-
gard] einsilbig: Warum soll man überhaupt ein teures Pre-
mium-Pilsener kaufen, wenn doch alle irgendwie gleich
schmecken? ›Je nachdem, welches Markenimage der Kunde
erwartet, muß er einen höheren Preis zahlen‹, floskelt Bur-
gard. Image sei heute ›wichtiger denn je‹, raunt Beck's-Mann
Bellmer beim finalen Absacker. Ein bißchen Ehrlichkeit kann
er sich leisten. Er hat nicht nur das eigene Bier, sondern sogar das Alkoholfreie erschmeckt, an dem die Hälfte der Pro-
fis scheiterte. [...] Präsident Dietzsch gärt naturtrüb vor sich
hin. Sein Bit kam nur auf Rang sechs – geschlagen von Licher und sogar von der Glückauf-Brauerei.«

Protokoll »Verdorbenes und gesundheitsschädliches Bier«
bewirkt ein P. (*Die Oberpfalz*, Kallmünz 1998). »Weiter
wird darauf hingewiesen, daß häufiger Kontrollen durchzu-
führen sind und ›mit aller Strenge‹ durchzugreifen notwen-
dig ist.« Zieht euch warm an.

Püls-Bräu Krone Pils Premium 5,2% Privat-Brauerei Püls
Weismain. Pülswärmer. Mit dem Biersieder erhitzen, Blut in
Wallung quirlen, wegpfeffern. Zur unbefriedigenden Voll-
ständigkeit: **Altfränkischer Kellertrunk** (5,2%), **Märzen**

(5,4%), **Weismainer Weisse** (5,2%), **Urhell** (4,6%), **Abt-Knauer Bock** (7,5%) und **Weismainer Premium** (5,0%).

Pumpkin Ale 7,0% Buffalo Bill's Brewery Hayward/USA. Man hört aus Kalifornien ja so einiges – und jetzt Kürbisbier. Was hat der Kürbis im Bier verloren? Nichts hat er. Die, die durch die Hölle gingen, berichten von Modder, Moor und Schmodder, Trübetassenfarbe und einem Urtrunk, ja Untrunk, der hirnphysiologisch nicht vorgesehen ist. Gehopfte Brechbohne? Erbrochene Bohnensuppe? Suppenkürbis? Steckt Absicht dahinter? Wir befürchten es.

Pyraser Eisbär 4,1% Landbrauerei Pyras. Schmeißt das erstklassige 97er Ranking über den Haufen. »Premium Schankbier«. O Brauerwahns Umnachten. Unter aller Erbsenkanone. Hau doch ab. Geh doch nach drüben.

Q

Quatsch »Ich versuche, nach dem deutschen Weißbier mein Land aufzubauen«, hört man Indonesiens (Ex-)Präsidenten Habibie am 6. Juni 1999 auf HR 1 geloben. So verwegen wie des »Politchaoten« Regierungsstil – »Er ist richtig verrückt«, laute die Landesmeinung – finden wir unseren Verhörer nicht.

Quilmes 4,9% Cerveceria y Malteria Quilmes/Argentinien. Das »bevorzugte« Biergetränk an Lateinamerikas Südzipfel. Rinder hat's da, viele Rinder. Wir sind etwas unkonzentriert. Die Stromversorgung gilt als – schön, Q. also: Schaum gleich Kartoffelpüree, die Maisreinschüttung bescheiden, Hopfen wurde beigegeben. Stattgegeben.

R

Radeberger Pilsner 4,8% Radeberger Exportbierbrauerei. Schwer zu übersehen: die schädlichen Einflüsse des Binding-Konzerns. Der Schaum will nicht, wie er sollte, die Hopfeninstrumente sind auf Verkaufsschlager gestimmt. Immerhin: Man erhält sein gerstengelbes Design und die gute Rezens. Aber das kriegen die Frankfurter auch noch hin. Einstweilen quatschen sie ihre Semperopern zusammen.

Raigeringer Pils 5,0% Privatbrauerei Sterk Raigering. Eckhard Henscheids Gartenspende. Vielschön wie der blühende Kirschbaum. Zägliche Anmutung. Das »hellfarbige« (*FAZ*, 22. Mai 1999) **Vollbier Hell** (4,9%) ein Platzanweiser in Eden. »Welt-entronnen du mir gewonnen!« (Richard Wagner: *Tristan und Isolde*) Du liebes Bier, du **Raigeringer Weisse** (5,1%). Überdies der **Trunk der Panduren Doppelbock** (7,4%) des Tadels unwürdig. Das Himmelreich ist greifbar nah. Beim **Zoigl** (5,1%) immerdar.

Rats Kölsch 4,8% Privatbrauerei Robert Metzmacher Frechen. Kupfrig-schale Nachklangschauderhaftigkeit. »Original Metzmacher«. »Original Metzger« hätte gepaßt.

Ratskrone Pilsener 4,9% Burgbrauerei Hessberg. Heißt heute, was Ende 1996 Tannen Bräu genannt. Das **Tannen Bräu Diät-Bier** (5,2%), das wir im Thüringischen trotz Ablauf des Verfallsdatums regulärpreisig erstanden, kann man ohne schlechtes Gewissen mit dem Auto überfahren. Das R. fanden wir zu Marburg und schmeckte nach Gütersloh.

Red Bull America's Best Lager Beer 5,0% The Stroh Brewery Company Detroit/USA. Wäre uns nicht Samuel Adams Boston Lager bekannt, wir schwächelten. Für eine Maisvermanschung quicklebendig. Der Hopfen darf noch ein bißchen Fleisch ansetzen.

Red Ridge Ale 4,8% Rainbow Ridge Brewing Evansville/USA. Unser Stoffwechsel gibt zu bedenken, ob er wirklich Füße verdauen soll. Außerdem erklärt er, daß Bier nicht rot wird durch eine rote Flasche, wir möchten das fürderhin berücksichtigen, es täte ihm den Dienst erleichtern. Gebongt, Boß.

Reed, Oliver Wir schätzen sie, die nullbockigen Formularnachrufe, die beginnen: »Sein Ende war wie sein Leben.« (*Hamburger Abendblatt*, 4. Mai 1999) Im näheren: »Der englische Schauspieler Oliver Reed starb auf der Ferieninsel Malta in einer Bar, das Glas Bier noch in der Hand. Stark angetrunken brach der 61jährige vor den Augen seiner zweiten Frau Josephine (35) und einiger Freunde zusammen – das Herz!« Das Herz. Die Ferieninsel. Die Altersangabenklammer. Die Freunde. Beständig derselbe Wichs. »Reeds Karriere [...] wurde immer häufiger von seinem Ruf als Saufbold überschattet. Er selbst hatte einmal behauptet, 104 halbe Liter Bier in nur zwei Tagen gekippt zu haben.« Respekt. Was uns grübeln läßt: Wann und wie grätscht es den »Pionier des Bierjournalismus für den Verbraucher« (Hallwag Verlag), jenen vertrauten »Knight of the Mash« (Ritter der Maische) und Mittfünfziger Michael Jackson (»Bauchumfang 112 cm«), der »der Erste war, der Biere nach ihrem Aroma und Geschmack beschrieb« und »die ›Micro-Brewery‹-Revolution in den Vereinigten Staaten entscheidend beeinflußt« habe, der »Chefredakteur von *Campaign*, einem Medien- und Marketingmagazin«, war, der »mit dem Trinken in der Schule begann« (*The Times*, 2. Mai 1992), professionell 10.000 Biere verkostete und früh startet: »Es ist Donnerstag morgen, halb zehn, und Michael Jackson trinkt wieder. [...] ›Das erste Bier am Tag schmeckt immer phantastisch‹« – der versichert, »er habe auf einer einzigen fünfwöchigen Reise durch die USA 500 Biere probiert« (*The Wall Street Journal,* 21. April 1994), und »sein Verkostungsrekord liegt bei 70 Bieren an einem Tag«? Morgen, »da er noch 100 Whiskys probieren muß«? Erschlagen von betrogenen Lesern? Sein Ende wird wie sein Leben gewesen sein.

Reh-Pils 4,9% Privatbrauerei Reh Litzendorf-Lohndorf. Fast ein Export, fast ein Tort. Rein bekömmlich das Märzen, **Land-Bier** (5,5%) genannt.

Keine Allianz fürs Leben stiftet das **Reichold Lagerbier** (4,8% Brauerei Reichold Hochstahl-Aufseß).

Reinheitsgebot Allzweck- und Universalhammervokabel der dt. Brauindustrie, mit deren Hilfe die geschmackliche Fremde aus dem Feld gesabbelt wird. Hopfen, Hefe, Malz, Wasser – mehr sei nicht drin in hiesigem Bier, und die gähnende Leere der Majoritätsprodukte bestätigt auf ihre Weise das endlos und 483 Jahre lang heruntergebetete Credo unserer Sudwarte – die revolutionär schreihalsigen Mixgetränke mal sträflich ignoriert, obgleich das Biersteuergesetz (BierStG 1993) unter § 2 erklärt: »Bier im Sinne dieses Gesetzes sind 1) die Erzeugnisse der Position 2203 der Kombinierten Nomenklatur, 2) Mischungen von Bier im Sinne der Nummer 1 mit nichtalkoholischen Getränken [...].«
Die Gesetzestreuen und Aufrechten hierzulande »wollen sich [...] gegen die Woge neuer Biere stemmen« und »ihrem unverfälschten Gerstensaft« (*Rheinische Post online,* 25. April 1999) die Regale reservieren. »Als Wettbewerbsverzerrung und schweren Schlag gegen das Reinheitsgebot empfindet das hiesige Braugewerbe noch heute die Entscheidung des Europäischen Gerichtshofes von 1987, wonach auch in Deutschland ausländische Biere aus Mais, Hirse oder Reis bei ausreichender Deklarierung angeboten werden können.« Hubert Getzin, Geschäftsführer der Mecklenburgischen Brauerei Lübz (siehe Lübzer Bock), sondiert die Weltbierfront (»knallharter Verdrängungswettbewerb«) und seicht: »Bierbrauen

darf nicht nur Geschäft, sondern muß auch Verpflichtung sein.« Zu Lübz meint das: 800.000 hl Verantwortung pro Jahr, 0 hl Gout.

»Für viele Kenner der Brauszene«, beschließt *natur & kosmos* 3/1999 die Debatte, »ist das Reinheitsgebot angesichts des immer stärker industrialisierten Brauprozesses und des Gifteinsatzes in der konventionellen Landwirtschaft allerdings nur noch Fassade.« Eine in strahlender Borniertheit erstarrende. Zu der unser Favoritentor Hans Baumann anmerkt: »Beim Reinheitsgebot finden die deutschen Brauer noch Schulterschluß, aber es rettet den Bier-Konvoi kaum noch vor Angriffen.« (*WELT-Report Bier,* 10. September 1997) Also spricht die *taz* (30. August 1997): »Jetzt dürfen auch deutsche Brauer rund ein Dutzend chemischer Hilfs- und Konservierungsstoffe zusetzen. [...] Nur für den Export greifen auch die einheimischen SudmeisterInnen hin und wieder auf Hilfsmittel zurück.« Right.

Reitter Pilsener 4,8% Reitter-Brauerei Lörrach. Das Südbreisgau sei, diktiert der Block, naturarchitektonisch betrachtet vermutlich nicht auszustechen. Den Turm, den unser Proband baut, hat's nicht in petto. Beleg, daß wir Menschen nützlich sind und können, was ER nie vermöchte. Beim **Premium Export** (5,1%) kommen uns letzte Zweifel.

Reutberger Export Dunkel 5,2% Klosterbrauerei Reutberg Sachsenkam. Schaumscholle. Unter den besseren Dunklen. Detto **Export Hell** (5,1%): Nahezu alle Bewertungsbereiche schneiden zufriedenstellend ab. Die pfundige **Kloster Weisse** (4,9%) angereizt rezent und porentief rein geschäumt.

Riedenburger Weisse Export 5,3% Riedenburger Brauhaus Michael Krieger. Duftet nach hochsommerlichen Weizenfeldern, schmeckt diensteifrig, der Schaum knüpft sein attraktives Kleid, das wir gerne lüpfen. Öko sei die **Weisse Premium** (5,1%). Palettenweise muß sie uns nicht ins Haus. Lieber die schwarze Schwester **Michaeli Dunkel** (5,2%) be-

und verköstigen. Fegt den Trübsinn aus Kopf, Hals und Magen.

Riegeler Felsen Pils 4,9% Riegeler Brauerei Riegel. »Das Regio Premium« mit Schienen unten dran. Seiner Münchner Zicken wegen maßvoll zu genießen. Regelrecht angewidert wandten wir uns vom **Spezial Export** (5,4%) ab, über den unglaublichen **Mai-Bock** (6,9%) und das Ärgernis **Rigolator** (8,0%) verhängen wir schärfste Sanktionen. Im honiggelben **Altbadisch Bock hell** (6,9%) war Hopfen nicht nachweisbar. Der sucht sich andere Pflaumen.

Ringverschluß, der Löst peu à peu den Kronkorken ab, etwa bei Veltins (siehe Veltins Pilsener). In einem zackigen Zug von der Flasche zu fetzen. Ersonnen, weil binnen kurzem keine alte Sau mehr raucht und die Feuerzeuge fehlen werden, mit denen der Kronkorken kommod herunterzuschaufeln war. Wir zünden eine und eine Kerze an.

Ritter Trunk 5,3% Schloßbrauerei Chr. Stelzer Fatigau. Der Einmannrunde gefiel das dunkle Export bei einer Enthaltung mehrheitlich.

Röbersdorfer Landbier Hell 5,2% Brauerei Weber Röbersdorf. Der »gepflegten« (Heinrich Müller-Thurgau) Mühe wert? Bestimmt. Was, glauben Sie, röhren wir runter? Außer meistenteils derart derangierter Querschnittslähmungsware? Das **Landbier dunkel** (5,2%), das **Landbier Alt** (4,9%), ein Kellersuff, beide übel druff.

Rochefort 8 9,2% Abbaye St. Remy Rochefort/Belgien. Goldbraun. Malz wie Malle. Schönlärmig krawallende Nebengeräusche (Feigen fallen). Wir genießen heute, und Genuß macht blind. Sehenden Auges rennen wir in ein Lehmloch voll **Trappiste** »Trapbier« **Rochefort 10** (11,3%). Was erlauben sich? Keine Warntafeln aufzustellen? Vor dem knorzigen Gelumpe? Und vor Conrad Seidl, der es »als vielleicht das beste Trappistenbier eingestuft« sehen will?

Rodenbach 5,0% Brouwerij Rodenbach Roeslare/Belgien. Burgunderrotes westflandrisches Bier, »so erfrischend wie kein zweites in der Welt« (Michael Jackson). Die Milchsäuren treiben in Holztonnen ihr Wesen, hinzu treten fruchtige, hervorragend aufeinander abgestimmte Viertel- und Achtelnoten, ein straffer Körper und ein schlanker, lichtend hopfiger Schlußtrunk. Dem Monolithen sucht Bierbarbier Conrad »Hallo, ich bin's!« Seidl (*Bier – Deutsche und europäische Braukunst,* Weyarn 1997) seine jämmerlichen Instrumente zu zeigen: »Das Rodenbach aus Roeselare hat einen fruchtig-säuerlichen Geruch, der aus dem kräftigen Schaum über dem dunkelbraunen, fünf Prozent starken Bier verströmt.« Er soll es mit dem Abheften europäischer Schokoriegel probieren und die klebrigen Finger lassen vom aperitifgeeichten **Grand Cru** (6,5%) und dem sensationellen **Kriek Alexander** (6,0%). Es ist ja eklig.

Rosenheimer Export 5,5% Auerbräu Rosenheim. Nicht greifbare Lauge. **Rosenheimer Weizenbock** (7,0%)? Wie geht Weizenbier? Würzig / fruchtig. Wie Weizenbock? Wüstig / fuchsig.

Roßdorfer Pils 4,7% Brauerei Sauer Roßdorf. Dünngelb, ätzend nach Hygienestein. Gelegentlich des **Lagers** hatten sie die Bestecke beieinander und den Tiger im Tank. Dazwischen tänzelt das **Urbräu** (4,6%). Der Dorfeiche ist das egal.

Rössle Spezial Jubelsud 5,2% Rössle Brauerei A. Hempfer Laupheim. »Bildschöne Etiketten« zieren eure Biere, die Ebenbilder des Häßlichen, z. B. dies grundanständige, indes zu dicke und nur auf seinen Schaum verlassene (sich verlassende?) Dings.

Achtung, Satire!
Rostocker Freibeuter 9,0% Rostocker Brauerei. Gemein-
schaftsverkostung mit Björn Blaschke, Köln, per Telephon:
– Jau.
– Hallo Björn.
– Muß das sein?
– Es muß.
– Laß uns anstoßen.
(Ein trockenes Tapp-tapp-tapp dringt durch die Muschel.)
– Los jetzt.
– Ich schaff' das nicht. Ich will nicht.
– Warmduscher, hau rein, zieh uff, stoß runter.
– Wenn du meinst.
– Meins ist zimmerwarm, hat drei Stunden im Rucksack ge-
legen.
– Ernsthafte Verkostung ist das nicht.
– Papapp.
– Ich gieße jetzt mal ein.
– Du hast ein Glas?
– Schäumt praktisch nicht.
– Muß es schäumen?
– Sollte.
– Sollte man, sollte man / Immer inner Hose hann.
– Wie bitte?
– Schon gut. Könnte schlimmer riechen.
– Ich weiß ja nicht.
– Mir zu lieblich.
– Mir auch. Bei neun Prozent hätte ich mehr erwartet. Dafür
ist das ja gar nicht so übel.
– Ich hab' mal 'nen längeren Zug genommen.
– Bekommt's?
– Ärrrgh, joo.
– Du müßtest, bei der Temperatur, die dein Kandidat hat …
– … warmes Bier, harharha …
– … da müßtest du die Nebennoten etwas besser bemerken.
Die Kühlung überdeckt gemeinhin vieles, obwohl Dunkle ja
etwas wärmer serviert gehören.
– Fertig mit deinem Vortrag? Ich glaube, gerade ein kleines

Kratzen auf dem Hintern der Zunge gehört zu haben.

– Soso. Leg' die Windeln an.

– Mach' ich. Das ist ein verdammtes Inkontinenzbier. Läuft durch wie Rabenpisse. Was wieder dafür spricht, hehehe.

– Mein Bier spricht nicht mit mir.

– Aber jetzt rede ich. Hör zu! Der Schaum ist mäßig, äußerst mäßig, steht nicht. Eine Pfeife. Wie sagt F. K. Waechter? Goethe spielt Flöte auf Schiller sei'm Piller.

– Heine nahm keine zwischen die Beine.

– Fontane, der Hänger, spielt Dame als Sänger.

– Böll brüllt breit, er sei bereit.

– Wofür?

– Den Tripelbock hier. Da hätte ich einen Spritklopper erwartet. Und dann so was, so was fast Sehrgutes. Jetzt können wir das Zeug nicht mal niedermachen.

– Wir können weitertrinken, und am Ende haben wir's auf jeden Fall niedergemacht.

– Guter Witz.

– Zur Sache. Dafür, daß es 'n Zonenbier ist … hahahahaha-haha. Also, was mich interessiert, ist diese Äußerlichkeit, diese Piratenschiene. Von wegen Freibeuter. Das heißt ja wohl: Wir, die Zonis, leben in einer feindlichen marktwirtschaftlichen Welt und müssen uns als Freibeuter betätigen, den Kampf aufnehmen, so ein Müll. In Stralsund brauen oder haben sie gebraut ein **Störtebecker**. Daß die so 'n Käse machen – und doch letztlich Loser bleiben. Störtebecker wurde hingerichtet. Es blüht ihnen allen. Aber man kann unserem Delinquenten nicht vorwerfen, daß er blutarm und ausgelaufen wäre.

– Auf der Dose steht: »Ob Kaperfahrt oder Siegesfeier« …

– Scheiße. Dreimal scheißescheißescheiße.

– Na, das ist doch ein Schlußwort, wenn auch ein falsches.

– Von mir aus. Ich geh' sowieso langsam am Rostock.

(Aus dem Hintergrund:)

– Was ist das? Rotzstocker Bier?

– In der Zone gibt's doch keine Kühlschränke.

– Rotzstocker Rübensoße.

– Rülps.

– Feingesponnene Hofsoßen-, feingesponnene Hochofen-
schlacke ist das …
(Zum Schutz der Leser schnell ausblenden.)
PS: Alle Äußerungen sind authentisch und durch den Verfasser nicht gedeckt. Mit sich im unreinen ist er hinsichtlich:
Dunkel (4,9%), **Dunkles Bockbier** (6,9%), **Maibock** (6,9%),
Export (5,5%) und **Roter Oktober** (4,9%), dem Gesine
Braun, Pressereferentin der Rostocker Brauerei, bescheinigt
(vgl. *junge Welt*, 30. Dezember 1998): »Aus den Marktana-
lysen läßt sich zunächst schließen, daß der Name unseres Bieres Interesse wecken kann, es zu probieren.« Wir probierten
bei *Jacques*, Berlin-Kreuzberg, und probierten. Und probierten. »Wir wollten einen Namen für unser Bier, der pola-
risiert, wobei wir uns der maximalen Bandbreite der Reaktionen schon im klaren sind.« (Braun) Siehe oben.

Rothaus Märzen Export 5,6% Badische Staatsbrauerei Rothaus. Was sie anpacken, es gelingt. Nie ward Süße lieblicher
und vornehmer dargebracht. Noch eins – und wir lassen uns
köpfen. Das helle **Hefeweizen** (5,4%): gigantische Voll-
endung. Sterben jetzt? Nein, trinken fünfzig weiter' Jahr'.

Rothenburger Landwehr-Bier Toppler-Pils 4,8% Privatbrauerei Wörner Reichelshofen. Überall indefinit. Kleines,
höfliches Pils, das seine Erwähnung grad so erschwimmt.
Ergänzungsspieler **Pilsner** (4,8%; baugleich?) pest stante
pede Richtung Nirgendwo. Hiergeblieben! Das erklärst du
uns! Statt **Altfränkisch Dunkel** (5,1%) darf Karamalz genommen werden, »von vorne oder von hinten« (H. Zippert).
Im **Export Edelhell** (4,9%) klaffte der Abgrund der Edel-
hölle. Huhu.

Das **Rother Pils** (5,0% Stadtbrauerei Roth) sei seines heuig-
ländlichen, seines landschaftlichen Duftes halber auszu-
zeichnen (Bestaune den taubenblau-silbernen Aufkleber!),
das **Hell** (4,6%) auf Grund seines bahnbrechenden Mittel-
maßes, das **Bayerische Dunkel** (5,0%; hier gehen Etikettier-
und Etikettenkunst leider krumme Wege) ob der Tatsache,

daß man es an Alkohol nicht fehlen läßt, das **Hefe-Weizen** (5,5%), weil »frisch« (V. Feldbusch), das **Hefe-Weizen Dunkel** (5,3%), weil süffig.

Rother Pilsener-Bier 4,7% Rother Bräu Hausen-Roth. Stichhaltig. Der Name ist Programm. Die Sagenzeit des **Rother Urtrunk** (4,7%) scheint unterm Diktat der Konfektionsproduktion den kanalisierten Bach hinuntergezuckelt zu sein. Das **Festbier** (5,7%) vielleicht etwas altbacken. Unser **Öko Ur-Weizen** (5,3%) bewegte sich im vorschriftsmäßigen Weizenorbital. Das **Export** (5,2%) sauber, klar, lecker. Das **Vollbier** (4,5%) bitter, bitter, bitter. Obertönig, uns pfeifen die Ohren. Zum Abschuß freigegeben.

Roth Pilsner 4,8% Brauerei L. Roth Schweinfurt. Schaum faul bei der Realisierung seines Wesens. Den Geschmack prägt sein funkelnder (nicht furunkelnder, Herr Rudolf!) »Reichtum« (Marx). Dennoch kein exaktes Pils. Auf den hefetrüben, rotwangigen, malzig-musikalischen **Brauer-Stolz** (5,0%) ist der Brauer zu Recht stolz. Das **Märzen Export** (5,7%) strahlt im Passepartout der Morgensonne. Das helle **Weißbier** (5,2%) hatte es eilig, die Leber zu finden. Von der sind keine Beschwerden bekannt.

Rüdenhäuser Wolf Urtyp Dunkel 4,5% Brauerei Wolf Rüdenhausen. Knallerdbeerrot. Kracht und knackt. Wuselwohliges Erzeugnis. (Warum, Brauer, klingt der sekkante Duft so schäbig?) Grazil die Benennung des Counterparts: **Bier Pils**. Bietet 4,6%. Unklar, unrein. Das Finish mit hauchfeiner Bitterung erwähnenswert. Wir kommen nicht drüber weg: Bier Pils.

Rudolf, Karl Stahl Herrn Rudolf, Michael nicht nur den Nachnamen, sondern unsere Idee, durch »die phantasievolle, wortgewandte Beschreibung unterschiedlicher Biere« (*BierKultur* 2/1999; siehe auch *BierKultur*), genau 132 Marken bei DM 44 (*Bier – Der Guide für Kenner und Genießer,* München 1998), Geld zu ver- und der Wahrheit zu dienen.

Der »gedungene Spinner« und »bierintensiv dilettierende Schwadroneur« hat »geklaut wie ein Rabe« (Michael Rudolf in: *junge Welt*, 16. März 1999) und beging alle Fehler, denen von Branchenpinseln diktierte Bierbücher verfallen, etwa: »Natürlich schmeckt jedes Bier aus dem Faß immer am besten.«

Natürlich schreibt R. von »mittelhellem Pils«, »einem Duft, der schon ein Signal ist: Hopfen!« usw.; und beweist, daß er nix probiert, aber unbesehen alles glaubt, was in Broschüren steht. Zu Aying: »Dennoch – oder gerade deswegen? – steigen Ansehen und Bekanntheitsgrad der Brauerei im ›Kurdorf für den Durst‹ stetig an. Wozu natürlich auch die Auszeichnungen beitragen, die den Ayinger Bieren quasi in Serie verliehen werden, sei es nun im Inland von der CMA und von der DLG oder in den USA vom Beverage Institute in Chicago, das den Celebrator« rarara.

»Die Nasenflügel klatschen begeistert Beifall«, »der Alkohol ballt nicht die Faust«, »schon beim ersten Schluck stampft der Hopfen auf der hinteren Zungenrampe triumphierend auf«, und »ausgerechnet an den ausländischen Bieren [hat er] etwas auszusetzen« (Rudolf), so am Faxe: »flatterhaftes Körperchen, das irgendwie nicht richtig geraten ist; beim Abgang stampft es zwar kurz trotzig auf, ist aber ratzfatz spurlos verschwunden«.

»Irgendwie« (Rudolf) hat R. eine Tracht Gesichter und Gelächter verdient. Irgendwie sollten vielleicht zur Abwechslung mal wir die Anwälte in Bewegung setzen.

Ruhetag Genehmigte sich die Brauerei Hoh Köttensdorf. Wollte keine Fässer **Lagerbier** rausrücken. Das habt ihr jetzt von eurem R.: Rügen, Rügen, Rügen, Rügen und Rügen.

Ruppaner Spezial-Export 5,2% Ruppaner Brauerei Konstanz. Vergilbtes Gelb unter schauderhaftem Schaum. Mit dir gehen wir keinen Millimeter weit. Behandle den traurigen Tropfhopfen liebevoller! Ah, sieh an, das **Schimmele** (5,0%) zeigt besseres Benehmen, gewährt dem Malz genügend Freiraum und läßt im Finalfinish die Blüten fliegen.

Anschließen möchte sich das **Edel-Pils** (5,0%), kein Problem. Hochmut kommt usw.: Den Mund zu voll nimmt das **Hefe Weizen** (5,1%), einen Abspann zum Abgewöhnen liefert das **Kristall Weizen** (5,1%). Klappe.

S

Saigon export 4,4% Săn Xuăt Tai Công Ty Bia Sài Gòn/ Vietnam. Wie maisig und maischig! Wie grell und schnell! Die randalierenden Trauben abzuführen.

Salmon Beer 5,0% Appeltoffska Bryggeri/Schweden. Lachsverzierte Dose mit Internetanschluß. Erstunken und erlogen. Kein Getier enthalten. Gängiges Untergäriges. Und vorher diese Angst.

Samba do Brasil 4,9% Bebidas do Brasil São Paulo/Brasilien. »Schöne Scheiße.« (Alexandra Wehrmann)

Saufender Brüllaff' Bramm bromm bropf, alles in den Topf, sang Bierphilister Nietzsche, nachdem er zwei Malteser gekippt hatte, um die Suppe abschmecken zu können. Der Koch Nietzsche – eine Niete. »Ha! Feierlich! ein würdiger Anfang!« schrie er, schob zwei Helle nach und fiel. Fiel und brachte den Nachlaß nicht fertig. Mit zittriger Hand ein »Heil, Heil jenem Walfische, wenn er also es seinem Gaste wohlsein ließ« notiert, das war's; » – sein Leben ist sein Kaun …«.
Das Buch wird immer beschissener.

Saverne 8,8 Premium 8,8% Brasserie de Saverne/Frankreich. Hat hier jemand »witzig« gesagt? Schnapszahl, was? Velare Brandigkeit, keine Bittere und unverschämt gekünstelter Schaum. Noch eins schaffemer net.

Schäffbräu Urtyp Hell 4,8% Privatbrauerei Schäffbräu Treuchtlingen. Brunz im Teekessel. Widerwillig ließen wir uns zur Prüfung des »teuersten Bieres der Welt« (Höllhuber/Kaul) bzw. »des teuersten Bieres der Welt« (M. Jackson) herab, des auf »ca. 24% Stammwürze« hochgezüchteten **FeuerFest** (10,5%), eines, juchzt »die Firma« (Al Pacino), »Edel-Biers«, einer Edel-Bier-Bohle mit Seriennummer (»333054«), Wachssiegel, »einjähriger Lagergarantie« usf., eines lachhaften Sherrysurrogats, eines Mückenmuckemurks' und fruchtfliegenumflorten Käses. An seinen Flanken schnattern und schluren die **Dunkle Weisse** (5,2%) und die **Helle Weisse** (5,4%). Treuchtlingen: Von diesem Boden darf nie wieder ein Bier ausgehen.

Schaller Ur-Hell 4,8% Schaller-Bräu Bonstetten. Pfiffen wir hinterher, als die Verpackung in den Flaschenautomaten wanderte. Angriffslustig malzig; schaumaktiv; cooles Hellgelb, saustringentes Finish. Tres bien. Das **Hefe-Weizen Dunkel** (5,2%) nicht durchfällig, sondern »durchaus gefällig« (M. Jackson). Beerenbouquet à la best Bocuse.

Weder einen Blumentopf erntete noch einen Strauß focht mit uns aus das abgeschmackte Trio **Schanzer Wappen Export** (5,6% Privatbrauerei Nordbräu Ingolstadt)/**Anno Domini** (5,6%)/**Schanzer Weiße** (5,4%).

Schaumburger Pilsener 4,8% Schaumburger Privat-Brauerei Wiksner & Lambrecht Stadthagen. Schaumburrrrgerrrr. Schaauuuuummmmmmburger. Und wo bleibt er? Das Tiefergelegene mehr Burger denn Bier, frei von der Laberleber weg geurteilt. Nomen hic est verstecktes omen. Der Bauernfang findet keine Fortsetzung im **Keller-Bier** (4,8%), dessen Malzaroma berückend an unsere Knospen greift. Der **Privat-Bock** (6,5%) bügelt kleine Verfehlungen schick gehopft aus. Ihr habt's gepackt.

Schaumweben Linsen Sie bei Gelegenheit in eine auf dem linken Handteller ruhende, beinahe geleerte, leicht schräg

gehaltene Bierflasche und schauen die an die Innenwand ge-
klebten Zierbilder. Bravo.

Verschwenderisch mit Gaben der Unterwelt bedenkt uns die
Privatbrauerei **Scherdel** Hof. Aus der Dreiminutenterrine
schöpfen sie ein nudeliges **Edelhell Pilsner** (5,0%) »ohne
Eier« (Volker Tausch). Kruselige Flocken und Schaumspäne.
Denselben Stirnstrichcode trägt das via *Bier! Das Lexikon*
abgewatschte **Premium Pilsner** (4,7%), das **Ice Beer** (5,0%)
werde auf Eis gelegt, wenn noch Hirn vorhanden. Das Ur
Dunkel (5,1%) läßt, kurzzeitige Formschwäche, den Hopfen für 'nen Instantkaffee vorbeischauen, das klägliche Ni-
veau restituiert die **Dunkle Weisse** (5,1%), die **Hefe Weiße**
(5,1%) schicke man zur Natursektparty, woselbst **August
der Starke** (7,8%) den Malzmaxen markiert, doppelt hell,
doppelt stark, doppelt tumb. Abneigung ist angebracht beim
angeblich durch Mauth Bräu Mühlbiel gezeichneten, influ-
enten **Sechsämter Landbier** (5,4%), dem letzten Tropfen
aus dem bodenlosen Faß. Das große Scherdelgericht wird tagen und die Negativoffenbarung beenden.
PS: Thüringer Zeitungsanzeige, 30. November 1996: »Ich
heiße Bruno Findelmann, bin 66 Jahre, und der Papst (???)
hat mir mein Bier weggetrunken ... Halt. Stop. Klappe!
Keine Ahnung, wo Bruno den Papst getroffen hat. Aber
wenn Bruno sein Scherdel dabei hatte, kann's echt wahr sein.
Es waren Kirchenmänner, die das Bierbrauen in Germania
zur vollen Blüte brachten. Die wissen bis heute, was so gött-
lich schmeckt! Scherdel – dem Himmel sei Dank.« Es reicht.

Scheubel Edel Pils 5,0% Privatbrauerei Scheubel Possenfeld.
Scheinbar Ableger der Kommune Stern-Bräu (suche selber)
bzw. Scheubel. Nicht halb so freundlich, sondern Käufern
feindlich gesonnen. Wir mußten uns zwei Flaschen regelrecht
erkämpfen: gegen den Braumeistersohn, der angesichts des
fälschlich fallengelassenen Hinweiswortes von einem »Bier-
lexikon« zu konvulsivisch-hysterisch herausgepreßten Lach-
paraden schritt (»Hör fei, der schreibt a Bierlexigonn, der
schreibt wos auf zum Bier, hahaha!«); gegen eine dreihun-

dertzehnjährige Großmutter, die mit wässernden Argusaugen um uns kreiste; und gegen den Gärmeister persönlich, der uns weiszumachen versuchte, er ziehe nicht auf Pullen – wo neben den Stammesoberhäuptern und -ablegern außer vier, fünf tresenschimmernden, verschieden etikettierten Flaschen rein nichts zu sehen war. Und siehe, ein starrer Fuchsblick ließ den Dorfbrauerzampanobiersuppenschädel unter fortlaufendem Protest (»Mir brauchen kaa Werbungg«) einen sieben bis zehn Jahre alten, tausendmal durch Possenfelder Scheubelhände geschrammten Bierdeckel und »zwei Flaschen Pils, sonst gibt's nix« gnädigst herzuräumen.
Kay »Waters« Sokolowsky pflegt zu wünschen: »Viel Spaß bei Gastwirtschaft!« Roger.

Schierlinger Classic Pils 5,0% Spezial-Brauerei Schierling. Becher, der hätte an uns vorübergehen sollen. Wer das bis dato unerreichte Sprüchlein »Think global, drink regional!« verbricht, dem wird der Hahn seiner Schwatzzapfanlage zugedreht und die Lizenz zum Brauen entzogen. Obwohl er's beherrscht.

Schimpf Krone Pils 4,8% Kronenbrauerei Schimpf Neustetten-Remmingsheim. Wir schimpfen zuviel, finden Sie? Das **Spezial** (5,2%) formal genial, konkret obsolet. Zum Erbarmen wie das **Kristall-Weizen** (5,0%) ist das **Hefe-Weizen Hell** (5,0%), das **Hefe-Weizen Dunkel** (5,0%) so pikant als ein Kübel aufgetauter Frostinektar. Wir sind müde.

Schinner Meistersinger Klassik Pils 4,8% Brauhaus Schinner Bayreuth. Knapp bewilligt. Das **Altfranken Braunbier** (4,8%) schien uns in Richtung Villawahnfriedgebrabbel und Altfrankenmumpitz zu trampen und zu trampeln. Da wächst kein Hopfen mehr.

Schloßbräu Hell 4,8% Private Spezialbrauerei Helmut & Sophia Prinzing Mickhausen. Duftes Ökobier! **Urhell** (4,9%) bei der Sache. Die Schaummacht des **Schloß-Pils** (4,9%) begrub signifikante Signifikanten und freilich Signifikate.

Schloß Hell 5,1% Privatbrauerei Bräuhaus Füssen. Hat
seine Vor- und seine Nachteile. Die Bierteilchen suchen Zu-
flucht im geteilten Komponentenfluß Schaum/Fluidum.
Teilzeitarbeitslos der Hopfen. Divide et imponiera. Man
ahnt, warum Ludwig II. hat geteilt und im Wasser hat ersäuft
werden müssen. Schloß Hohenschwangau, »zu Füßen von
Schloß Neuschwanstein«: die Kulisse eines Schranzentan-
zes, dessen Teilnehmer wir nicht sein möchten. Die endgül-
tige Teilung Spreulands, das ist unsere Aufgabe. Beim Weizen ganz zu geizen. Und das **Flösser Dunkel** (5,4%) zu
verheizen. (Dürfen wir wieder normal werden?)

Schloß-Pils 4,8% Kalt-Loch-Bräu Miltenberg. »Eins der
Marke: schön, daß wir das erleben durften.« (Sat.1-*ran*, 22.
Mai 1999) Verschwenderisches Gepränge sein Gesicht, von
vollendetem Aufputz sein Gewand, von Vollkommenheit
sein Tritt, von ewiglicher Sicherheit sein Stand bei uns. Ken-
nen Sie *das* Pils, kennen Sie das Pils an sich. Zierlich gemalzt:
Fränkisches Landbier Dunkel (5,5%). In der Würze liegt
die Kürze. Rein gehet ein das **Export** (5,5%; man merkt, by
the way, abermals der Kräfte Walten kaum), saftsanft die
Hefe-Weisse (5,0%), heißspornig der unter den fünf dt.
Böcken rammelnde **Kalomator** (7,0%).
Kalt-Loch, schauderhaft schürfender Name, hinter diesen
Steinen können sie brauen.

Schmitt-Bräu Heller Bock 6,5% Brauerei Schmitt Scheßlitz. Dürftig schäumend, bei Tageslicht besehen vollmun-
dend, um einen Haarspalt zu hörnchensüß, kleiner Hopfen-
hieb würde nicht schaden. Schlechtere Rammen haben wir
getrunken. Das **Edel-Pils** (5,1%) bamberghörig und bittere-
abstinent. Das **Jura-Hell** (4,8%) macht mehr Druck über die
Flügel. Malz – Hopfen nach 83 Minuten: 7:2. Unser **Haus-
brauerart Bier** (4,8%) fiel nicht leicht – »bei der Kürze und
Unklarheit des Lebens« (Arthur Schopenhauer: *Vorrede* zu:
*Ueber die vierfache Wurzel des Satzes vom zureichenden
Grund*). Das rennende 20. Jahrhundert ist ein »kurzes Jahrhundert« (Jürgen Kocka) und unser Buch – pffff – jedenfalls,

»ideal zur Stärkung nach einem Spaziergang« (Michael Jackson: *Whisky,* Weil der Stadt 1988) das »hintergründige« (ebd.) und woher hinterfotzige – himmelhaltdasruder – »ähnlich einer Melone« (ebd.) nein torftrockene »stilvolle Single« nein, wir sind ja wohl zwei, hehe, servus, du »trotzige Kostprobe« (ebd.) des Banalen: – **Edel-Märzen** (5,3 %), wir lassen nichts umkommen – nein, das – – jemineeeeh, der Rauchmelder springt an, alsoergo, beim Longdrink wird's heikel, Herr Blaschke, noch da? – das sauberschmeckende **Keller-Bier** (4,8 %) »mit eigenen Heidetönen« (ebd.) gehtjetztalldurcheinander?!? und sowieso »heidesüßer Saftigkeit« (wo wohl?), das ist und schreiben wir unbenommen hin ein Digestif, »hängt aber seine Herkunft nicht an die große Glocke«, woher, dubidu, mit keiner Spur Gewürznelke, Cassis kaputt, »wird von vielen Blendern in Mengen abgenommen« und »hat einen etwas lebhaften Geschmack« – »Gut vor dem Essen.« Vince, einverstanden?
»Stünde die Materialität der Welt auf dem bilanzierenden Prüfstand« (E. Krippend.) – was schwollert denn gerade der Reemtsma im Radio herum – man könnte glatt – – »scheiß doch drauf, he, scheiß einfach drauf« (Carmen Koma). Achtung, Gefahr durch freilaufende Schafe! »Hat einen eindeutigen exotischen Charakter.«
Super.

Schmucker Privat-Export 5,0 % Privatbrauerei Schmucker Ober-Mossau. Keine Intuition. **Schwarz Bier Premium** (4,8 %): die perfekte Schankbiervariante von Melkfett. **Hefe-Weizen Dunkel** (5,0 %): Wasser mit einem Schuß Wasser. **Hefe-Weizen Hell** (5,0 %): mißraten. **Märzen** (5,0 %): schadhaft wanstig. Am Hopfen darf gearbeitet werden. Das **Märzen Quellrein** (5,5 %) spricht: »Es war einmal …«

Schnaps Seine verdauungsfördernden Qualitäten sind Aberglaube. Der Fürther (!) Chefarzt Prof. Otmar Stadelmann erklärte am 28. Dezember 1998 gegenüber *Bild Nürnberg*: »Schnaps ist garantiert das falsche Mittel für den überstrapazierten Magen. Ein Schluck Bier ist da immer noch

gesünder.« Und welcher? Ein frischer Weizenzug in der
Bruckberger Hausbrauerei Dietz, die dank unserer positiven
Begutachtung (vgl. *Bier! Das Lexikon*) jetzt auch von der
Weltpresse (Photo!) zur Kenntnis genommen wird.

Schneider Weisse Light 3,3% Weißbierbrauerei G. Schneider & Sohn Kelheim. Kommt einem regulären Kristallweizen aufdringlich nahe und rückt spornstreichs in die Zone
des Akzeptablen vor. Bei allem Murren.

Schönberger Privat-Export 5,3%, gebraut durch die
Pfungstädter Brauerei Hildebrand. Ja.

Schreckenshammer Kölsch Hat mutmaßlich mit Stecken
was am Stecken. »Die Farbe ist normal.« (Th. Roth/H.-C.
Schmitz) Deutsche Braunormalität.

Schultheiss Lager 5,0% Schultheiss-Brauerei Berlin.
»›Schultheiss‹ klingt wie ›Sieg heil‹« (*taz*, 29. März 1999).
Derweil der *WELT-Report Bier* (16. September 1998) Vel-
tins' (siehe Veltins Pilsener) Betriebsstrategie so beschreibt:
»Exportiert wird zu deutschen Ab-Rampe-Preisen.« In den
Kerker werfen sollte man sie und ihnen stündlich die
Schweinsköpfe mit S. einseifen. Und die Ärsche mit **Lager
Schwarz** (5,0%) versohlen.

Schüttinger Hell 4,5% Schüttinger Erste Bremer Gasthausbrauerei. Läßt drängende Beerigkeit vermissen. Rezens
strafbar. Fahre »muntere 5 Gramm Kohlensäure pro Liter«
auf. Schaum im Dunst des spartanisch eingerichteten Kellers
(Taufe 1990) schummrig. Hopfenverschwindendgeringe
Hellbiertristesse. Das gähnende **Dunkel** schafft 4,7%,
während der Fertigung des nicht taxierbaren **Maibockes** war
man sichtlich von der Rolle: stopfend, lärmend, quengelnd,
stickig. Drei Biere, ein Gedanke: Wegschüttinger.

Schützengarten Naturtrüb 5,2% Brauerei Schützengarten
St. Gallen/Schweiz. Am längsten bestehendes Schweizer

Bierinstitut. Beerbt die – vor Weihenstephan – älteste Brauerei der Welt, St. Galler Klosterbräu, gegründet 825. Die gebotene Ware deuchte uns rein wie ein Nebenarm des Rhein
und gichtfingrig gehopft. »Tradition« bewahrt nicht vor Bedeutungslosigkeit. Das **Edelspez Dunkel** (5,0%) heuchelt
ranzige Kartoffelpflätscher. Im Graben frickelte man unter
Malzbeschuß Kaliber 1,7 das simpel ausgestattete helle **Edelspez** (5,2%) zusammen und brüllte es »Spezialbier« an. Zog
sich beleidigt in die Flasche zurück. Sauer das **Lagerbier
Hell** (4,8%). **First Class Billwiller Premium** (4,6%) nach
einem Tag voller Mühsal i. O.

Schützen Pils-Exquisit 4,6% Johann Bolz Schützenbrauerei Rottenburg. Roh, brotig, messerscharf bitterhopfig. Das
Classic (5,2%) bräselt in dissonanten Nebengeräuschen vor
sich hin. Auf Kehlkopfhöhe bieten die Malze des kirschbaumholzfarbenen **Edelstoff** (5,2%) ihre Dienste an. Wir
verzichten.

Dem **Schwabenbräu Urtyp Premium Export** (5,1% Schwaben Bräu Robert Leicht Stuttgart; fusioniert mit Dinkelacker)
spenden Sie blechernes Hohnlachen. Sonst kachelt's hier.
Einstweilen das **Meister Pils** (4,9%) nicht erfolgsverwöhnt.
Die Schwaben streifen die Fluten und trinken Fahrt und
Nacht, und die Franken haben gut tuten, weil sie meist Feines vollbracht.

Schwalm Bräu Urtyp 4,8% Privatbrauerei Haas Schwalmstadt. Nur noch in geringen Mengen hergestelltes bäriges
Export. Kompromißformel zum Pils hin. Dieses (**Pilsener**
4,8%) hopft und birnt und orangelt, bis der Arzt kommt.
Auf das **1. Schwälmer Märzen** (5,2%; »dunkles Trebbche«)
wird genügend Aufmerksamkeit verwandt, um ein softmalziges Märzen zu destillieren.

Schwanenbräu Original 5,2% Schwanenbräu Burgebrach.
Belang geht über Los. **Dunkel** (5,4%), du möchtest gehört
werden? Denkste.

Schwanen Bräu Pils 4,9% Brauerei Baptist Dotterweich Ebermannstadt. Blutrauschender Göttertrank. Fünf bis zwanzig Bäuche S., und die Gesundheit nimmt dramatische Ausmaße an. Und man fällt gondelglücklich aufs **Lager** (4,9%).

Schwarzbräu Exquisit 5,3% Schwarzbräu Zusmarshausen. Bitter bis zum bitteren Ende. So soll kein Export nie sein. Uns gefiel's. Ein **Feines Helles** (4,9%) brachten wir spontan mit Steve Morse in Verbindung: flink, gedämpft, bluesig. Und ein »Schuzz Jazz« (Theo Bachteler).

Schwarzes Kreuz Vollbier Privat-Brauerei Schwarzes Kreuz Eggolsheim. Unwiderstehlich korrelieren Malz und Hopfen und leiten »edle Ströme« (Stuart Pigott) beidseitig um die Zähne, dem Rachen zur »Gaumenfreude« (ders.). Die Bierbengel tanzen unterm Tisch, über dem das Eiserne Kreuz dräut. Hier ist was edelfaul.

Schwechater Bier 5,2% Österreichische Bräu AG Linz/ Österreich. War 1841 das erste Untergärige weltweit (knapp dahinter Pilsner Urquell), heutigentags, durch grauslige Berge umstellt, vom relevanten Braugeschehen suspendiert. Schmucklos, spelzig und matt. Praktikables Tierfutter.

Schweiger Helles Export 5,1% Privatbrauerei Schweiger Markt Schwaben. Gellend, kreischend, grunzend »bizarres« (Tommy Haas-Holert) Edelexport. Kolossale Malzung, beim Poseidon. Schneidig umgurkte uns die **Schmankerl Weiße** (5,1%). Wir sind zufrieden. Und beklagen das **Premium Pilsener** (4,8%), das leidige Feinherbgesocks. Den Schaden kann man nur in Megatonnen messen. (Näherer Betrachtung entzogen: **Alt-Schwabener Dunkel** [5,1%] und **Schmankerl Weiße Dunkel** [5,1%].)

Schweinfurter Pilsner Premium 5,1% Brauhaus Schweinfurt. Eine betörende Obstbiergeschichte erzählt uns der wie zwei Jahrhunderte altes Butterbrotpapier brizzelnde Schaum.

Man sitzt stundenlang davor und hört zu. Das Trinken nicht vergessen beim **Franken Gold Export** – seine 5,5% will unsereins ihm schwerlich anmerken. Noch abnehmen. Ein Alt-Schweinfurter Dunkel imitiert das dunkle **Alt-Schweinfurter Dunkel** (5,2%). Bei sich und der Sache das helle Schaummirakel **Schweinfurter Weissbier** (5,2%).

Schweinsbraten, der Der S. ist nur dann ein S., wenn er S. heißt – und nicht »Schweinebraten«. Letzteres wäre ein verkommener, ein falsch behandelter S., ein schweinischer S. – und kein S. Der Zeitschrift *GEO* (3/1990) gewährte Gerhard Polt, der augenblicklich versierteste Theoretiker des S.s, Einblicke in Soziologie, Typologie und Morphologie desselben. Er, der S.-Spezialist, stellte zunächst den geographischen Eigensinn des S.s heraus (»Wenn ich also vom Schnitzel rede, rede ich indirekt auch von der großen weiten Welt. Während wir uns hier ja in einer Schweinsbratenkultur befinden«) und griff anschließend die Qualitäts- sowie die optische Problematik auf: »Wenn aber ein Wurstsalat zum Beispiel aus einer faden Lyoner Wurst ist, dann ist die erste Enttäuschung schon da. Beim Schweinsbraten geht es einem ähnlich. Man hat einen Urschweinsbraten im Hirn, auf der Zunge, in den Augen. Und man wird betrogen, wenn auf der Speisekarte ein fotografierter Schweinsbraten drauf ist. Einen Schweinsbraten zu fotografieren ist lächerlich, weil er illustriert nichts hergibt. Den muß ich mir selber illustrieren.« Autonomie somit erstes Gebot! Die Ökonomie allerdings durchkreuzt das Recht auf Selbstbestimmung: »Es sind zunehmend Pächter, die Brauereien haben dadurch mehr Einfluß auf die Gerichte, und es gibt weniger Leute, die einen Schweinsbraten von der Idee her restaurieren können [...], das heißt, wenn die Idee des Schweinsbratens einmal verloren ist, wird man sie wahrscheinlich nie mehr herbringen. Wenn er weg ist, ist er weg. Das ist ja das Schicksal von vielen Gerichten. Nehmen Sie die Stockwurst. Die Stockwurst ist so gut wie erledigt.« – Der S. verlangt besondere Pflege und eine Fertigkeit, die nicht jedermann gegeben, sei er Zubereiter oder Esser: »Die Frage ist, wer macht

den Schweinsbraten? Nur aus dem Buch heraus, das ist zu
theoretisch. Ohne Erfahrungswerte, ohne selber einen tra-
dierten Schweinsbraten jemals probiert zu haben, geht's
nicht. [...] Wenn man einem Neuseeländer die Chance gäbe,
über das Kochbuch einen Schweinsbraten zu machen – also,
ich wäre sehr skeptisch, ob er es schafft. Der tut mir direkt
leid, der Neuseeländer. [...] Ich esse ja nicht im luftleeren
Raum, ich esse zu einem bestimmten Zeitpunkt, und der
Schweinsbraten beeinflußt mich. Er gibt mir ein gewisses
Gefühl – und umgekehrt: Wenn ich einen Schweinsbraten
esse, will ich meinen Ausdruck mit dem Schweinsbraten zu
einer Einheit bringen. Ich esse ja bewußt einen Schweinsbraten und nicht einen Quick-Snack. Ein Schweinsbraten,
der seinen Namen verdient, muß unter würdigen Bedingungen zu sich genommen werden. [...] Der Bewegungsablauf
ist wichtig. Der Gesichtsausdruck, die Art, wie man vorm
Teller sitzt. [...] Der Mensch, der öffentlich einen Schweinsbraten ißt, während man ihm zuschaut, der muß ja zugeben,
wer er ist. [...] Dem Björn Engholm würde ich nicht unbedingt zuschauen wollen, wie er einen Schweinsbraten ißt.
Oder dem schwedischen Ministerpräsidenten Carlsson. Der
kann vielleicht ein Knäckebrot essen. [...] Der Schweinsbraten ist ja ein Mittagsgericht, man ißt ihn nicht am Abend.
Wenn jemand am Abend Schweinsbraten ißt, fragt man sich,
warum macht er das? [...] Einen Schweinsbraten in gleißen-
der Sonne essen: Das macht man nicht. Er braucht gedämpftes Licht. Kein metaphysisches, aber gedämpftes Licht. Ein
Licht, das den Schweinsbraten nicht bloßlegt. Man sollte ihn
auch nicht mit einem Spot anstrahlen. Das wäre gemein.«

Schwind Pilsner exclusiv 4,8% Schwind-Bräu Aschaffen-
burg-Schweinheim. Schwundstufe der Hopfenschwind-
sucht. Das **Alt Schwoihier Dunkel** (5,2%) kann kein
Mensch aussprechen. Und das **Schwoihier Weissbier Dunkel** (5,4%)? Logopäden, euer »Job«.

1664 de Kronenbourg 5,5% Frankreich, unter Lizenz von
Brouwerij Alken-Maes Waarloos/Belgien. »Hab' ich mir«,

wertet Horst Tomayer, »exakt am 13. Januar 1998 letztmalig, ja, sagen wir: reingetan.« Tatsächlich existieren angenehmere Techniken, sich umzubringen.

Seelmann Export 4,9% Seelmann-Bräu Zettmannsdorf. »Sie haben doch einige wirtschaftliche Beine, um darauf sicher und fest zu stehen«, schwören schwallschwer Höllhuber/Kaul (*Die Biere Deutschlands,* Nürnberg 1993, 2. verb. und erw. Aufl.), konkret zirka acht, die des Juniorbrauers, seiner zwei Schweinsbratenkumpel und des quickkreglen Alten, der Gäste persönlich in den überweltlichen Steigerwald-Kastanienkeller steuert, um ihnen krügeweise das milde, bisweilen Pilsener oder Kellerbier genannte Getränk zu injizieren. Geschieht jedem gerade recht. Die Aufenthaltsgenehmigung wird erteilt.

Seiterl Premium 5,0% Firma Tigast Wörgl/Österreich. Aufmunternd unkompliziert und seiner wissenschaftlichen Entschlüsselung unaufgeschlossen. En-passant-Bier.

Seligenstädter Export 5,4% Privatbrauerei Glaab Seligenstadt. Mit Würzmischung 3 angereichert. Als Brotaufstrich dienstbar zu machen.

Semmelrogge, Martin Erster Aspirant auf die Juhnke-Nachfolge und wackerer *Bild*-Überschriftenleister, etwa: »Oh, Martin, schon wieder blau« (12. Mai 1999). Fährt Alfa Spider. Trägt Rodeo-Hosen. Redet Weißblech und in Dosen.

Seppls Urbräu Dunkel 5,2% Heylands Brauerei Aschaffenburg. Die dem Brauer von Eders (siehe Eder's Bavaria Hefe Weizen) aufgesetzten Hörner füllt er in unsere Krüge. So ein Schelm. Fast hätten wir's nicht gemerkt.

Seriensuff An ihm beteiligen sich Sekt, Wein, Sherry, Whisky und Bier. S. meint das Saufen in der Soap, und zwar in Serie. Frau Conrad (ehemals *Verbotene Liebe*) versichert, bei ihr »war alles klar, alles sauber«, auf der Produktionsseite

zumindest. Das Fernsehbild enthält trotzdem 25% Alkohol, »Spitzenergebnis« (Dr. Monika Weiderer). *Dallas* sei, ermittelte wiederum *TV Movie* (12/1997), »die hochprozentige Serie schlechthin«. – »Und wie sieht's sonst aus mit dem Verhältnis Fernsehen/Alkohol?« *Wolffs Revier* setzte gut sichtbar Schultheiss-Stubbis ein, die meisten Detektive, Bullen, Schnüffler schlürfen Whisky. Gemeinhin lautet die Devise: »Weißbier für den bayerischen Kommissar«, »Pils bei Verbrüderung von Männern« oder »ein, zwei Bierchen zwischendurch«, egal wer, egal wo (siehe auch Fernsehen, Bier und; siehe auch Wodka, auch Champagner). Ein anonymer Fernsehredakteur wird mit den Worten zitiert: »Bei der Massenproduktion von Serien können wir nicht auch noch auf die Flaschen achten.«
Immerhin soviel gilt als gesichert: »Wer […] leere Flaschen herumliegen läßt, entpuppt sich oft als Mörder.«

Siebeck, Wolfram »95 Prozent aller Weine sind für den Kritiker Gesöff – man könne sie wegschütten.« (*stern* 51/1996) Sagt's einer.

Siebzehn Magische Zahl der Biermythologie. Wer den Wert s. erreicht, den greift kein Ungemach an. Diese Wahrheit spricht im Reimgedicht des großen F. W. Bernstein: »›Obazahlnnischschkannnischmehr!‹ / ›Das waren siebzehn Bier, der Herr!‹«

Siegburger Helles Siegburger Brauhaus Zum Roten Löwen. Erhältlich im Ausschank. Obgleich »Kölsche[r] Art« – pilsig, computerkopfgesteuert. Das konzeptionell hopfenharte und aprikosenfarbige **Siegburger** arbeitet obergärig, malzig im Abtrunk. Schauspiel nach vertauschten Rollen? Gelungener Scherz? Wer spinnt? Wir oder die?

Sigel Kristall-Weizen 5,0%, erst offiziell Klosterbrauerei Metzingen, inoffiziell Schwabenbräu Stuttgart, jetzt offiziell »Brauort Stuttgart«. ALDI, Vertreiber des **Kloster Pilsners** (4,9%) gleicher Abstammung, übt Zurückhaltung und unterläßt die Aufbahrung der S.-Packs in seinen Räumen. Verständlich.

Sixtus Premium Bräu 4,9%, somewhere in Österreich. Nicht für Geschmäcklerische. Bitter schmerzfreier Antrunk. Unter Kontextbedingungen hinzunehmen. Nun, gütig und eßbar.

Sonnenbräu Lager-hell 4,8% Sonnenbräu Rebstein/ Schweiz. Selbst mit belgischer Bananenschokolade (Callebaut) nicht zu wegzuschaffen. Volle Milchkanne vergeigt. Maisbier hat in der Schweiz Abnehmer. Auf die peinliche Relieflasche zieht Rebstein sein **Premium Jubiläum Rheintaler Maisbier** (5,0%), ein zitronenödes – schon gut.

Sonnenbräu Premiumpils 4,9% Sonnenbräu Joseph Herbst Ebermannstadt. In absteigender Linie zu nennen sind das immense, dem Leser aufs Wiegedeckchen gelegte, flensburgerersatzdienstleistende, koronarfreundliche S., das in maßloser Malzmäßigung entschlafende **Sonnengold** (5,0%), der inkontinent blasable **Schluck-Specht** (4,9%; falls identisch mit dem P., verbrennen Sie das Buch), das kellermuffig-kehrauskalte Krabbeltisch-**Annafest-Bier** (5,3%), das – Kooooomannndo zurück! Aufschwung! – schweinestarke **Keller-Bier** (5,0%) und das – Ruck! – – fehlt eine Sorte. Brauer, denk' an deine Zukunft (siehe auch Zukunft)!

Sotscheck, Ralf Sein Wirken als Irland-Korrespondent der *taz* ist ein Segen. Kann schreiben, kann trinken. Destruierte z. B. den britischen Real-Ale-Mythos: »›Was willst du trinken?‹ Ich machte den ersten Fehler: ›Ich nehme das gleiche wie du.‹ Rodney bestellte zwei Theakstons Best Bitter, die in Sekundenschnelle serviert wurden. Das machte mich mißtrauisch. Zu Recht. Ich probierte vorsichtig von der schaumkronenlosen Brühe und flüsterte Rodney zu: ›Das Bier ist schal.‹ Das war der zweite Fehler. Rodney drehte sich um und rief lauthals durch die Kneipe: ›Hört mal, der Typ behauptet, das Theakstons wäre schal!‹ Und dann zu mir gewandt: ›Das liegt daran, daß du nur Hühnerpisse gewöhnt bist. Das hier

ist ein richtiges Bier.«« Im weiteren Verlauf entpuppt sich Rodney als »knallharter Camrist«, als Mitglied der 33.000-Mann-Sekte CAMRA (Campaign for Real Ale). Eins ihrer Mitglieder agitiert S.: »›Du hast ja keine Ahnung von Bier‹, behauptete der Weißhaarige. ›Das ist die traditionelle britische Brauart. Das Bier wird nicht pasteurisiert oder gefiltert, sondern gärt im Faß weiter. Das braucht keine zusätzliche Kohlensäure.‹« – »Zugegeben«, schließt S., mutig ein Manufakturale stürzend, »britisches Lagerbier ist wirklich das Letzte. Aber wenigstens sprudelt es.« (*taz*, 25. März 1992)
Auf daß es seine Neigung, über den Rand der 0,56-l-Gläser zu schwappen, verliere, hat Carlsberg »ein Gel entwickelt, das Bier oder auch Wein beigegeben werden kann, damit es nicht mehr tropft. Gummibärchen mit Biergeschmack? Warum nicht, das kann auch nicht schlimmer sein als das süßliche Dänenbräu.« (*taz*, 5. Oktober 1998)
Was der Mann alles durchstehen muß. Wir haben's leicht.

Spanien Sommer, Sonne, Strand und mehr: »Spanische Wissenschaftler« – Wissenschaftler! – »haben das älteste Bier Europas nachgebraut – nach einem Rezept aus der Bronzezeit.« (*Bild,* 28. November 1998) Bronzefarben, »3.100 Jahre alt«. »Die Wissenschaftler« – Wissenschaftler! – »ließen 240 Liter« – 240 Liter! – »originalgetreu nachbrauen« – nachbrauen! – »und testen.« Von Sagres. Originalgetreu. »Spanische Zeitungen:« – Zeitungen! – »Es schmeckt ausgezeichnet, fruchtig und steht den heutigen Bieren in nichts nach.« Nämlich nach nichts.

Spaten Pils 5,0% Spaten-Franziskaner-Bräu München. Damit uns hier auch niemand durch die Lappen wischt, konzedieren wir, das Prädikat »münchnerisch« treffe zu – dem Hopfen wurden zuwenig Plätze reserviert. Das – u. U. (unter Uns) – urtypische **Münchner Hell** (5,2%) ein Bit zu verrotten im Antrunk und unmerklich malzig. Keinen Einwand hinsichtlich des würzigen und wahrheitsfähig gebitterten **Ludwig Thoma Dunkel** (5,5%), das allzu plausibel vom Hofbräuhaus kömmet. Zum »Abschädeln« (Vincent Klink).

Spezial Rauchbier 4,5% Brauerei Spezial Bamberg. Rauch-
bierfriedenszeichen kräuseln überm Tipptisch. Unten sirrt
der Traumtrank, oben schwellt dem Schaum die Brust. Wir
sind stolz, das gelöffelt zu haben.

Spital Pils 5,0% Spitalbrauerei Regensburg. Schwer zu be-
sorgen, kaum zu ehren. Es ist dann eine Enttäuschung.
Reintönig bis zur Glanzlosigkeit. Das **Hell** (4,7%) noch di-
stanzierter. Robust und rüstig rustikal der Dritte im Bunde,
das diskutable **Festbier** (5,1%). Irrelevante Gratifikation:
die bescheidenen, stilsicheren Etiketten. Verkauft sie an ein
gutes Bier mit schlechter Optik, z. B. … müssen wir selbst
blättern.

Spucken Bier kann gespuckt werden. Laut *Frankfurter
Rundschau* (5. April 1997) geriet der schwedischen »Rock-
band« Rednex das orale Emittieren auf offener norwegischer
Bühne zum Verhängnis – Geldstrafe (umgerechnet 700
Mark). Doch ein Trondheimer Richter hatte während des Be-
rufungsverfahrens ein Einsehen. Zwar sei die Integration etlicher Biere in die »Bühnenshow« nicht zu dulden, weil aber
Sänger Jonas Nilsson seine »tiefen Schlucke […] gleich wieder auf die Bühne« gerotzt und eben nicht geschluckt habe,
lag »in diesem Fall […] die Show – und damit auch die Verwendung von Bier und Bierflaschen als Wirkungsmittel – im
Rahmen des Erlaubten und war daher legal«. Außerdem
wurde, wie die Beweisaufnahme ergab, »das Gebräu gar an
jugendliche Zuhörer weitergereicht«. Selbiges pflegt – bei zu-
friedenstellendem Konzertverlauf – auch Ritchie Blackmore
zu tun. Wir schätzen das.

Stadter Vollbier Brauerei Stadter Sachsendorf. Salzig, ange-
lehnt ans Pilsner Urquell. Nur vom Faß, nur vor der Tür, nur
da wirklich gut.

St. Bernard Pater 6 6,7% St. Bernardus Brouwerij Watou/
Belgien. Kratzbitteres, phrasenhaftes Dunkles. Das **Prior 8**
(8,0%) auf Spiritus geeicht, während das **Abt 12** (10,0%) der

Kunststoffnoten entbehrt und vom Weinigen ins Karamelige gleitet, säuerlich und reifenrund. Profilbier, schwarz wie das fettige Gefieder des Raben.

Steinachtaler Pils 4,9% Trassl-Bräu Warmensteinach. Zum Abendlandretten. **Export** (5,5%) keinen Schliff unschärfer. Die **Gebirgs-Weisse** (5,4%) erklimmt einen Schaumachttausender nach dem anderen. Wir hören zum **Gebirgsexport** (5,2%) den Beauftragten Rudolf Luis: »So so, das Gebirge wird hier also exportiert. Große Pläne da. Von daher würziger Antrunk, gute Rezens, bestens abgestimmte Bittere. Klassisches Hopfenfinish. Cremiger, standfester, feinporiger Schaum. Goldmedaillenfarbig. Gäbe es das G. in fester Form, könnte sich mancher ... Moment, Moment: Das habe ich doch schon bei Radeberger geschrieben. Stimmt. Aber hier stimmt es auch. Bald noch mehr. Dem Braumeister hätten wir glatt ein Sonderpostwertzeichen gestiftet. Also, haben wir doch beide recht.« (Eine dritte – identische – Version in: Rudolf 1999.)

Stella Artois 5,2% S. A. Interbrew Bruxelles/Belgien, gebraut womöglich in Leuven. Pils, das wenig schadet; gibt es nichts zu meckern und zu kleckern. Selbst Klopper können Reizvolles verrichten. Heuduft kommt hinzu. Und **Vieux Temps** (5,0%), der »obergärige Durstlöscher« aus dem Interbrew-Hause St. Guibert (siehe Leffe Blonde)? Ein kupferfarbenes »belgisches Ale«, ingwerberieselt und weinig abmarschierend, in toto kalter Kräutertee mit Natreen. Das grob geschrotene **Loburg** (5,7%) wetzt die Scharte wieder aus. (siehe auch Jupiler)

Sternbräu Hell 4,7% Privatbrauerei Gerhard Lindner Elsendorf. Nicht so wahnsinnig fruchtbar. Überlegt gebaut das **Festbier** (5,0%). Fürs **Pilsner** (4,9%) verstaute man den Hopfen im Schober. Das rosinenfarbene, rücksichtslos riechende Lowendprodukt **Kellerbier Dunkel** (5,0%) ramponiert die ganze Crew.

Stern-Bräu Vollbier 5,0% G. Scheubel Schlüsselfeld. Schaumkanone im Geruchsmantel der Erdnuß, pralles Hopfenkissen und zum Bersten gereifter Malzkern. Das Finish läßt alle Zügel schleifen und Cluster himmlischer Klänge ertönen. Welch unerschütterliche Wohltat! Wir wiederholen: Welch unerschütterliche Wohltat! – Vorm **Festbier** (5,5%) senke man das Haupt und bette es auf ein Flor mikrofeiner Malzflusen und -flausen. Fordern Sie Autogrammkarten an. Von Meister Scheubel. Nicht von uns, Sie Idiot.

St. Georgen Pilsener 4,9% St. Georgen Bräu Buttenheim. Körnig, mediumhopfig. Überflieger seines Genres. **Land Bier dunkel** (4,9%) agiert im Finish steinzeitlich malzig, alterungsbedingt trivial. Der **Schwarz Bock** (7,3%) ein multifunktional wertvolles Trumm Bier. Kultische Verehrung angezeigt.

St. Georg Pils 4,5% St. Georg Brauerei Neukirchen, seit 1994 gebraut in der Gräflichen Brauerei Arco Adldorf. Ob der Umzug Fortschritte erwirkt hat, wagen wir zu bezweifeln; jetzt hängt der Saft schachmatt im Gebinde. Die Stupshefenase des nährenden **Hell-Export** (5,0%; c/o Gräfliche Brauerei Bad Birnbach) fanden wir putzig. Ein **Helles** (4,9%) bereitet Bucher Bräu Grafenau – und legt fünf Ticks Prickl hinein. Perlend weiß flutet der Muntertrunk **Weisse** (5,2%) Mund und Magen. Fröhlich ist, wer vergißt, wo er schließlich hingepißt.

St.-Gothardus Maibock 6,5% Brauerei Gotha. Mit links gebraut und mit rechtseinsundhoppübernkopp den Blumen anvertraut. Zurück bleiben »ein starkes Stück Osten« und »schäumende Landschaften« (*HANDELSBLATT*, 18. August 1997).

Stiegl Goldbräu 4,9% Privatbrauerei Stiegl Salzburg/Österreich. »Klassische 12° Stammwürze« bürgten für ursprüngliche Märzen-Power, eben: sprudelnd und sensorisch gentlemanlike. Schade, kein Motiv auffindbar, Österreich zu insultieren.

St. Jakobus Blonder Bock 7,5% Forschungsbrauerei München. Vollinhaltliche Übereinstimmung mit den Kollegen Bierdeutern: die kaum je erreichte reinliche Honigfarbe, stahlträgerstabiler, feinporiger Schaum; Antrunk und Abtrunk herausragend: fachmännischer Würzepegel, kolossal applizierter Hopfen, ideal zentrierte Rezens, ein planetarisches, ja internationales Bier. Das der Quellenlage nach ähnlich ägyptische **Pilsissimus** war wg. der nutzlosen Winterpause nicht erhältlich und wird nicht versandt. Wenn Sie in München-Perlach aufhältig sein sollten, seien Sie so gut und kaufen uns eins. Oder drei. Wir zahlen jeden Preis.

St. Louis Kriek 4,5% Brouwerij Van Honsebrouck Ingelmunster/Belgien. Schmutzigrotweißer Schaum schwebt flockig über ferrariroter Bierlackfarbe. Hopfenbitterer als manches Kriek, als Gueuze Ranglistenplatz vier. Mit der Strategie »auf« einem Boxenstopp (d. i. Leeren des Glases, ohne abzusetzen) siegfähig.

Stöckel Pils 4,9% Brauerei Helmut Stöckel Ahorntal-Hintergereuth. Das zugeknöpfte Bräu erweckt starke Sympathien, aber es klappt nicht recht. Läßt man den Flüssigkeitsballen ein, zwei Sekunden kreiseln und »stehen«, entwickelt sich das Aroma von ungefähr Sonntagsklößen. Das in einer halb gekachelten Schenke ausgehändigte **Vollbier** (4,7%) halluziniert Printen, Schmalz, Graubrot.

Stones Bitter 3,9% William Stones Cannon Brewery Sheffield/Großbritannien. Arschbombe.

Stöttner Export-Hell 5,0% Privatbrauerei Stöttner Mallersdorf-Pfaffenberg. Wenn sich der Brauer schon nicht für ein Export entscheiden kann, soll er's gefälligst bei seinem gelungenen **Pils** (4,8%) belassen. Und die **Pfaffenberger**

Weisse (5,5%) weglassen. Der Kerl **Schwarzer Pfaff** (5,0%) wird in den achten Himmel befördert.

St. Pieters Abdijbier Blond 6,0%, angeblich aus Brugge, gebraut für GB Bruxelles/Belgien. Kotzbarkeit? Ordinär? Henkersmahlzeit? Dessertbier für Deserteure? Elektrisierende Spannung zwischen Fäule und Säue? Nichts hilft.

Streekbier Bosbier 4,5% Brouwerij St. Jozef Bree-Opitter/ Belgien. Könnten Bakterien der achten Art mitwirken, so brummsig infektiös gaggert das Bummensbömmelns, das nach der Wald- und/oder/waswissenwir Blaubeere schlagende Dingenszeugbierwirsagnjetztmalfeierabend.

Streitberg Pils 4,8% Feldschlößchen Aktiengesellschaft Braunschweig. Dem Stubbischwörer leuchtet's ein, uns heim.

Stuttgarter Hofbräu Pilsner 4,9% Stuttgarter Hofbräu. »So ein Bier« – drunter geht werbend nichts. »So ein Bier« – je länger wir darüber nachdenken, desto nachdenklicher werden wir. Soso, »so ein Bier«. So ein Bier also. Also so ein Bier. Und was für (so) ein Bier. Es ist nicht zu fassen. Es ist ein Bier. So ein Bier ist's. Ein Bier, tatsächlich. Hurra, uns ward ein Bier gebracht! Habt acht! Unmöglich zu parieren das totaldefekte **Herren Pils Premium** (4,6%), während in jede Flasche **Frühlings-Festbier** (5,6%) der Brauer wohl persönlich einbrach. »Unter der 24 Meter hohen Fruchtsäule«, so die *WELT am Sonntag* (28. September 1998), »zertrümmerte« OB Rommel »beim Anstich einen Bierkrug«.

Swiss Cresta 4,8%, schweizlagernd. »Helles Schweizer Lagerbier«. Rrrrmmpfffff.

T

Taybeh Beer 5,0% Taybeh Brewing Ramallah/West Bank. Die einzige palästinensische Marke. Hat zuviel Sonne gesehen, daher knallharter Schaumstabilisatoreinsatz. Schießt sich auf trüben Boskopsaft ein. Gräßliches Finish: flockig, krümelig o. s. ä. Antrunk »daneben« gehopft bzw. danebengehopft. All in all kein Mittel der Entspannungspolitik.

Techno Der »Baller-Techno von Underworld« (*taz*, 26. Februar 1999) tackerte unter dem Motto: »Bier, Bier, Bier!« – als Verknappung des Jean Paulschen Diktums »Bier, Bier, Bier, wie es auch komme!« eine Kulturleistung ehernen Ranges. »Das nenne ich Selbstreferenz!« (Karl Hyde, Underworld) Das nennen wir Oarschgered. (siehe auch Dancing; siehe auch Hannen)

Tegernseer Spezial 5,6% Herzoglich Bayerisches Brauhaus Tegernsee. Erlöse uns von diesem Bier und seinem bösen Beitrittsbuben **Hell** (4,8%). Der **Quirinus Dunkler Doppelbock** (7,0%) hingegen – endlich mal wieder ein »Hingegen« – aufs verschärfteste trinkbar. Aber ja. Leert einen Bottich gepfefferten Nutellatalg! Halsbrand und fernere Spätfolgen. Daß uns der **Helle Bock** (6,8%) danach wie Bier ansprang, ist einsichtig. Man stelle sich das Umgekehrte vor … etwa ein **Pils** (5,0%) … oder etwa nicht?

Tell Lager-Bier Hell 4,8%, für Coop Schweiz. Schießt den Vogel ab. Kann der geneigte Leser, der dabeigebliebene, der durchhaltende, Kuckucksuhren drin versenken bzw. seine Initialen reinbrennen. Wer's schafft, erhält ein halbes Buch eigener Bögenwahl.

Tennent Super 9,0% Tennent Caledonian Breweries Glasgow/Schottland. Indeed »very strong Lager«, das der Dekoration »Brewers of strength« Ehre bereitet. Die keulenartigen Harthirnschmerzen müssen wir beheben.

Tests Seit das Bier aus dem publizistischen Schatten des Weins getreten ist, fühlen sich Gazetten aller Art berufen, redaktionell zu saufen und zu testifizieren. Den Anfang machte der zuständige, aber bei zehn Weizenbieren überforderte *Feinschmecker* (8/1993), gefolgt von *TEMPO* (5/1995) sel., der Franz Dobler den katechismuswürdigen Satz schenkte: »Bier ist nicht nur das Bestaussehendste, das Billige, das überall Vorhandene, das Gesunde und das Sanfte unter den sanften Rauschmitteln, es ist das einzige, das den Nehmer als Partner behandelt, ihm seine Entscheidungsfreiheit läßt«, um den hohlen hinterherzuschicken: »Der herbe Geschmack, der ist, der ist, der ist herb wie die Flüssigkeiten, die beim Sex entstehen, ja.« Nein hätten des Brauer-Bundes Kanzleien schon damals sagen können zu Urteilen wie »im Grunde großer Dreck« (Giraf Strong Beer; vgl. *Bier! Das Lexikon*), »leicht müllig im Abgang« (EKU 28) oder »Pfui! Kann man nicht ernsthaft trinken« (Delirium tremens; vgl. *Bier! Das Lexikon*). Der Leser beugt noch heute sein Haupt vor dem versammelten Unsinn. Flensburger sei »ein fades, bitteres, verwässertes Bier«, Bitburger »schon ein Mädchen-Bier, aber nicht unrein«, Jever »erst erschreckend herb, dann weich, dann vollmundig«, Red Stripe »zu ausgewogen, halbherzig, feminin. Sieht ehrlich aus, schmeckt aber nicht so, sondern weibisch«. Ohnehin ging alles zusammen, was nicht zusammengeht: »Seelisch bitter, unangenehm, gallig, säuerlich, trotzdem vollmundig und weich« (McFarland) bzw. »rückstandfrei, wohlmundig. Schmeckt leicht nach Alufolie« (Rigas).
»Der Erbfeind konnte noch nie brauen«, feixten die flotten Flegel, deren gediegene Antipoden, die *ZEIT*-Menschen, Ulrich Stock zur »Bierprobe« (3. Januar 1997) befahlen, die er mit rousseauistischer Bekenntnisoffenheit einleitete: »Neulich aber ist mir etwas Seltsames passiert. Ich habe mir

einfach so eine Kiste Warsteiner gekauft.« Einfach so! Mutig! »Vielleicht, weil ich gelesen habe, daß es das teuerste und zugleich meistgetrunkene Bier sei, was mir als ein aufzuklärender Widerspruch erschien.« Langen Atems mahlt die Mühle. *ZEIT*-Autoren haben Platz wie Sandsammler in der Sahara. »Vielleicht weil mir die in der Werbung so edel präsentierte Flasche gefallen hat.« Vielleicht nicht. Oder doch? »Eine Königin unter den Bieren! Jedenfalls war es die erste Warsteiner-Kiste meiner Biographie.« Ein einschneidendes Erlebnis. »Wie soll ich mein Geschmackserlebnis beschreiben?« Laß dir Zeit, der Riemen rollt. »Es war, als gingen die Lichter an.« Und die Dachlampions aus. »Alles glänzte weiß und golden.« Sterntaler zockelten am inneren Auge vorbei. »So fein der Hopfen, so schmeichelnd die Säure! Ich hatte das Gefühl, das ist gar kein Bier mehr.« Volltreffer. Ausgelaugte Ausgewogenheit Marke Schlafrockjournaille (»Wie die Sinne doch Karussell fahren mit einem!«) mündet in papierne Inferiorität: »Am Ende der Verkostung sollte jeder Prüfer die drei nach seinem Eindruck besten und schlechtesten Proben benennen. Das Ergebnis war verblüffend: Ein Bier, mit dem keiner gerechnet hatte, belegte – sechsmal genannt – den ersten Platz: Probe Nummer 26, Kulmbacher Reichelbräu, eine Marke, die ich nicht einmal vom Hörensagen kannte.« Hören und Sehen vergehen einem angesichts zweier militant testwütiger Gattungen. Der reinheitsgebotsdeutsche Propagandaboulevard inkriminiert wiederkehrend schlitzäugige, negernasenhefige, alginat- und ascorbinsäurebehandelte Fuckbiere: von »Igitt! Bier wie Badewasser« (»Die Bestnote ging an die fünf deutschen Biere«; *EXPRESS*, 23. Mai 1997) bis zur »Igitt-Biere«-*BamS* (vgl. Chapeau Tropical Lambic, *Bier! Das Lexikon*), der am 15. November 1998 Unschuldige in die schmutzigen Hände fielen. Delirium tremens z. B. (siehe oben) »geht runter wie ein ›Light‹«, Miller Draft sei »der reine Genuß«, Bintang (siehe Bintang Bir Pilsener) »ein Traum von Schaum, friesisch gelb, erfrischend herb, prickelt in der Nase, kein störender Schnickschnack«; hingegen das erwähnenswerte Leffe Vieille Cuvée (vgl. *Bier! Das Lexikon*)

die Sottise »Bitterer Hefeweizen« ertragen mußte und das zu ertastende Belle-Vue Kriek (»Diesen Sirup kann Mutti den Kleinen über den Grießbrei kippen«) abgebürstet wurde: »Die Herstellerfirma heißt Kriek« (statt Brasserie Belle-Vue; siehe Belle-Vue Framboise). – Glanzblätter lecken währenddessen »exotische« Fickelbiere – der *PLAYBOY* (6/1998) habituell zwischen Fläzerei und stiltilgender Brüllerstimmung: »Der Geruch schwängert sofort den Raum und verwandelt ihn in eine Fete im Endstadium« (Paine Lager; siehe Paine Lager), »für orgiastische Strandparties prädestiniert« (Giraf Strong Beer), »geeignet für lange Fernsehabende mit Partycharakter« (Heineken), »ideales Strandgut« (Red Stripe), »gelungene orientalische Aufschrift« (Celtia; siehe auch Islambiere); *PENTHOUSE* (10/1997) hielt eine High-Society-Séance ab und inspizierte unter der Führung des rollenden »Bierpapstes« Conrad »Schmeckt es denn auf einmal nicht mehr, unser Bier? Nein, es schmeckt sogar ausgezeichnet« Seidl »Sorten, die voll im Trend liegen«. Beim Ambrosius Bräu fühlte sich Alfons Schuhbeck »an ›ausgekochte Bienenwaben mit Mineralwasser‹ erinnert, Jutta Speidel an ein Pils, sie beklagte aber die anhaltende Bittere« und dachte, voll auf der Höhe des Kochtopfes, dauernd »an Entenbraten, besonders an dessen Kruste«. Konzentriert feuerte die Crew denn auch mindestens zweimal daneben. Das Orval (siehe Orval) war ihr die Abfälligkeiten wert: »›Alles von der Frisierkommode meiner Mutter‹, sagt Peter Herzberg, und Veronika von Quast meint, es schmecke, ›wie es heißt – der orale belgische Trappistenwitz‹«, das unter Quarantäne zu stellende Crazy Ed's Original Chili Beer (siehe *Bier! Das Lexikon*) eine Hymne: »Vor allem die Damen lieben es, Veronika von Quasts Glas ist leer, Christine Bredow schreibt ›lecker‹ und ›mein Testsieger‹. Fazit: Neben dem ›Harrod's‹ das interessanteste Bier dieser Spezialitätenrunde.«
Fazit: Spezialitätenrunden machen sich interessant und wichtig bis zur Unglaubwürdigkeit. »Überdies trat *GLOBO*-Redakteur Bernhard Hobelsberger während der Münchner Messe Caravan – Boot – Internationaler Reisemarkt auf. Am Stand des Bayerischen Rundfunks lud er Besucher zum

Blindtest europäischer Biersorten ein«, prahlte *GLOBO* (4/1999) und fand kein Korn Prägnanz in den »Übersee-Bieren«: »strohblondes Bier« (Blue Ribbon, China), »strohgelbes Bier« (Bintang), »nach Heu und Stroh« (Kirin), »strohfarben« (Labbatt's Blue; siehe *Bier! Das Lexikon*) resp. »munteres Szenebier« (Carioca). Durch die Bierbank: Gesindelgetränke, »das deutsche Reinheitsgebot [bleibt] das Maß aller Dinge«, Deutschland der Platz an der Sonne.

Tetley's Draught Bitter 3,6% Joshua Tetley & Son Brewery Leeds/Großbritannien. Kandisbraune Cremecreation, umhüllt vom schönsten Blau, das je eine Büchse zierte. Schaum gequirlte Kondensmilch, auf den verschrobenen Antrunk folgt sammetweiches Fade-out. Wer den Dosenboden schaut, fällt in erquickenden Schlummer.

Tettnanger Kronen-Bier 4,9% Kronenbrauerei Tettnang. Käuflich erworben an der Tankstelle Ortseingang, aus Kressbronn kommend. Wonneproppen: süffig, wählerisch beerig, wüllenweberisch. Hat bundesweite Aufgaben vor sich. Apropos: Zu Tettnang finden Sie den »Hopfenpfad« – wenn Sie ihn finden. Hier grast die Kuh / In aller Ruh'.

Thein-Pils 4,7% Privatbrauerei Thein Lembach. Bier soll Stellung beziehen. Wir wollen was zu tun haben. Opportunisten gibt es genug. Gegebenenfalls stirbt der Demokrat in uns. Wehe, der Stalinismus kommt zurück. Wir schießen mit Orgeln auf die Brauer-Bund-Bimbos. Das **Lagerbier** (4,7%) lag zu lang im Kartoffelkeller, das **Dunkelbier** (4,7%) erhellt wenig. Wir taufen euch die 4,711-Friedenswasserpfeifenbande.

The Raven 5,5% Baltimore-Washington Beer Works Towson/USA. Unserethalben Edgar Allan Poes Stärkungsmittel. Hier zeichnet Anker aus Nagold, jener Schleiferstadt, in der Brauereien explodieren und die halbe Einwohnerschaft vernichten. Der Schaum schlägt uns gegen die Stirn, die Märzenmasse brodelt gefährlich. Brutalostimmung.

Thereser Pils 5,0% Lammbräu Schleicher Untertheres. Herrn Herdam zu verdanken haben wir den Auftritt eines hochhopfenbegabten Intelligenzbolzens, der die Malznase begründet in die luftigen Lüfte hält und es fertigbringt, für sein Bukettbankett noch ein paar Kirschen zu pflücken. Sein heller Kamerad, das **Lammbräu** (4,8%), ist Typ Gewichtheber und Freizeitgerstensackschlepper, der braucht was zwischen die Hopfengestänge, strong gekochte Bullenwürze und zum Nachtisch erneut Kirschen oder paar Schüsseln Erdbeeren als Aromahaube. Unser Lieblingstandem, sortimentsidentitätsstiftend.

Die 12,0% des **Thomas Hardy's Ale Vintage 1998** (Eldridge Pope & Co. Dorchester/Großbritannien) wären uns durch die Lappen gegangen, hätten wir nicht die Aufdrucke studiert. Jetzt mal ohne Scheiß: Wir müssen, Bleistifte und Ohren gespitzt, Hosenträger justiert!, eines wahren und wahrhaftigen und wahrlichen und sämtliche Versprechen wahrmachenden Bierwunders gewahr werden. Wenn wer zu unsrem Hoflieferanten sich mausern sollte, die Old Hats begrüßten wir mit Böllern und Raketen wie die Rote Armee, so rotrein und reintönig starkaleig und allewetterbrechend heilig – ach, zwei Dezennien dauerte es, bis dieser gesandte Gefährte unsere Schrammeljammelschreibstube mit dem Reif und dem Heavyriff des Sherry tränkte und den erbärmlichsten Buchstaben vergoldete – wir gebenedeiten Begünstigten – danke. Danke. Danke. Merci. See you. Bye. Bis bald.

Thome Pils 4,8% Pilsbrauerei H. Thome Breidenbach-Wolzhausen. Genießt unter Marburger Bettelstudenten den Ruf, eins der besten seines Kühlfaches zu sein. Gezapft, obwohl das nichts heißen will, überzeugte T. Diktator Rudolf diktierte: »Thome Pils vom Faß: haben wir auf guten hessischen Durchschnitt erkannt.« Daheim bei Roth stach zwar der Schaum hervor, und farblich mochte man dem T. wenig ankreiden, doch unterm Bläschengezippel – was da? Es ist nicht zu schnallen, es ist einfach nicht zu kapieren. Wir erwarten Belehrung.

Three Hearts Export 5,6% Bryggeri Ab/Schweden. Ouou, der Schwed' und sein »Starkbier«, hat er wieder zugelangt, mein lieber Manny, ein Hammer in die Dosenbreitseite – und nicht zu lässig.

Thüngener Pils Schloßbrauerei Thüngen. Zugesperrt Juli 1998. Unterfranken darbt. Wir tranken das letzte Faß. Flaschen lange perdu. Das Déjà-vu würd', kehrte Gambronzus heim und verräumte den Hofbräu-Augiasstall, vorteilhaft ausfallen. Hefefülle, Schaumschlaumeierei, geflötete Bittere. Es wäre eine wunderbare Freundschaft geworden.

Tilly Bräu Hell 4,8%, »abgefüllt in der Ingobräu Ingolstadt«. Wirkt wirklich abgefüllt. Strull bis Unterkante Milz. Muß man die Hopfenbrocken Stück um Stück aus der Hefenase popeln. Unappetitlichkeit hat ihren Preis.

Timmermans Peche 5,0% Brouwerij Timmermans Itterbeek/Belgien. Lambic avec Pfirsiesch. Einen drallen Damenpodex streckte uns das Formblatt entgegen. Das impressionable **Bourgogne des Flandres** (5,0%) tockte sektglitzrig an den Hintergaumen und wollte auf eigenen Wunsch seine Aleausbildung nicht unerwähnt lassen, während uns das schwarze Rot irritierte und der T.-Zettel, der …

Tokio-Szene Die wiederum »liebt Allgäu-Weiße«, übermittelte das *Neue Deutschland* am 23. Mai 1997, nämlich Oberdorfer Weissbier Hell und Dunkel von Sailerbräu (siehe Altenmünster Maibock), dem Milieuschuppen schlechthin, der bis dato so viele Moden verbrochen hat, daß wir mit dem Brechen (siehe Abbrechen, das) gar nicht mehr hinterherkommen. Was lernen wir daraus? In »Tokio, wo es [das Sailerbier] zum Szene-Getränk geworden ist«, tickt der »Homo nichtsosapiens« (Kay Sokolowsky) auch nicht feiner als auf dem steinalten Kontinent. Tröstlich.

Torgauer Landbier 5,5% Brauhaus Torgau. Der Schaum beweist Formsinn und ätzt pittoreske Linien in den Horizont unserer Erwartungen. Die Luft über dem Fluidum wird dicker, je niedriger der Pegel. Die Zeit rennt der Zunge davon. Lechzend hangelt sie den letzten Würzewonnen hinterher. Im Magen kugeln Kupfermurmeln umeinander. Auf dieses Bier können Sie ein Haus voll Vertrauen bauen. Den »Energiespender« **Doppel Caramel** (1,5%) mit Glucosesirup an den Jägerhut stecken. Hält astrein.

Traquair Jacobite Ale 8,0% Traquair House Peeblesshire/ Großbritannien. 650 l pro Jahr, die Braukessel aus dem 18. Jahrhundert, erwähnt von Maria Stuart, gereift in Eichenholzfässern, und sie versenken Myrrhentinktur. Meine Herren.

Trausnitz Pils 4,9% Schloßbrauerei Herrngiersdorf. Klassisch strohgelb. Schaum kleinporig konservativ, brotig, beim Hopfen »bissi« (D. Stepanovic) sparsam. Standpils. 1131 gegründet, »älteste Privatbrauerei der Welt«. Weil es damals Privatbrauereien zuhauf gab. Und heute erst. Was das bloß sein soll, eine »Privatbrauerei« – gegenüber der ostblockehemaligen »Sozialbrauerei«? Etikett im Vollrausch diktiert (siehe Fußnote). Abgetupft mundet die Gischt des **Jadwiga Hell** (4,8%) relativ knusprig, verglichen mit dem pampig hereinrangelnden Bitterhopfen. Riecht Richtung Rinnstein. Ebenda fließt das allen Ernstes sog. **Publiner** (4,8%). »Irisch frischer Charakter« – ein eiskalter Bauerneuphemismus für fehlgeleitete obergärige Experimente. Die Sortimentstalfahrt hält an bzgl. des 4,8%-**Export**, das mickrige Aromata exponierte und Gaumenbrandigkeit und freche Rezens und fußkranke Bittere und den Duft des Öltanks. »Je mehr ihr sauft, desto weniger könnt ihr rausfinden«, hören wir irgendeine Zimmerecke tadeln, da gehört es sich, die **Fanfaren Weiße** (5,6%) abzufangen, ein hörbar geschmacksreduziertes »Hefeweizen Export-Hell«: »Als wenn du ein Lied spielst, und es fehlen drei Töne.« (Th. Roth, Heiliger Abend 1996) Fußnote: »Eine Tradition von über 860 Jahren im Bierbrauen haben in Erfahrung, Weitergabe von Rezepturen, Liebe zum Bier und Verpflichtung für den Genießer, dieses

Bier reifen lassen. Die Verbundenheit der Familie Pausinger zu Landshut haben dem Original Trausnitz Pils den Namen gegeben. Feiern und genießen Sie mit Trausnitz Pils, ein Premium Bier aus der großen Vielfalt der Bayerischen Biere.« – Dichter, falscher haben wir's nirgendwo gelesen.

Treffen Da es an öffentlicher Trinkstätte keine DB-meeting-points gibt, möge sich der Sitzende nach der demnächst eintreffenden Dame umschauen, nicht vice versa. Denn derjenige, der sitzt, sieht diejenige, die läuft, immer besser als umgekehrt. Erfahrungsgemäß.

Treiber Pils 4,7% Brauerei Treiber Ludwigshafen-Oggersheim. Kanzlerbier a. D. Morphologisch das exakte Gegenteil. Kein Umpf, kein Blubb. Die Hopfenteilchen nehmen sich unter vorsichtig angehobenem Schaum die Freiheit, den schlanken Körper zu umgarnen und auf den Laufsteg der Aromastoffe zu führen. Die Kollektion komplettiert das erstklassig frivole **Export** (4,9%), aber nebenan steht ein häßliches Etablissement (siehe Ureich Hefeweizen), dessen Eichenfurnierfälschungen den Markt verstopfen. Ade, ihr Bräute.

Triplebock Gescheiterter US-amerikanischer Plan, bei 17,5% das Starkbierterritorium Europa zu entern und niederzuwerfen. Genauso daneben ging das Vorhaben, das **Strangler Stout**, benannt nach einem Bostoner Serienmörder, zu plazieren. Die schwertführende Brauerei hieß Würger Bräu.

Troilsch Stadtbrauerei Troisdorf Privat-Brauerei Hausmann. Reizvoll unterm Dach eines sozialdemokratischen Multifunktionsbaus inmitten der rot verklinkerten Fußgängerzone gelegen. Die Brauerei, nicht das Bier! Das prickelt mächtig, sicheres Indiz für Gehaltlosigkeit. Kaputtgestyltes »Kölsch«. Alibibittere. Obschon »ohne Monitorüberwachung gebraut«, »wird« das T. »mit Sicherheit die Geschichte [nicht] weiterbrauen«. Ohne echte Überzeugungskraft auch die schöner schäumende Zwickelausgabe **Troisdorfer**, getrunken drei Toilettengang vier nach Hause gefahren fünf schlafen gelegt sechs Aspirin sieben.

Tucher Urbräu Hell 4,8% Tucher Bräu Nürnberg. Hat mit Bier wenig am Hut. »Zum Glück gibt's Tucher!« ruft die Flasche, als sei ihr vor sich selbst bange. Das **Sebaldus Festbier** (5,6%) brachten wir in destruktive Assoziation zu Schimmelwurst, den **Patrizier Königstrunk Export hell** (5,3%) sahen wir nicht mal von oben herab an. Temporär begrenzt erhältlich das **Christkindlesmarkt Bier** (5,5%). Die Zeit, der Freund des Menschen, läßt selbst das **Urfränkisch Dunkel** (4,9%) zu Ende gehen.

U

Übernahme, feindliche Nachdem sich dt. Großbrauereien das Internet, das Fernsehen, den Sport und den Verbraucher untertan gemacht haben, krallen sie jetzt die letzte Bastion des Geistes, die Kultur, und zerren deren Institutionen in den Schlamm ihrer niederen Gesinnung herab.
500.000 Mark Pachtzins pro Jahr kostet »eine Brauerei«, wie die *FAZ* (Juni 1999) berichtete, die feindliche Ü. des *Schauspielhauses Mönchengladbach*. Man wird sechs Millionen investieren, um das leerstehende Kunstkolleg zum Tempel »für Boulevardtheater und Musicals« auszubauen. Die Stadt schloß einen Vertrag über fünfzehn Jahre zzgl. Optionen. Fünfzig Prozent der Nettoeinnahmen fließen in die Kassen der Administration.
Alle Beteiligten scheinen's zufrieden. Ihr Ende findet mit diesem weniger realsatirischen als realwahnsinnigen Coup eine länger währende Posse. 1996, so die *FAZ* (20. Mai 1999), hatten die kommunalen Knallköppe das *Schauspiel*, Teil des Gladbacher/Krefelder *Gemeinschaftstheaters*, einem »windigen Unternehmer« anvertraut, der auf bombig »laufende«

Musicals setzte. Die wahrscheinlich schon verplanten zwei
Gewinnmillionen (Miete und Kostenersparnis) sahen sie nie,
die Zeche des gesamten Vorgangs betrug blitzsaubere fünfzehn Millionen.
Wer außer den Altbierschädeln des Hauses Hannen (siehe
Hannen) könnte nun darangehen, die verwaiste Schmiere spätestens »zur ›Millenniums-Party‹ mit Erlebnisgastronomie,
Einkaufsspaß und Kultur« zu garnieren. »Altbier statt *Ur-
faust*«, sorgt sich die *FAZ*, »Mönchengladbach als Tabellen-
führer eines bundesweiten Trends.« So übel muß es nicht kommen. Unter Beteiligung des *Gemeinschaftstheaters* kann eine
synergetische Synthese von Rausch und Bühnenweihrauch
sprießen, ein Pakt für die Neuinterpretation des lädierten
Kunstgedankens entstehen, ein neopostmodernes Fluxus-
Bündnis für die Zukunft, um dem Fatum der monetären Mit-
tel- und temporären Bierknappheit zu entrinnen, denn keine
Leber darf trocken bleiben bei *Madame Butterfly*.
»Klartext« und »Ganz Ohr« lauteten bislang die Mottos des
Gemeinschaftstheaters/Schauspielhauses,   »Fließtext«   und
»Lallbacke« heißen sie künftig. Das »Nachtfoyer« *(Rheinische Post online)* stellt »zu später Stunde diejenigen Fähigkeiten der Ensemblemitglieder unter Beweis, die auf der
großen Bühne nicht immer zum Einsatz kommen«, weil sie
dem Hannen-Werkschutz dienen oder bedrümelt sind. In
Zehnergruppen tritt die Belegschaft zu »Workshop-Konzer-
ten« an und exekutiert den Kulturfrühschoppen »Too Drunk
To Fuck« (Dead Kennedys); Gladbachs Jugend kürt stündlich eine neue Hopfenkönigin. Seine unzweifelhaften Höhepunkte erreicht das wegweisende Eventmanagement während
der »Orchester-Olympiade ›Höher – schneller – lauter‹«, der
musikalischen Kindererziehung (»Trommeln auf selbstgeba-
stelten Bierfässern«), des »theaterpädagogischen Angebots«
(weiterbildend-qualifizierende Degustationsrunden, Vor-
und Nachbereitungen inkl. Katerkampftrinken, Projekttage
»Das Bier und meine persönliche Entwicklung«) und der täglichen Aufführung des sinnvoll zum Rap-Sample umge-
schnittenen Viertonkopf- und Schicksalsmotivs der fünften
Beethovenschen Sinfonie, deren semantischen Gehalt der

Musikwissenschaftler Stefan Fragner 1997 eruierte: »Wo –
bleibt – das – Bier? / End – lich – ist's – hier!«
Entspannen mit Hannen? Zufrieden lehnen sich Mönchen-
gladbachs Finanz- und Wirtschaftsdenker zurück, lassen ein
Rotes einlaufen und blicken über imposante Wänste voller
Freude auf das lebenslang gültige Deputat, die in jeder Ecke
ihrer Amtsräume gestapelten Kästen. Zu Mönchengladbach
ist alles möglich, was unmöglich ist. Immer öfter.

U-Boot »Das kulturarchäologisch unschätzbar wertvolle
Bier Semmelbräu existiert leider nicht – aber schöner
Name«, befand Michael Ringel (*Das listenreiche Buch der
Wahrheit – Wertloses Wissen hoch 10*, Frankfurt/Main 1998)
zu *Bier! Das Lexikon*. Fündig geworden?

Unertl Weissbier 4,8% Weissbräu Haag. Voll Banane. Die
rituelle Bandbreite des **Weissen Bock** (6,7%) reicht vom
Odeur sonnenbeschienener Sahnecremetorten mit extra
Schlagobers bis zum gehopften Birnenlikör.

Unterbaarer Meister Pils 5,5% Schloßbrauerei Unterbaar.
Neben aller Kappe – resp. diese schwirrenden Hopfenflü-
gelschlags und gleichsam unter ziselierten Schaumwolken
hinter sich verweisend und überschwebend. Was ist denn
mit der Grammatik los? In diesem Bier-Gulag hier? Das **Unterbaarer Hell** (5,0%) schäumt ebenso fröhlich, Farbe fast,
Gesamteindruck auch. Jenen, die weniger Bittere wünschen,
die elysische Schöpfkelle.

Unternbiberter Vollbier Bernstein 4,0% Privatbrauerei
Reuter ehem. Dietz Unternbibert. Rund-um-den-Pflau-
menbaum-Betrieb. Die Braumeisterin in Gummistiefeln
duzt schlankweg, wohlgenährte, thermoanzugbewehrte
Kinder kugeln die Hofeinfahrt rauf und runter. Es ist heimelig, das U. belegt, sein Schaum Wackelpudding. Taub.
Schamloser Plunder. Die Sache verhält sich schätzungsweise
wie mit der welligen Kiefernwaldlandschaft, von der Genosse Th. Roth, als sich unser Pkw über Eisplacken quält,

sehr richtig behauptet: »Schnee adelt auch noch jeden Dreck, man muß ihn nur draufwerfen.«

Unverfrorenheit, die Scheint, was das bald verhaßte Bier anlangt, in ihre Schranken gewiesen zu werden. Laut *Bild Frankfurt* vom 10. April 1997 kriegt Henninger (»Henninger gehört zu 99 Prozent den Banken«) gesalzen auf den Latz: »Henninger: 37 Millionen Miese – jetzt Immobilien im Ausschank«; bzw. »37,9 Mio. Mark Miese, Wende frühestens 1999 erhofft«. Diese Wenden gingen schon mal daneben, weshalb wir fürs Jahr 2000 den 100%igen Abriß der globalen Henninger-Immobilie erwarten. Die Chancen stehen gut – bei einem, ach, Zahlen sind lecker, »107 Millionen Mark hohen Schuldenberg« (*Frankfurter Rundschau,* 28. Februar 1998).

Upper Canada Lager 5,0% The Upper Canada Brewing Company Toronto/Kanada. Der Kronkorken gäbe einen ansehnlichen Manschettenknopf ab, das Bier konstitutionell Schorle. Wo hier Schlacke am Flaschenboden siedelt, braselt das fruchtvollere **Dark Ale** (5,0%) schon wohliger. Das **Pale Ale** (4,8%) hatte sich als feuerroter Wuschelkopf mit putzwassergrauer Schaumperücke verkleidet und konnte nicht auf echtes Ale erkannt werden.

Urbanus Hell Urtyp 4,9% Urbanus-Brauerei Pfaffenhofen. Planschbeckenhelles. Schäumt verspielt, unkonzentriert. **Hefe-Weissbier** (5,5%): Waterweizen. Das **Weissbier Dunkel** (5,5%) lästig.

Ureich Hefeweizen 5,0% Eichbaum-Brauereien Mannheim. Ganz schlecht. **Dunkles Weizen** (5,0%): Totalausfall. Beim **Kristall Weizen** (5,0%) fiel uns nichts Negatives ein – was positiv vermerkt sei. (siehe Eichbaum Pilsener)

Ur-Krostitzer Schwarzes 4,9% Krostitzer Brauerei Krostitz. Der beunruhigend quabbelige Schaum ließ mitnichten erahnen, daß wir ein nachgestelltes, aber rentabel farbmalziges, in Volltrefferlaune befindliches, zielsicher gehopftes

Dunkelbier schnupperten. Und »ohne Reue« (Vincent »Rotskalp« Klink) tranken.

Ustersbacher Urhell 4,9% Brauerei Adolf Schmid Ustersbach. Schlabbersüß. Unfug. Einen Underberg. 1 Liter breit, 1.000 Liter hoch.

V

Veltins Pilsener 4,8% Brauerei C. & A. Veltins Meschede-Grevenstein. Ob man Konfektionspils »von der Stange« tatsächlich trinken sollte? Oder sich ebenda lieber aufknüpfen?

Verschriftung, die Übertragung sensorisch-haptischer Eindrücke in den Computer. Wochenlang gelagerte Leerflschn … begriffsnetz … »verflucht noch eins, trinken wir schnellstens unser Bier« (Tierno Monénembo: *Zahltag in Abidjan*, Wuppertal 1996). Let's call it the day of dysfunction.

Vetter 33 11,0% Alt-Heidelberger Brauhaus 1987. Alle reden vom Vetter. Wir auch. Ein Dunkles, kreiert unter Rekurs auf die usuellen »jahrhundertealten« Rezepturen. Neu ist, daß man »das nach Stammwürze stärkste Bier der Welt«, daher die »33«, vergleichsweise höflich wegstecken kann. V. zieht keine Zuckerfäden und dominiert die dichteste Tabakwolke. Immer schön tröpfchenweise auf die Zunge pipettieren! Das **Helle** puddinghaft und ein wahres Hausbrauer sauerbier. Sagt Roth. Rudolf verließ schreilaut die Stube. Frau Conrad fuhr mit versöhnenden Paraden dazwischen. »Weiterschreiben! Weitertrinken!«

Vetter's Brauhaus Pils Zirka 4,0% Vetter Alt-Oberurseler Brauhaus Oberursel. »Unser Bier wird nach alter Tradition

nach dem Reinheitsgebot aus dem Jahre 1516 gebraut, als
Rohstoffe werden Hopfen und Malz verwendet, dazu kommen Wasser und Hefe«, die es sich lieber noch mal überlegt
hätten, denn gemeinsame Sache zu machen mit Hopfen aus
dem Salzstreuer und strenger Helle, bedeutet eins der Sorte:
»Our Brauhaus Pils is a cloudy beer.« Isolierte Hefekumuli
im rezensstandardisierten, karottenfarbenen, malzkörper-
gelähmten **Hefe-Weizen** (zirka 4,5%). Nix op de Pfanne.
Außer dem Vetter 33 (siehe Vetter 33), das seit 1998 unabhängig von Heidelberg entsteht. Indessen Gaststube, Holztische, Dielen und saubere Mahlzeiten »absolut okay« (Ge-
neral Krautauch) seien.

Victory Beer 4,9% Carlton & United Breweries Melbourne/
Australien. Aufbaupräparat. Können wir nach zweihundert-
undnebbes Seiten brauchen.

Vierzehnheiligener Bier Alte Klosterbrauerei Vierzehnhei-
ligen Staffelstein-Vierzehnheiligen. Am Ende des langgezo-
genen Emporstiegs, der den Blick auf eine kleine biergelbe
Wallfahrtskirche freigibt, woselbst Ansichtskarten im ge-
mach den Berg hinanwallenden Wind klappern, Touristen
ihre Bratenbrote mit Meerrettich eincremen und Schank-
schürzen durch die Reihen wandeln, gibt es Biere wie den
Nothelfertrunk, ein dunkles Export, das uns fesselt als fest-
würzige und geheimnisvoll duftende Kreation. Wenn aber
der Chef auch Trunk heißt! (Thanks, Thomas!)

Vulkan-Bräu Dunkel 4,9% Vulkan-Brauerei Mendig. Letzt-
verbliebenes Eifelbasaltstollenbierwerk. Reminiszenzen an
alte Industrie und die Verbeugung vor neuerem »Erlebnis-
trinken« führen zu zweifelhaften Ergebnissen. Wir horchen
vorsichtig: Ruft der Hopfen im Öl um Hilfe? Geruch Ensi-
lage, korrespondierend Maggispritzer. Schlechtestes Bier
Mitteleuropas? Das **Helle** (4,9%) selbstverständlich dunkel-
mirabellenfarben und exaltiert metallisch. Kriegt die Kurve
durch versöhnlicher stimmende Malzbetonung. Waren wir
bereits gegangen.

Wächtersbacher Jubiläumsbier Premium Dunkel 4,9%
Fürstliche Brauerei Schloß Wächtersbach. Über Gebühr in
Berührung gekommen mit dem »Vogelsberger Vulkanquellwasser« (Anzeige *Bild Frankfurt,* 23. September 1996):
»Konsumenten, Gastwirte und Getränkefachgroßhändler
bestätigen einhellig: ›Die Fürstliche Brauerei Wächtersbach
hat eines der besten Biere in Deutschland.‹ Darauf ist die
Brauerei zu Recht besonders stolz. Das einzigartige Vogelsberger Vulkanquellwasser hat eben nicht jeder.« Das **Fürst
Ysenburg Schwarzbier** (4,5%) mußte wohl sein – nicht
zum Wohlsein.

Wadadli Lager 4,8% Antigua Brewery/Antigua und Bar-
buda. Hopfenkrampf, nein: -dampf über der Flasche. Die
gelinde blasse Färbung, das Vitamin C und das E 405 zerrissen uns die Gedärme. Karibik und Entspannung, Bier und
Intensive Drinkrelaxing, wann lagen zwei »Pole« (K. The-
weleit) weiter auseinander?

Wädi-Bräu Hanf Vollbier 5,8% Brauerei Wädi-Brau-
Huus Wädenswil/Schweiz. Affiges Politikum. Die Chemische Landesanstalt Freiburg verhindert ab und an den
Übertritt ins Bierapostelcountry, das Bundesinstitut für
Arzneimittel und Medizinprodukte sieht BTM-relevante
Hinweise, es liege »Haschisch zum Trinken« (*taz,* 23. Oktober 1996) vor (wg. Hanf statt Hopfen). Ob Bier oder
»Bier«, W., obligatorisch »naturtrüb« und »unfiltriert«,
was, man muß es den Ökosöckchen stecken, ein und dasselbe ist, schlägt nach Art des Hustenelixiers und darf als
objektive Riesenkatastrophe eingestuft werden. Genausowenig unseren Segen hat das zerbrechliche, scheibengelbe,

im Finish mickrige **Bier hell** (4,8%). Ihm schadete ein goldener Schuß Heroin nicht.

Wahrheit »Im Wein liegt die Wahrheit, aber Dortmund ist eine Bierstadt.« (Edgar Geenen, Manager von TSV 1860 München, vormals KFC Uerdingen, laut *BamS*, 23. Mai 1999)

Waitu Kubuli Extra 6,5% Dominica Brewery/Dominikanische Republik. Bei unsren Versuchen, den Bauch mit Alcool auszustopfen, beinahe übersehen. Müssen wir noch mal dreihundert Seiten abfüllen, bekommt das W. eine Hymne verpaßt, daß Venedig untergeht.

Waldhaus Erste Erfurter Gasthausbrauerei Da waren wir. Ganz bestimmt. Wir waren da. Entführt vom mdr. Der keinen Groschen bezahlt. Und hinterher Steuerbescheide veranlaßt. Die Getränke haben wir uns auch selbst honoriert.

Waldhaus Schwarzwald Weisse 5,2% Privatbrauerei Waldhaus. Eigentlich entzückend. Heimst aber wg. des »Premium-Hefe-Weizen«-Schmarrens nur die goldene Ananas ein. Das **Spezial Bier** (5,4%) setzt die bündige Konzeption, auf eine malzige Linie zu brauen, konsequent fort. Vom **Diplom Pils** (4,9%) könnte man süchtig werden. Das galante Aroma nach Stachelbeeren aus Großvaters Garten promoviert das **Ohne Filter** (5,2%) zu unsrem hic et nunc liebsten Tröster. Die Sonne scheint, die Schwalben schwirren. Heiraten wir eben Bier.

Waldhof Könnte ein lauschiger Ort sein. Ist ein Viertel der Stadt Mannheim, wo Fußball gespielt wird und wurde, über Jahre hinweg unter der Ägide des zeitweilig für die NPD politiktreibenden Hutträgers Klaus Schlappner, der heute in China hockt, diverse Trainerämter bekleidet (u. a. FC Huan Dao) und Bier importiert, ein, nach dem desolaten Dokuphoto der *BamS* vom 15. Juni 1997 zu urteilen, originales Schlappnerkonterfeipils mit angeschlossener Getränkefirma

inkl. Sohn Uwe und serienmäßiger Schaumschnauzbart-
nockenwelle.

Waldschlößchen Jagdherren Pils 4,8% Privat-Brauerei Göbel Löhnberg-Nidershausen. Siehe Wetzlarer Dom-Pilsener. Per Kontaktanzeige zu Giessener Pilsner (siehe Giessener Pilsner) auf Tuchfühlung gegangen. Das **Waldschlößchen
Jagdherren Goldhell** (5,2%) hätte ohne Gerste, Hopfen und
Hefe funktioniert. Die Brauerei nennt sich in echt Göbel.

Waldschmidt Pils Siehe Wetzlarer Dom-Pilsener. 1992 letztmalig verzeichnet sind 8.500 hl. Wovon? Von jenem namen-
los stickigen Gedöns? Daneben das Zwickel **Riesen Pils**, original Waldschmidt, dessen ökonomischer Sinn schwer zu
erschließen ist. Hoher CO_2-Druck, Radlerconnection, Pritt-
stiftbukett. Wetzlar, der Irrwitz. (siehe auch Braunfelser Pils,
siehe Euler Naturtrübes Kellerbier etc.)

Wallersteiner Classic 5,5% Fürstliches Brauhaus Waller-
stein. Nutzloses Export. We won't miss it. Jäh das **Fürsten
Pils** (5,0%). Holla! Hopfenorkane brausen über minera-
lisch-schneeig-gelber Flüssigkeit, deren gezirkelter Nach-
trunkbittere keine Zustimmung verweigert werden darf.
Gleichfalls zum **Fürsten Hell** (4,8%) muß es heißen: in
schwerer Ordnung. Schwer wie der Schädel morgens um
acht. »Der Kater ist der Schmerz der Erkenntnis.« (Ray-
mond Chandler, aus dem Gedächtnis)

Wankmüller-Kiefer, Claudia Tarnname: Heidrun Knoll-
städter-Schollenberger. Pustelte 1989 als Britta Herming-
haus auf der pietistischen Trutzburg Universität Tübingen
wie nicht bestellt die Dissertation *Der Alkohol in Leben und
Werk des Schriftstellers Ernest Hemingway* ab.

Warburger Landbier 5,0% Warburger Brauerei. Habt ihr
gut gehorcht, liebe Brauer – auf Geheiß des werten Kollegen
Klaus Schneider mir nichts und dir nichts ein Paket versandt,
das mit fünfunddreißig Plakaten DIN A 3, sechseinhalbtau-

send Bierfilzen, zwei formformidablen Spezialgläsern und
vier Flaschen Bier am nächsten Tag eintraf. Wir sammeln aber
nix. Wir spielen z. B. Fußball, praktizieren Langschwimmen,
Tipp-Kick, versuchen uns in Fernseh, Weiberwerben und Ta-
schenbillard de luxe. Ob ihr euch das merken wollt? Und
euer W. aus dem »Exclusivbecher« und dem »Steini«? Scho'
recht. »Echt.« *(Bier! Das Lexikon)* Zierlich beim Malze,
schüchtern beim Hopfen, stark beim Schaumpushing, glaubhaft sein Bernsteinbraun – kurz, eure ambitionierte Product-
mappe zu zitieren: »inspiriert von [...] dem sagenumwobe-
nen Desenberg«. Wird er dann sein, der »neue Geschmack«.
Der brandnew Westfalian Whopperpoppertaste in direkter
siebenhundertjähriger Linie des »Bauerngeschlecht[s] Kohl-
schein [...] der 1.000 Jahre alten Bergstadt Warburg«. Wenn
wir bei jedem Bier solche Massen lesen müßten – könnten
wir euer **Pilsener** (4,8%) vergessen, jenes »PREMIUM von
westfälischem Charakter« und »unbesonderer Bekömmlichkeit«. Und in Kölschstangen den Stengel anzubieten, das war
beabsichtigt? »Ein Bier, das durch Individualität beeindruckt
und eine gute Visitenkarte der Region ist?« Was kolportiert
das abenteuerliche Regiomagazin *Wildwechsel* (5/1999)? »Im
Oktober wird in ganz Nordrhein-Westfalen der ›Tag der
Regionen‹ begangen. Ziel ist die Förderung ökologisch
sinnvoller, heimatlicher Produkte. Die Warburger Brauerei beteiligt sich an dieser sinnvollen Aktion, indem sie
das Warburger Landbier ab sofort mit einem Kronkorken verkauft«, issnichwahr, »der für die Veranstaltung wirbt.
Ein Pfennig pro Flasche geht an die Bürgerinitiative ›Le-
benswertes Bördeland und Diemeltal‹.« Die Straßenkämp-
fer gegen das lebensunwerte Interregionalunwesen nik-
ken.
Eure, liebste Brauer, »Nähe zum Markt« qua »ehrlicher,
handwerklich gebrauter« Biere untermauert, wir lassen uns
zu leicht ablenken, der »Wegbereiter dunkler, untergärig
eingebrauter Biere in Ostwestfalen«, das **Urtyp** (5,0%), das,
es fällt einem bei »w« nichts mehr ein, 'nen Tick vollmundi-
ger als »vollmundig« und zwei Löffel hopfiger als »leicht«
gehopft sein könnte. Wer sonst, Hand auf Hosennaht, hat

einen ähnlich wabernden Wustartikel eingerummst? (Wir dürfen weitermachen, ja?)

Warsteiner Da wir mal wieder, grob gegen die Vernunft verstoßend, an unsrem Rokoko-Gallus-Kiosk (siehe Gallus), Silvester 1998, eine Dose W. kaufen und tatsächlich trinken und dabei sehen und verwundert registrieren, wie die Dosn hintereinander erklärt, W. sei: »Premium Verum«, »Eine Königin unter den Bieren« und »Das einzig wahre Warsteiner – Premium Verum« – grübeln wir, ob's großkotziger, arschreiherhafter zugehen kann. »Eines der besten Biere unserer Zeit. Für Sie. Aus Deutschland.« Behauptet die Rückseite. Nicht für uns. Nicht für »Deutschland«. Das läßt locker und die Umsatzzahlen sinken (siehe Prokopfverbrauch). Bis zur Exekution W.s. Wir wurden nicht umsonst geboren.

Warsteiner-Wirren Müssen in den »Köpfen« der meistanbietenden Bundesbrauer statthaben. Auf Warsteiner-Bierdeckeln steht: »Im Lokal. Ihrer Wahl. Wir wissen nicht, wo Sie diesen Bierdeckel gerade lesen. Aber Sie wissen, hier gibt es WARSTEINER. Also geht es Ihnen gut. Sie haben die Chance, eines der besten Biere unserer Zeit zu genießen. Wie schön für Sie.« Resp.: »Und morgens ist die Welt in Ordnung. Genießen Sie Ihr WARSTEINER. Trinken Sie schon heute auf einen guten Morgen. Seine wohltuende Bekömmlichkeit hat WARSTEINER berühmt gemacht. Guten Abend. Guten Morgen.« Hören wir da nicht einen Aufruf zum Alkoholismus zwitschern? Was meint das Volksgesundheitsministerium? Pfeifen, ja stürmisches Rauschen im Walde? Weil die Ausstoßzahlen der Warsteinerinternetkiste schrumpfen? (siehe auch Warsteiner)

Warteck Lager 4,8%, ehemals Stadtbrauerei Basel, »geschluckt« von Feldschlösschen Rheinfelden/Schweiz (siehe Feldschlösschen Hopfenperle). Kaum schließt die gefächerte Blume ihren Kelch, rückt (»Originalrezeptur«) ein fladenbreiter Stampf spitzer Zeckenschreie vorwärts, zwackt ins Nasenbein, durchtrennt die Schleimhäute, reißt sie aus ihrer Verankerung und flatscht gegen den hektisch abgeriegelten Kehlkopf, um – nein, so geht's ja nicht. Immerhin: Es schmeckt keineswegs.

Webster's Yorkshire Bitter 3,5% Samuel Webster & Sons Ltd. Halifax/Großbritannien. Hilfreicher Hinweis auf dem Dosendach zum korrekten Einschenken. Mit hellen Malzen und Leiterwagen voller Hopfen abgeschmecktes Bitter Ale. Dazu fetttriefende Reibekuchen. Saubere Sache.

Weiglathaler Bier Brauerei Übelhack Weiglathal-Hummelthal. Strauchiges, pro Antrunk zahmes, auf der ewigen Finishschärpe kernig-nussiges, am Tresen der in den Bayreuther Bergen versteckten Brauerei goutierbares Bier.

Weihenstephaner Kristall Weissbier 5,4% Bayerische Staatsbrauerei Weihenstephan. Mit Dr. Fug und Jörg Lauterbach zu seihen: »Für ein Weizen nicht schlecht, kann man sagen.« Das **Hefe Weissbier** fünfkommavier: erneut ein Bier. Aufgemischt durch Bitterebröckeli das derb unentschlossene **Export Dunkel** (5,2%). Schaumlose Ungezogenheit der 7,4%er-**Korbinian**.

Weilburger Pils 4,8% Privatbrauerei Helbig Weilburg. Ob wir pervers seien, fragen zwei Weilburger, die wir in der Bahnhofsgaststätte antreffen. »Weilburger Pils, keiner will's«, wird vom Volksmund überliefert. Die Burschen nuckeln sich gegenseitig am großen Zeh. Deutlich gehoben das **Weilburger Lord-Pils de luxe** (4,8%), dessen herbes Sosein das Aftershave im Glas überflüssig macht. Beim **Altdeutsch dunkel** (5,0%) herrscht Katerstimmung.

Weilheimer Ur-Hell 5,5% Dachsbräu Weilheim. Cremeschaumknüller. Naturtrübe Feinkost. **Dachs Dunkel** (5,0%): Wow. Das dunkle **Dachs Weizen** (5,0%) besticht durch Wattematte, gloriose Teilchenbewegung, büßt mit mäßiger Rezens und Grunzelabtrunk etwas ein. Bloß was?

Weimarer Pilsener 4,9% Weimarer Privatbrauerei. Ob man demnächst Belanglosigkeit prämiert? Oder hört der Pöbel auf seinen Spruchbeutel und Big Weimarian Goethe, der den Vierzeiler »Lug oder Trug?« modellierte: »Darf man das Volk betrügen? / Ich sage: nein! / Doch willst du sie belügen, / So mach' es nur nicht fein.« Nein. Sie schrei'n: »Wir sind voll!«

Wein Der Streit ist entschieden. W. taugt nichts, mochte Friedrich Schleiermacher den Roten auch zum »Hauptposten« (*FAZ*, 29. Dezember 1993) seines Leben erklären und Franz Josef Degenhardt 1969 tremolieren: »Ich möchte Weintrinker sein, mir nicht für zwei Bier Verständnis kaufen.« Zwei Kenner der Materie geben uns recht. Primo Levi bekennt in *Der Ringschlüssel* (München/Wien 1992): »Mir ist Wein noch nie bekommen. Dieser aber hier« – es handelt sich um russischen »Rebensaft«! – »stürzte mich in eine widerwärtige Lage beschämender Ohnmacht: Im Kopf war ich wohl noch klar, merkte aber, wie mein Stehvermögen nach und nach abnahm, weshalb ich mich schon vor dem Augenblick fürchtete, in dem ich von der Bank würde aufstehen müssen. Meine Zunge wurde immer schwerer, vor allem aber hatte sich mein Gesichtsfeld unangenehm verengt, und so betrachtete ich das feierliche Vorbeirauschen der Flußufer zu beiden Seiten wie durch eine Kamerablende, oder besser gesagt, als ob ich eines dieser winzigen Operngläser vor den Augen hätte, wie man sie im vergangenen Jahrhundert verwendete.«
W. steht für Restauration und Regression. Don DeLillos enzyklopädischer Roman über die zweite Hälfte des zwanzigsten Jahrhunderts, *Unterwelt* (Köln 1998), spricht die Wahrheit noch einen »Tick« bündiger aus: »›Will irgendwer ein Glas Wein?‹ fragte Farish. ›Ich hätte nichts gegen einen Weißen aus der Gegend.‹ – ›Wein ist was für Weicheier‹, erklärte ihr Sims.« (siehe auch Siebeck, Wolfram)

Weinig Pils Brauerei Weinig Gerolzhofen. Leer wie der Kübel, wo's reingehört. Das **Dunkel** düster, diarrhöefördernd. Das helle **Hefeweizen** soll man nicht kennenlernen, das **Kel-**

lerbier mufft und läßt sich unter Zungenhieben schaffen. Nur masochistisch Veranlagte usw. usf.

Weißenoher Pils 4,8% Klosterbrauerei Weißenohe. Ihr seid fleißig. Ihr müht euch. Ihr probiert's. Unser Guide erleichtert »Ihnen die Suche [...] durch klare Symbole« (Heimat- und Touristikverein »Edelweiß« Weißenohe und Umgebung e. V.) der E. Cassirerschen Lehre: W. »symbolisch« gebraut, das **Eucharius Märzen** (5,2%) »symbolisch« versaut, das **Kloster Spezial** (5,2%) geklaut (»Seltenheit«), das **Export Dunkel** (5,0%) »symbolisch« vertaut, das **Schlichter Weißenoher Klosterweißen** (5,2%) und die **Schlichter Dunkle Weisse** (5,2%; beide Schlichter Bräu Schlicht) lösen die schwache Bande. »In diesem Sinne kein Prosit!« (Prospekt Ihrer Klosterbrauerei Weißenohe)

Weiss Rössl ungespund's Kellerbier 5,2% Weiss Rössl Bräu Eltmann. Souverän gekeltert. Das war der Fehler. **Echt bayerisches Exportbier** (5,2%) und **Echt bayerisches Pilsner** (4,8%) sind so echt, so echt der *Musikantenstadl* ist.

Weldebräu Pilsener 5,1% Weldebräu Plankstadt-Schwetzingen. Die mit den zackigen, von »Künstlern« gestalteten Pokalen (»Lust-Laune-Wonne-Glas«) und Flaschen (»Edition«), einem »Brauer als Entertainer seiner Produkte«, Shirt- und Kappenkollektionen in Dosen, »Kunstförderpreis« (»Im Kulturbereich tummelt sich kaum ein Brauer. Das war unsere Chance. Ein gepflegt gebrautes Bier ist ein tolles Produkt, und es paßt zur Zielgruppe«; vgl. *WELT-Report Bier*, 25. September 1996) sowie erwähntem, wie's bei neunzig Grad gewaschene Etikett schmeckendem Getränk: C-»Bierspecialität«, »feinwürzig« und – man kommt aus dem Zitieren nicht heraus – »hopfen-aromatisch«. Landesligareif. Alles eint und vereint auf sich das **No. 1 Premium Pils** (4,8%): quergestreiftes Fettietikett, Alukrause, No.-1-Ikonographie, »bestes Mineralwasserquellwasser«, grüne Streberglasverpackung und kreuzweise verrenkten Gout. Zusammenfassend: »Lust auf Premium«. Dem Vernehmen nach mögen's »Top-Bands der regionalen Musikszene«. – Wir schoben das **Special Export** (5,3%) hinterher (Antrunk ein Dolchstoß in den Hintergaumen, flammende Flatter von erklecklicher Dauer) und das helle **Hefe-Weizen** (5,0%) aus der, gnade ihnen Satan, »Premium Klasse«, welches einen beeindruckend reifen Patschpfirsich aufbot, gefolgt von zungenmuskulären Dekompositionen. Den planken Höllenkreis zu runden: »Die Künstlerflaschen bieten alternativen Genuß«, verrät das Firmenoberhaupt, »entweder trinken oder sammeln.« Dann lieber nicht mal sammeln.

Weltenburger Hefe-Weißbier Hell 5,1% Klosterbrauerei Weltenburg Kelheim. Gibt sich frisch.

Werbung Der ubiquitäre Schmutz. Täglich rieselt er. Je weniger Umsatz, desto höher die PR-Etats. (siehe auch Prokopfverbrauch) 1996 wurden bundesweit 663 (*Der Kontakter* 42/1997) bzw. 770 Millionen ausgegeben (*WELT-Report-Bier,* 10. September 1997). Man schmiert Fernsehübertragungen und ganze Sender, verschandelt Rennsportveranstaltungen und Fußballmannschaften (vgl. DSF-*Auf-Schalke* und Veltins-Exklusivausschank im Parkstadion), belästigt Reiter und Skifahrer, sponsort »Showgrößen« und bewegt sich trotz kompanienweise beschäftigter »Designer« und »Marketingfachleute« bildästhetisch und textlich auf Vorbauernkriegs- und -schulniveau. »Wie entsteht eine gute Bierqualität?« fragte Wächtersbacher via Anzeige (*Bild Frankfurt,* 23. September 1996) und bierbauchredete: »Letztlich muß aus dem Wasser und den Rohstoffen ein Bier gebraut werden. Hier spricht man von der sog. Brauerfahrung.« Andere suggerieren Erd- und Heimatverbundenheit (»Aus dem Herzen der Natur«, Licher; »Eine Perle der Natur«, Krombacher), versprechen, »Gutes im Schilde zu führen« (Veltins), öffnen die Pforten zur Wortspielhölle (»Harzhaft frischer Biergenuß«, Hasseröder; »Eins steht fest: Ein Eichbaum«), reden einfach Blech (»Schmeckt unvergleichlich Duckstein«, Holsten; »Bei dem Geschmack heben Sie ab«, Tu-

cher) oder quälen und beleidigen den Globus: »Eins auf die
Welt« (Fürstenberg), »Wer die Welt kennt, kennt Tuborg«.
»Deutschland ist schön« (Erdinger) blöd, kauft »Fernseh-
biere« (Ulrike Freund, Brauerei Gold Ochsen) und stopft
den Goldeseln die Dukatentaschen hinreichend voll. Uns
quatschen sie die Ohren ab: beklagen einerseits den »Preis-
verhau« (Gebrüder Modschiedler, St. Georgen Bräu Buttenheim), andererseits, daß zuwenig geschluckt wird. Noch in-
feriorer als das endlose Getöse klingt das Metageschwafel
der Journaille. »Werbung ist ein unentbehrliches Essential
aufgeklärter Märkte«, faselt der außer Rand und Band geratene *WELT-Report-Bier*-Autor Hans Baumann und kann
die Tinte nicht halten: »Wer die Werbung kappt, kappt In-
novation und damit Fortschritt.« – »Bier ohne Marken? Der
Bürger stünde ratlos vor einem gelben Meer von 110 Millionen Hektoliter Bier.« – »Wegen der Werbung trinkt er keinen zusätzlichen Schluck Bier, wie die letzten Jahre deutlich
zeigen.« (16. September 1998) Wohin wollen die Neuronen?
Ist er noch dicht? Oder schon?
»Qualität ist Grundbedingung, aber Werbung macht den
Meister«, quallten Höllhuber/Kaul, Baumann ergänzte: »Die
verbale Begleitung durch den Slogan ›Wer hat, der Hatz‹ läßt
die Marke auch im Ohr überleben« und die »Zukunft am
Point of Sale« gewinnen. »Ein moderner Auftritt beweist,
daß eine Marke nicht von gestern ist. Um dem Kunden zu
gefallen, muß sich auch Bier in Szene setzen. Die Flasche ist
genormt, der Inhalt gehorcht dem Reinheitsgebot. Das Etikett aber ist der Spiegel des Produkts.« Er zerspringe in tausend Stücke.
Zwei Lügen zum Schluß: Werbung, so Michael Dietzsch,
klärt »darüber auf, daß Biere unterschiedlich sind«, und
»kein Biermarkt der Welt bietet die deutsche Vielfalt« (Hans
Baumann).

Wernecker Premium Pils 4,9% Wernecker Bierbrauerei
Adolf Wurm. An- und Abtrunk pasteurdominiert. Nach
Gummimäusen schmecken möchte partout das **Bayerisch
Hell** (4,8%), wenn es meint. Das **Bayerisch Dunkel** (4,8%)

»ist keins«, stöhnt Herr Rudolf, was will der wieder? Sichtlich angegangen drischt man – es hört nie auf – die **Baltha-
sar Neumann Hefe Weisse** (5,2%) und rätselt über das mu-
tantenhafte **Märzen Gold** (5,4%). Das **Laurentius
Kellerbier** (5,5%) geht um als Hopfengeist.

Werner Diät Pils 4,9% Werner Bräu Poppenhausen. Leblos
wie – jetzt – – nu' wollten wir – – – hätten wir – – hätten wir
angesetzt, hätten *Diätbier? Kein Lexikon* geschmiert – – da
bricht die Hütte weg. I moag nemmer Kompendium schreiben.

Wernesgrüner Pils Legende 4,9% Wernesgrüner Brauerei.
Doch, verehrte Damen und Herren von der harmonika
LIED-TEXT-TV GmbH Schleiz, Ihre *Wernesgrüner Musi-
kantenschenke* aus dem Volksfiffifernseh mdr findet nicht
nur, wie Sie uns am 2. Oktober 1997 schilderten, im *Her-
mannshof zum Wernesgrüner Brauerei-Gutshof* Platz und
dient augenscheinlich der Verbreitung des Rassenwahns,
nein –: sondern sie, die, bäh, *Wernesgrüner Musikanten-
schenke*, ist weiterhin akkurat zum Erbrechen; was man der
W. nicht attestieren will. Die hat vielmehr seit 1997 etliche
Zacken zugelegt (der steinvoll johlende Rudolf behauptet
das genaue Gegenteil) und müßte demnächst, und dann geben wir uns geschlagen, trotz Ihres, verehrte harmonika-
people, heillosen Wirkens gegen jeden Einspruch, Angriff
und Anschiß gefeit sein.

Wernsdörfer Export Brauerei Wernsdörfer Schönbrunn.
Legte keinen Wert auf Schaum. Snickersüß. Mit den CO_2-
Perlen wurden wir handelseinig. Das Flüssigkeitsbett frisch
gemacht. Legsdi nieder.

Westmalle Dubbel 7,0% Abdij Trappisten Malle/Belgien.
Ein Bier, ein Schaum –: aus Gläsern steigen / erkanntes Leben, jäher Sinn, / die Blume steht, die Lämmer schweigen /
und alles beugt sich zu ihm hin. // Ein Bier –, ein Glanz, ein
Zug, ein Steuer, / ein Eisenstart, ein Feuerstrich, / und wie-

der Dunkel, ungeheuer, / um Brauer, deutsche, am Bockan-
stich.

Westvleteren 8 Extra 8,0% St. Sixtusabdij Westvleteren/
Belgien. In der kleinsten der fünf belgischen Trappisten-
brauereien gebacken (die anderen: Chimay, Orval, Rochefort und Westmalle). Glücklich dürfen wir uns schätzen, eine
der vier lieferbaren Sorten genagelt, Blödsinn: geangelt zu
haben. Die Verkaufsstrategie des Klosters ist, gelinde gesagt,
antikommerziell, von regelrechten Warteschlangen geht die
langwierige Rede. W.-Biere entbehren des Etiketts. Kronkorken informieren über alles Notwendige. Unser blauer
verschließt ein vollendetes Getränk. Wir kämpften mit Tränen. Den Antrunk peitscht das Malz nieder, welches verteilt
sich in kurvigen Strömen und weichweidwach wegsackt.
Würze wirbelt, und als Endlosfinish läuft ein Film aus Ka-
kaokaffee- und Melonensequenzen, röstlichen Close-ups
und vielem, vielem mehr.
Bekämen wir »das sehr schwere, sahnige, sanfte und süße«
(M. Jackson) **12 Abbot** (10,6%), »sehr cremig und voll«
(ders.), wir brächten den Kanzler um die Ecke. Laßt uns drüber reden.

Wetzlarer Dom-Pilsener 4,8% Wetzlarer Privatbrauereien
Gebr. Waldschmidt/Gebr. Euler. Ausgewogenes Hopfen-
pils. Interessanter: Waldschmidt ist eine Ruine, *Riesen-
Klause* und *Brauerei-Ausschank Zum Riesen* vertreiben zwei
Waldschmidt-Produkte (siehe Waldschmidt Pils); Euler
braut Kellerbier (siehe Euler Naturtrübes Kellerbier). Wer
setzt den Sud an? »Wer in Lüneburg«, »in Lübeck« *(Riesen-
Klause)*, in »weiß nich'« *(Zum Riesen)*, »in Löhnberg« (auf
der Straße), »in Gießen« (siehe Giessener Pilsener), »in
Löhnberg« (Euler).

Wieninger Bräufaß 5,3% Privatbrauerei M. C. Wieninger
Teisendorf. Verdächtig blaß und zum Fürchten metalloid. Ab-
scheulich' Bräu. **Export Hell** (5,3%): Malz tat man dran. Leider. So mußte es als Bier in die Welt. Wie ist derart falsch her-

angehen? Das **Export Dunkel** (4,9%): alkalische Holzkohle?
Wir hätten es beim echten Zitro Zeg belassen sollen. Im klein-
wüchsigen **Ruperti Weizen Hell** (5,2%) fand sich eine Spur
nachtrunkiger Hefigkeit. Über dem 7,1%-**Impulsator** ver-
stummten wir. Ein explizites Pils ersparten sie uns.

Wieselburger Bier 5,4% Brauerei Wieselburg/Österreich.
Eine Augenweide, der Name. Untertitel: »Das Stammbräu«.
»Überhaupt haben Österreichs Brauereien ein bißchen Kin-
deswegelegung am Lagerbier betrieben« (C. Seid'l; siehe auch
Bierseid'l), genau.

Wies'n-Bier »Ist obergärig, was schlichtweg heißt: geht
schneller in die Birne«, behauptete am 26. September 1997
leute heute (ZDF). Aber sonst Bescheid wissen.

Wies'n-Wirte Wie die *Süddeutsche Zeitung* (19. Oktober
1996) mitteilt, sind »weder Wirte im allgemeinen noch
Wies'n-Wirte im speziellen unbedingt bemitleidenswert«,
sondern im besonderen besonders verachtenswerte Vertreter der Bierzelt- und Oktoberfestökonomie (siehe auch Oktoberfest). Der nicht namentlich genannte Wies'n-Wirt teilte
seinen einhundert von weit her angereisten Servierdamen jeweils nur vier Tische zu, knöpfte ihnen zehn Mark für die
Garderobe ab und ließ sie beinahe verhungern: »Halbe
Hendl habe es für die Personal-Essensgutscheine schon gar
nicht gegeben.« Auf die bewußt herbeigeführten Mißstände
angesprochen, blökte der Ochse: »Die hätten ja nicht bei mir
anzufangen brauchen, die Mistviecher!« Über standrecht-
liches Vierteilen im Rhythmus blasmusikalischer Manifesta-
tionen wäre zu räsonieren. Die Gewerkschaft schweigt soli-
darisch anteilnehmend.

Will Lager Brauerei Will Schederndorf. *Anwendungsgebiete:*
Zur Desinfizierung des Mund- und Kopfraumes bei Ent-
zündungen, Katarrh, Kater und Krisenstimmung. *Gegen-
anzeigen:* Für Kleinkinder nicht geeignet. *Nebenwirkungen:*
Sind uns nicht bekannt. Wissen Sie welche? *Wechselwirkun-*

gen: Wenn das Schnitzel endlich kommt – die bekannten: in-
terdependentes Aufwiegeln der Verdauungssäfte und Appe-
titkräfte, interkulturelles Kennenlernen, interaktives Ge-
schwalle, demonstratives Nachbestellen, impulsives
Aufbegehren, ruckartiges Verschwinden. *Dosierung und An-
wendungsweise:* Soweit nicht anders verordnet, lassen Erwachsene und Weintrinker ab sechs Jahren alle zehn bis fünfzehn Minuten einen halben Liter langsam im Munde
zergehen. *Eigenschaften:* W. bekämpft bzw. lindert die Sym-
ptome bei Kater, Katastrophen und Kalamitäten. W. wirkt
rasch, ist gut verträglich, schont die Zähne und hat einen an-
genehmen Geschmack. *Darreichungsform und Packungs-
größen:* ein, zwei oder mehrere Flaschen. Aber immer hintereinander. *Hinweis für Diabetiker:* Nicht nötig. Auch sie
fallen irgendwann um. *Biermittel sorgfältig aufbewahren!
Vor Kindern sichern! Das Biermittel soll nach Ablauf des
Abends nicht mehr angewendet werden. Sonst sind Sie am
Morgen immer noch dran.*

Winkler Bräu Kupfer Spezialbier 5,3% Winkler Bräu Vel-
burg-Lengenfeld. Bleiern infiltriertes Dunkles, das sich hie
und da gelinde zurückhalten dürfte: beim Pasteurduft, bei
der pampigen Süße. Dann wär's auch kein Bier. Und siehe,
es ist eins (Flasche zwei): die Feinheit im Zwirn par excel-
lence und elegance als Ausweis graphischer Grandezza und
der gütlichen Einigung zwischen ihm und uns, hehe. Jaha,
so einen Quark können nur wir runterschrubben. Schön,
daß es Bücher gibt. Und diese hypermodernen Antagonis-
men und paroxystischen Paradoxien i. S. immanent latenter
Vorboten der virtuellen Implosion der seriellen Semantik in
kollateraler Koalition mit dem »Kollaps der Moderne«
(Robbi Kurz) und dem kompletten Müll dieser Seite. Jedenfalls: **Spezial Dunkel** (5,5%): berauscht gewest. Alert
zischte das **Export** (5,1%), abgebraust das **Hell** (4,9%), beide
folgten ihrer Bestimmung. Malzig bis in die Milz der dunkle **Martini-Trunk** (5,3%). Für seinen Titel heimst das **Hefe
Pils** (4,8%) unsere uneingeschränkte Stimmungsmache ein.
Und nun zur Entspannung eine gute Flasche Riocha.

Wirtschaft Hamburg, Sommer 1997. »Wir hätten gern noch drei Bier.« – »Nö. Feierabend.« – »Aber euer Bier schmeckt gut. Wir trinken auch schnell aus.« – »Sorry, das kann ich nicht machen.« – »Wir holen's selber.« – »Tut nichts zur Sache.« – »Ein letztes, bitte.« – »Welchselbiges ihr gerade getrunken habt.« Geschlagen.

Wittichenau Hat eine Stadtbrauerei (siehe Zonenbiere). »Deren herbes, ehrliches Pils fand schon 1991 einen Freund im damaligen Bundesumweltminister Klaus Töpfer, als der am 3. Oktober die Kläranlage Wittichenau eingeweiht hatte. ›Wie kann man den Tag der Deutschen Einheit schöner begehen als mit der Einweihung einer Kläranlage in Wittichenau‹, sagte Töpfer damals vor den tief befriedigten Wittichenauern.« (*WELT-Report Bier*, 10. September 1997)

Wittmann Premium Extra Pils 4,8% Brauerei C. Wittmann Landshut. Sowie **Urhell** (4,8%) und **Ergolator** (7,5%): Kraut- und Rübenzustand in diesen Bieren. Es ist ein Desaster. Alles kaputt. Obendrein versagt die **Hefe-Weisse** (5,3%) unehrenhaft.

Wodka, auch Champagner »Juhnke: Es geht wieder los. Talkshow geplatzt – Wodka-Orgie im Hotel.« (*Bild*, 13. Januar 1997) Mit »Freund Udo Lindenberg an der Bar. Bis nachts um 2 Uhr tranken die beiden Wodka.« W. allein, unser Stichwort deutet es an, soll aber nicht genügen. Erst die glückliche Synthese, W. und Champagner im Paket, bringt vierzehn Zeilen: »Am frühen Morgen wankt der große Entertainer in den dritten Stock in die ›Carl-Zuckmayer-Suite‹. Er bestellt Champagner. Flaschenweise. Weiter Seite 8.« (Vgl. auch den nahezu zwanzig Jahre alten Hinweis des 1987 verstorbenen *Spiegel*-Redakteurs Christian Schultz-Gerstein, bereits Ende der siebziger Jahre sei in *Bild* kaum mehr zu lesen gewesen denn »Juhnke: Nie wieder Alkohol« [*Rasende Mitläufer*, Berlin 1987]; noch genauer Eckhard Henscheid 1985 über »Harald Juhnkes großen Durst« – vgl. *Wie man eine Dame verräumt*, Zürich 1990.)

PS: Einen passenderen Ort für den anschließenden alkoholischen Radau, die »Carl-Zuckmayer-Suite«, hätte nicht mal *Bild* erfinden können. – Juhnke seinerseits am 15. Januar ebenda: »Es tut mir leid.«

PPS: *Bild* vom 26. Februar 1997: »Wieder Wodka! Wieder Randale! Wieder Prügel und Pöbeleien!« Die Juhnke-Journalisten Karin Schlautmann und Friedhelm Berger genauer: »Er [...] wälzte sich am Boden.« Ihr schönster Satz, durch den die Juhnke-Berichterstattung gleichsam zu sich selbst gekommen ist: »Harald Juhnke (67) und der Alkohol.«

PPPS: Dr. med Michael Beuer, *stern* 11/1997: »Es ist zum Heulen, wie vielen behandlungsbedürftigen Alkoholikern der ›liebe, unverbesserliche Harald‹ ein willkommenes Alibi verschafft, um eine vielleicht erfolgversprechende Therapie erst gar nicht zu beginnen.«

PPPPS: Regine Hildebrandt krakelte in *Herz mit Schnauze – Sprüche und Einsprüche* (Düsseldorf 1997): »Ein begnadeter Schauspieler und ein netter Mensch. Leider zeigt sich bei ihm auch, wie chronischer Alkoholismus Menschen kaputtmacht – es ist ein Jammer!« Und ein bärenstarker Einspruch.

PPPPPS: *Bild* vom 10. April 1997: Nach IN/OUT-Liste immerwährend out die »Höllen-Mixtur Wodka und Bier«. Wo bleibt der Champagner?

PPPPPPS: »Juhnke – Bin ich denn der einzige, der in Deutschland nicht mehr trinken darf?« (*Bild,* 11. Juni 1997)

PPPPPPPS: »Juhnke schloß sich in sein Zwei-Zimmer-Appartement im Hotel *Schloß Seefels* ein: mit Wodka.« (*Bild,* 12. Juni 1997)

PPPPPPPPS: *Bild* vom 14. Juni 1997: »Juhnke! Was für ein Elend« – »Tag 5 des Alkohol-Absturzes. Es wird gefährlich.«

PPPPPPPPPS: *Bild* vom 17. Juni 1997, letzte Seite, Klatschspalte: »Velden – Er ist wieder fit! Harald Juhnke (68) – er hat das Alkoholtief hinter sich. Fast unglaublich: Morgen will Harald schon wieder drehen.« Warum so bescheiden, warum kein Photo? Hält man Juhnkes neues Leben für vertragsbrüchig? »Alkohol ist keine Antwort, aber er erleichtert das Warten auf eine Antwort.« (Bruce Willis)

Wolf Pils 4,9% Brauerei Max Wolf Karlsruhe. Weniger berühmt als gerühmt. Das Malz schwingt die Knute über dem eingeschüchterten Hopfen. Ihr müßtet wissen: Die antiautoritäre Pädagogik des Bieres evoziert die sinnigsten Phantasien und die ungehinderte Entfaltung sämtlicher Talente und Potenzen, die in dem Zeug schlummern, das ihr zur Flasche prügelt. Identisch verstört: **Privat Pils** (4,9%). Mit dem Rückhalt der Karottenpsychologie macht das **Export** (5,0%) erhebliche Sprünge und mausert sich zum Vorbild seiner Art: knackig im Biß, geschmeidig im Antrunk, gefällig heublumig im Bukett, gleitender Wegritt. Weil heute kein Odentag ist, widerfährt dem **Indianer Bock** (6,7%) geringes Recht. Schaum dich fest! ruft er, und wir sind bereit, ihm ein Einzelgehege zuzuweisen. Wolf, heule, daß es die Tauben hören!

Wolfshöher Ur-Hell 4,9% Brauerei Wolfshöhe Neunkirchen am Sand. Öde Aromatik, nicht beifällig Beifall fordernd. **Altes Wolfshöher** (5,5%): Knebel aus faulem Staubtuch. Wegen des **Hefeweissbiers hell** (5,0%) möge dem Brauer das Brauhandwerk gelegt werden, wegen des **Hefeweissbiers dunkel** (5,3%) nicht.

Wolken Ziehn, nach Karl Valentin, dahin, und sie ziehn auch wieder her. Thomas Keitel vom Fachverband Dehoga Ostwestfalen/Lippe meint: »Ich sehe schwarze Wolken über unseren Tresen.« (*Bild*, 7. Januar 1999) Er muß es ja nicht wissen.

Würzburger Schwarzbier Premium 4,8% Würzburger Hofbräu. Zu jung, ohne Erfahrungskern, ohne »Zeitkern« (Horkheimer/Adorno), ließ den unerläßlichen »Wahrheitskern« vermissen, welchen Meilen über Bierbannmeilen zu verfehlen der **Sympator Doppelbock** (7,9%) sich zur ersten Aufgabe gemacht hatte. Gefolgschaft signalisierte er mit fieser Brandigkeit und der Empfehlung an ältere Kaffeekranzteilnehmer. Weizenbier? Können sie nicht. **Julius-Echter-Hefe-Weissbier-Hell** (5,7%) und **Julius-**

Echter-Hefe-Weissbier-Dunkel-Premium (5,7%) gelten uns als Coverversionen der Gesundheitsteeindustrie. Untergäriger Abschluß das **Jagdherren Pils** (4,8%): nicht unangenehm – und einem evtl. deckungsgleichen **Würzburger Bürgerbräu Pils** (5,0%) kongruent mies. Hier stimmt was nicht.

XXXX Export Lager 4,8% Castlemaine Perkins/Australien. Hopfen und Malz sind mit von der Partie und scharenweise rote Farbstoffe. Spender frohen Mutes und dauernder Vergnüglichkeit. Den letzten Tropfen schenkten wir dem Glas.

Y

Yixing Premium Chinese Lager 5,0% The Yixing Brewery Jiangsu/China, gebraut durch Redruth Brewery Redruth/Großbritannien. Als wär's ein Weizen. Hallo, rice! You've done a good job. Der gelbe Fluß fließt, wo er fließen soll.

Young's Special London Ale 6,4% Young & Co. The Ram Brewery London/Großbritannien. Undefinierbare Zitronenorangensäuren regieren über an der kurzen Leine gehaltene Hopfenarbeiter, die sich mühen, Licht ins Dunkel der braulichen Unzulänglichkeit zu bringen, und des vorzeitigen Todes durch sträfliche Mißachtung sterben.

Z

Zambezi Premium Export Lager 4,5% National Breweries Harare/Simbabwe. Duft nach gedecktem Mandelkuchen. Rasend gute Abstimmung zwischen Malz- und Hopfengaben. Eine Schöpfung. Zählt zu den siebzig Bierwundern.

Zapfwerk Greiz. Fabrikhalle. In der bringe man die größte Zapfanlage der Welt unter, Klos mit Parkettboden, Paulaner-Laternen und das ausgemistete Interieur des Westens. Warte auf Gäste. Biete Biervielfalt. Bewerbe das **Jeanlin:** »Mischung aus einem guten Bock und einer guten Beerenauslese«. Und unterlasse es, den dabeisitzenden Autor, Herrn Rudolf, als Urheber zu nennen. Die Manieren sind schon besser gewesen.

Ziegler Premium Hell 5,2% Ziegler Bräu Mainburg-Hallertau. Bier im fälschlicherweise mit Seife gespülten Glas hat's trotz mehrerer Kaltwassergänge schwer. Dennoch kämpfen sich Malz und Hopfen bis an die Zungenspitze vor. Parterre dagegen die blendend reputierte **Hopfazupfa Weisse** (5,2%): schaummatt, knappgehalten im Antrunk, antilopenflott beim Davonsprint. Könnte einem elend werden.

Zigaretten, Bier und Der Komponist Helmut Lachenmann über das Jahr 1950: »Hindemith, Bartók, Strawinsky waren mir nur als undankbar klingende Klaviermusik zugänglich, erweckten rasch Überdruß wie Bier oder Zigaretten.« (*Süddeutsche Zeitung*, 4. Juni 1997) Sechs Seiten noch: macht ein Päckchen und sechs Halbe.

Zipfer Josefi-Bock 7,1% Brauerei Zipf/Österreich. Setzen. Drei. Du Ei. Das **Märzen** (5,2%) löste einen Sturm der Entrüstung im Becher aus. Trinken wir dich halt nich'. Das **Ur-typ Medium** bei 3,0% um 46 Prozent magerer und weniger peinigend als das 1997 zurechtgewiesene **Urtyp** (5,4%). Quo vadis, Zipfel-Zapfer?

Zoller-Hof Fürsten-Pils 4,9% Privat-Brauerei Zoller-Hof Sigmaringen. Dringlich wollen wir warnen vor jenem, das aufwartet mit Fleischwurstwolle, worunter der Hopfen ein elend' Dasein zu fristen hat, eingerahmt von Zuckerleisten. Das preußische **Spezial-Export** (5,1%) ist präsent, der Schaum praktikabel, das helle **Weißbier** (4,8%) »durchaus köstlich« (M. Jackson). **Fidelis Hefe-Weizen** (4,9%) für den kleinen Durst zwischendurch, danach ein **Brenzkofer Dunkel** (4,8%) wie aus dem Bierbilderbuch. *Etwas* Hefeweizen braucht der Mensch. Wenn es nicht überhand nimmt.

Zonenbiere Sofern nicht rechtschaffen gerecht über den hiesigen fabelhaften Textbrocken verteilt, präsentieren wir gerafft und zusammengepfercht die bedeutendsten, unbekanntesten, vergessens- und bewahrenswertesten Biere des wilden Ostens, die im Abgeschiedenen hausenden Hutzelgetränke, testifiziert gemeinsam mit den Dam- und Herrschaften Lissy Schmidt, Holger Sudau und Michael Rudolf während einer NBL-Lesetour/Frühsommer 1997 – los geht's –
– beim **Böhmisch Brauhaus Pilsener** (4,9% Böhmisch Brauhaus Großröhrsdorf), einem verblaßten Bräu Marke »Pilsnerbiere im Jahr 1925« (Rudolf), gefolgt vom dunklen Vollbier **Edel Sünde** (4,6%) »als deutlichem Querverweis zu böhmischem Brauen« (Sudau). – Das **Cannewitzer Pilsner** (4,9% Landbrauerei Cannewitz Alfred Hantschmann) behauptet: »Jetzt schmeckt es wieder« – hören wir gern. Lobenswert der hopfengeistige Nachtrunk als auch Aromen zirka »Pistazien und Paranüsse« (Rudolf), soso. Ein »Schmankerl« (Höllhuber/Kaul). Weiter. –
Dem **Einsiedler Weissbier** (5,2% Einsiedler Privatbrauerei) raten Rudolf & Rasselbande »eine um ein Celsiusgrad kältere Reifung« an, dem **St. Peter Schwarzbier** (4,9%), dem **Jubiläums Pils** (4,9%) und dem knallig herben **Privat Pils**

(4,9%), dem **Hellen Bock** (6,5%) und dem **Dunklen Bock**
(6,5%) wünschen wir konstante resp. bessere Entwicklung,
wenn wir nicht alles durcheinandergebracht –
– wir müssen umschalten? Aha. Ja. Ich soll's hinschreiben?
Und meinen Senf für mich ... – das **Fiedler Pilsener** (4,7% Privatbrauerei Fiedler Oberscheibe) sei »richtig gut« – auf Grund
des »Malznachtrunks« (Klassebewertung. – Schnauze!), der
Abrahams Bock (6,1%) paukt die belgische Fruchtliturgie
herunter, »sagenhaft« (Schmidt, Rudolf) – es wird immer ob-
jektiver – schmecke das **Bockbier** (6,1%): »Hier stimmt mehr
als alles.« (Chor) Wir hegen unsere Vorlieben.
– **Hartmannsdorfer Pils** (4,6% Hartmannsdorfer Brauhaus): unbefriedigend. – Am **Köthener Spezial Pils** (4,7%
Köthener Brauerei) arbeitet die Pfungstädter Brauerei (siehe
Pfungstädter Maibock) – rückwärts orientiert. **Hubertus
Jubiläumsbier Johann Sebastian Bach** (4,9%) kesselt sanf-
ter, die Schaum- und Hopfendarbietungen des **Export**
(4,9%) und der **Sachsen Krone** (5,1%) unterschiedlich qua-
lifiziert (Näheres vgl. Michael Rudolf: *1516 Biere – Der end-
gültige Atlas für die ganze Bierwelt*, Berlin 1999), der – das
Sortiment könnt' auch mal wieder enden – **Hubertus Bock**
(6,5%) »regulär« (Jan Orthwien; wie kommt der hier rein?)
röstig, »tendenziell« (H. Marcuse) säuerlich, flankiert vom
Sachsenkrone Dunklen Bock (6,5%) – welcher uns einen
Dreck kümmert –
– gleich dem herb duftenden Hopfenbluff **Mittweidaer
Löwenbräu Pils** (4,6% Mittweidaer Löwenbräu) und der
Vollenttäuschung **Export** (5,1%). –
Kekspause.
Nach wie vor keinen Schritt Richtung Pils unternimmt das
Muldentaler Classic (4,8% Brauerei Penig). Legasthenisch
hopfenholpert das **Peniger Pilsner** (5,0%) –
Im Gasthof der Privaten Traditionsbrauerei Meyer Rechen-
berg-Bienenmühle kneipten wir – Tempo! Tempo! Das Buch
will schließen! – ein aufsehenerregend mies gezapftes, aus-
gesprochen gehaltreiches **Rechenberger Faßpils** und erfuh-
ren: »2,8%, neei, wordde mool, 2,4%«.
– Beinahe paretooptimal die Merkmale des reintönigen Pils-

bieres erfüllte das **Richzenhainer Pilsener** (4,9% Privatbrauerei Richzenhain Waldheim). »Was man«, Herr Rudolf
schaltet sich ein, »vom **Export** (5,0%) nun so wieder nicht
behaupten kann, denn es ist ja, wie der Name schon sagt, ein
Export und der **Ursprung** mit 6,5% ein dunkler Bock, dessen ursprünglicher Geschmackswille sich dann auch folge-
richtig im Dunkel verirrt.«
Überragender Schaum krönt das kaum zu bemängelnde
Specht Bockbier (6,1% Privatbrauerei Specht Ehrenfrie-
dersdorf), dem **Export** (5,0%) fehlt's an Hopfen und etwaigen Komponenten, derweil der **Schwarze Specht** »mit seinen« – ja, Herr Sudau, Sie sind dran – »6,1%igen,
sirenenhaften Malzgesängen beweist, daß hier wohl die
eigentliche Wiege des Bockbier-/Starkbierbrauens zu liegen scheint. Die Geschichte wird komplett umgeschrieben
werden müssen.« Das **Greifensteiner Landbier** (4,8%)
schmecke »heimatlich gut«. Lesen wir, von uns aus, und der
heaven on earth, Mdme. Schmidt, »ist mit Sicherheit **Specht
Pilsener** (4,8%), denn das haben wir ja überhaupt noch nicht
erlebt: Der Nachtrunk wellt in drei Intervallen heran. Vom
ersten, blumigen (2 Sekunden) über eine milde Brücke (1 Se-
kunde/von Mälze überlagert) zum dritten, aromatisch-bitte-
ren (mit 4 Sekunden) Abschnitt. Beim zweiten Proben-
durchlauf mit leichten Interferenzen, trotzdem –« – das
reicht –
– Dem für Getränke Schindel GmbH Bad Liebenwerda zu-
sammengefrickelten **Sterntal Pilsener** (4,9%) reichen wir
nicht die Hand –
– und wie bei Robert Lemke sel. staunten die vier Schweins-
blasen angesichts des **Watzdorfer Burg Pils** (ehemals **Greifensteiner Pils**; 4,8% Watzdorfer Traditions- und Spezialitätenbrauerei Bad Blankenburg). Mit verbundenen Augen
verkostet, schürte das **Export** (5,0%) weitere Mißstimmung.
Weil das Zitat gut klingt: »Keine gute Tat. Und keine guten
Zutaten.«
Das – keine Sorge, die Runde kriegen wir kaputt – **Wittichenauer Pils Feinherb** (4,9% Stadtbrauerei Wittichenau)
soll dem CD-Pils (Dinkelacker Brauerei Stuttgart) auf den

Arsch gleichen, **Traditions Pils** (5,0%) und **Bock** (6,0%) zirkulieren im Exportorbit, das **Wittichenauer Gold** (4,4%) bleibt wg. Unzumutbarkeit in der Garage. Den Lizenztaten **St. Marienstern Klosterbräu Spezial** (4,8%; »würzig-malzig«) und **Klosterbräu Dunkel** (4,8%) verweigern wir jede Mitsprache. –

– Jaja, bei »w« samma – und das unter »z« –, die Freiheit nehmen wir uns, *wir* wissen, was Freiheit ist, und sehen zum Schluß ganz unbetroffen, daß das knallhopfige **Wörlitzer Pilsener** (4,9% Brauerei Wörlitz) zu Saarbrücken (Brauerei Neufang, deren **Saarbrücker Grafenpils** [4,75%] – die Ost-West-Waage zu halten – weniger bringen soll) neu und vorteilhaft durchstartete. Des **Urbräus** (4,9%) letzte Flasche fingen wir, sie hat einen festen Platz in unsrem Gedächtnis gefunden. –

Und Polen natürlich ist ziemlich offen. Hier hilft Ihnen Herr Rudolf (genanntes Parallelwerk) weiter, soweit er kann. Und der kann …

PS: Darüber hinaus gibt unser Zettelsalat Kunde von: **Bauer Bier Pils** (5,0% Brauerei Ernst Bauer Leipzig), **Braugold Angerbräu/Bock** (5,2%/6,5% Braugold Brauerei Erfurt), **Sachsenquell Pilsener** (4,9% Sachsenquell Brauerei Kamenz, hergestellt durch Brauhaus Hösl Mitterteich; siehe Hösl Edel-Pilsener) und **Der Alte Dessauer Edelhell/Edles Pils** (beide 5,0%, irgendwer München) – sie alle müssen wir irgendwann getroffen und getrunken haben. Bescheuert.

Zukunft Was sie von der Z. erwarte, fragte das *Journal für Deutschland*, eine vierseitige Beilage der Bundesregierung in *Bild* (31. Dezember 1996), die zehnjährige Inge aus Belgien. Sie schloß ihre Antwort »mit drei Ausrufezeichen« und den Worten: »Ich möchte einen Mann haben, der toll ist. Kein Mann, der immer vor dem Fernseher sitzt mit einem Pils in seinen Armen.« Sondern vor sich auf dem Tisch und von Zeit zu Zeit an den Lippen. Andernfalls würde das Pils warm, schal und wäre nicht mehr so toll.

Zulte Brune Légère 4,7% Brouwerij Alken-Maes Waarloos/Belgien. Kategorie eins: saturiert, hinten raus mit mächtig

Drive. Einfaches Erfolgsrezept: haltbaren Schaum konstruieren, nicht geizig sein beim Mälzen, den richtigen Farb-
beutel abwerfen und erlesenen Hopfen säen. Man erntet der
Blütenduftigsten und »röstwürzig« (Michael Jackson)
Schwärzesten eins. Neue Konzentrationszigarette – und vorwärts.

Zwettler Pils/Export/1890er 4,8% bis 4,9% Zwettler
Brauerei Zwettl/Österreich. Brother Thomas muß noch mal
ran: »Das eine aus dem Faß, das andere zum Billigtarif, das
dritte Bier im Bunde schaute mit exzellent gestylter Schaum-
frisur aus einem ganz besonderen Glas. Alle waren sie Brü-
der in Geist und Geschmack, kein bißchen streitsam,
friedlich-schiedlich die verwandtschaftlichen Relationen
›bitterer‹, ›süßer‹ und ›rezenter‹ unter sich aufteilend. Nur
das **Dunkle** [3,4%] scherte aus, löchrig und lustlos, pappte
wie Pattex und schien dem Biergedanken kaum zugeneigt.
Vom schankbierigen **Stiftsbräu** geht hier gar keine Rede.«

Dem **Zwickelbier** der Brauerei Fischer Greuth attestieren
die »zwei Experten« (*Fränkische Landeszeitung,* 5. Juni
1999) Ralph Forster und Harald Schnieder eine »schön cre-
mig-feine Kohlensäure«. Wie sie das wohl macht.

Zwickl Bier 4,7% Freiherr von Perger GmbH Breitbrunn.
Vergißt man ein »e«, schmeckt es nach Bir. (siehe auch Bintang Bir Pilsener)

Zwiefalter Pilsner Edeltyp 4,9% Zwiefalter Klosterbräu.
Gar nicht soooo berühmt, wie man uns weismachen will.
Was wir auch alles glauben. Lassen uns nach B.-W. locken,
um Z. zu kaufen; trinken's daheim; merken: Hoppala, Kerl,
sei wachsam, ahoi, ist recht Wasser dran. Und die Hopfen-
flocken flogen bei schwacher Brise backbord vorbei.
Frauen und Kinder first! Ihr holt euch den Malzskorbut.
Wofern uns dünkt, die Bildebenen verwechselt zu haben,
schlendern wir weiter zum **Spezial Export** (5,3%), dem
Krüppel, den's vom Winde verweht. Restlos unklare Mate-

rialität das **Kloster-Weizen kristallklar** (4,9%), auch ein indezentes **Kloster-Weizen hefetrüb** (4,9%) nahmen wir hin. »Jeder Mensch ist irgendwann betrunken.« (Jörg Wontorra, a. a. O.)

Zywiec 5,8% Zaklady Piwowarski Zywce/Polen. Könnte ein Pils sein. Wenn Sie die bronzefarbene Mitte suchen, werden Sie fündig. Uns versaut's den Schluß, der Rezensent hat's schwer: »von Abbaye d'Aulne 6° bis scheißewieschreibtsichdas«. »Schuld daran ist Polen.« (HR 2, 6. Juni 1999)

Anhang

Die böhmische Bierwelt

Ein namhafter und zudem großer Verlag hatte die Herren Roth und Rudolf nur mit Mühe und mehrfach bekräftigten Millionenversprechen dazu bewegen können, ein Standardwerk über das Bier, über seine Geschichte, seine Verbreitung, seine Qualitäten und Abnormitäten, kurz: *die* allesentscheidende und letzthin gültige und umgehend so getaufte Bierenzyklopädie abzufassen. »Nichts leichter als das«, riefen die beiden per Telephon und Faxstandleitung wochenlang hin und her, doch da der Märzen schon verstrichen, der April abgetreten war, beschlossen sie einvernehmlich, jetzt auch mal was zu arbeiten: nämlich zur Verkostung sagenumwobener Biere zu schreiten, die sie in Tschechien anzutreffen hofften. Bloß – bald stellte sich heraus, daß entgegen landläufigen Auffassungen die Verkosterarbeit eine dezidiert schwierige, eine ziemlich problematische Tätigkeit zu nennen ist – nicht eingerechnet jene Untersuchungsbereiche und -parameter, für die das glänzend eingespielte Gespann einen Ghostdrinker benötigt hätte.

Eines Maiabends, man saß bei der gewissenhaften Prüfung von Erzeugnissen der im Thüringer Wald- und Schlammdistrikt zwangsangesiedelten Brauereien, schnarrte das Telephon. Lektor M. befahl eine »nun aber zügig und sofort zu exekutierende Exkursion« nach – »wie versprochen« – dem Grenzlande Böhmen, erinnerte Roth und Rudolf an Verträge und diesbezügliche Durchsagen, winkte jedoch versöhnlerisch mit weiteren Millionen (diesmal Kronen) und vergaß trotzdem, den Aspekt der Bewaffnung zu klären.

Mißmutig stiegen die beiden zur frühen Mittagszeit des folgenden Tages auf das Rothsche Automobil, welches an-

gelegentlich gewisser Überlandreisen vor dem Einbruch in
metertiefe Dreckgruben allein vermöge spektakulärer Fahr-
einsätze gerade noch hatte gerettet werden können – samt
seiner bierbeseelten Insassen freilich, die baß staunten über
radikal der Gegend applizierte Teppichmärkte und Annon-
cen wie »Teppich-Radikal-Billich« und »Radikaler Teppich-
preissturz«. Sogar eine Fertigungsstätte namens »Mädel-
Metall« hatten sie durch die erdklumpenverschleimten
Fenster erspäht.

Nun versorgten die zwei »Helldriver« folgsam ein weiteres
Mal den geplagten Wagen an der nächsten Tankstelle mit
Kraftstoff und sich zur Einstimmung mit ebenda feilgebote-
nen Bieren. Alsdann geschwind über die Jodelmetropole
Plauen gen tschechische Grenze. Unterdessen gingen einige
Stichproben **Eder's Pils** und **Schwabenbräu** auf. Herr Roth
warnte zwar Beisitzer Rudolf vor Kalamitäten, die ihm einst
während seiner schwerwiegenden Tübinger Studienzeit unter Zuhilfenahme vorzüglich letzteren Getränks widerfuh-
ren, aber der »Chef«, so nannte sich Rudolf jetzt, ließ die
Kronkorken durchs Vehikel hüpfen, daß es eine vielfach um-
jubelte Freude war: leider mit für die Brauereien ungünsti-
gen »results«. Denn beim besten Willen vermochten sie keine
Werte zu ermitteln, die besagten Marken eine quasi Appro-
ximation ans Bekömmliche attestiert hätten. Der Spucknapf
tat seine Dienste.

Dreißig Meilen vor dem Grenzpfahl überraschten abge-
parkte Lkws beliebiger Herkunft die Reisewilligen. Die weitere Fortbewegung war lediglich qua Lückenspringen zu ge-
währleisten, sofern die kurvenreiche Strecke eine positive
Einschätzung des rasant einspurigen Gegenverkehrs er-
laubte. Man hätte ebensogut gegen Dampfwalzen oder
Schlammtransporter um die Wette rasen können.

Herr Roth, gewöhnlich ein Meister des motorisierten Ziga-
rettendrehens, zeigte sich keineswegs gewillt, diese »Situa-
tion« als Herausforderung zu begreifen. Und so fiel Herrn
Rudolf die von ihm umgehend nimmermüd bravourös gelöste Aufgabe zu, den lauthals Protestnoten an das Verkehrs-
ministerium in die Landschaft versendenden Fahrer mit

Schwänken aus der Zeit des ostdeutschen Massenbiertouris-
mus abzulenken, dergestalt hippieesk motivierte Junghansel
ehedem ungefragt das Prager Weichbild zerdrückten. Bereits
nach zwei Stunden war der Grenzkontrollpunkt Schön-
berg/Voitanov erreicht, waren die Personaldokumente her-
gezeigt und die beiden Bierprofis aus der Schlange gewun-
ken. Grund: schlechte Rasur. Beinahe hagelte es einen
vorsätzlichen und vorausschauenden Landesverweis, doch
Herr Rudolf bedeutete den in Asbestplatten gehüllten
Wächtern, er beabsichtige, seine komplette Börse gegen hie-
siges Zahlmittel zu tauschen. Mit je einem Handkanten-
schlag aufs Ohr gewährte man daher Entree. Das Resultat
der Exchangeactivities war ein offensichtlich stark ge-
brauchtes Stück Papier, das neben viel Unverständlichem,
naiver Malerei etc. die Zahl 1.000 offenbarte.
Gleich im ersten Weiler wurde dieses Dokument der üblichen Tauglichkeitsprüfung unterzogen. Strahlend betraten
Roth und Rudolf eine durch die Inschrift *Restaurant* benam-
ste Ziegelansammlung. Es waren keine Fensterscheiben zu
erkennen, es brannte Licht, und die Wäsche tanzte unbe-
schwert im Regenguß. Schon das erste Halbedutzend indo-
germanischer Vokabeln zauberte auf die Gesichtszüge der
Schankberechtigten Anflüge von abweisendem Charakter.
Rudolf gab geschwind einige Proben nonverbaler Verständ-
lichmachung, die darauf zielten, den Trinkwunsch zu präzi-
sieren. Und es sollte mit dem Bierteufel zugehen, wenn die
Eingesessenen nicht per Kopfbewegung in Richtung Wasser-
hahn und Jauchetümpel hinter dem Anwesen zu deuten
schienen.
So also nicht.
Aber so auch nicht. Da Roth und Rudolf nun »erst recht«
gedachten, den böhmischen Biermythos zu destruieren, hatten die zuständigen Behörden nochmals verstärkten Regen
angeordnet. Obendrein mußten sich sämtliche Biergeschäfte
als Damenstrumpfläden ausgeben, und das Personal war zur
strikten Einhaltung der Notbestimmungen verpflichtet. Das
Automobil sollte unterdessen gen Cheb gesteuert werden,
vorbei an kooperierendem ambulantem Straßenhandel, wel-

cher Zeugnis von einer ungebremsten Konjunktur halbmetergroßer Gartenzwerge in allen Regenbogenfarben ablegte. Keine marktwirtschaftliche Berücksichtigung fanden hingegen junge Damen, die, so will es die Überlieferung, nächst der Gräben zum Verweilen einladen.

Daß der tschechische Milizionär die exakte Einhaltung seiner halsbrecherischen Geschwindigkeitsbegrenzungen wünscht, versöhnte die in geheimer Biermission Reisenden angesichts der nur notdürftig mit überfahrenen Schafen und Schuhen gestopften Schlaglöcher. Andererseits: So geheim konnte die Operation auch nicht mehr sein. Der Tscheche forderte die beiden jungen Besucher, welche sich ihre Reiseeindrücke durch zeitgenössische Klangerzeugung versüßten, ausgerechnet bei den strategisch wichtigsten Gitarrensoli via Funk zur Mäßigung auf. Andernfalls müßten noch vor Plzeň alle Platten eingezogen werden. Obwohl's Kassetten waren.

But halb so schlimm, halb so wild: Bald hatte man besagte Bierbrauerstadt erreicht, eine reichlich verregnete Straßen- und Häuserversammlung, deren Eindruck Roth und Rudolf augenblicklich an die schier sprichwörtliche Wendung ihres Kollegen H. gemahnte: »Mal ehrlich, habt ihr euch das sooo häßlich vorgestellt?« Hatten sie nicht. Echt nicht. Schnell einigten sie sich, die provisorisch als Gebäude mit Wohnfunktion getarnten Kulissen rund um den Markt für sehenswürdig zu befinden. Binnen kurzem entdeckte man ebenfalls ein Lokal, das eigentliche Ziel der Expedition, wie Lektor M. den beiden gerade erneut über Polizeifrequenz einbläute. Es hieß *U Salzmannu* und begeisterte durch großzügig bemessene Tische sowie Hähnchenschnitzel inkl. doppelt Schinken und vier Lagen Schmelzkäse zu einem Preis … es paßt hier das Chronistenhaupt. Weiter: *Zum Salzmann* – die Präposition U verlange den Dritten Fall, krähte Russischschüler Rudolf, während Herr Roth alles daransetzte, weltmännische Impressionen bei der geringfügig abweisenden und sehr lockend langbeinigen Bedienung zu hinterlassen. Die Mahlzeit (Hähnchenschnitzel) flankierte ein etwas erschöpft wirkendes **Pilsner Urquell**, ge-

folgt vom nicht zu verachtenden Dunkel des Titels **Purk-
mistr**: bronzedunkelrot, leicht karamelig, ausgewogen, ja
fast elegant und charmant. Eine interessante Interpretation
des Schwarzbiergedankens. Die wiederholt zum Abort
trieb, den Herr Rudolf gar zweimal heimsuchte, um sich zu
vergewissern, es hänge dort tatsächlich der Toilettenpapier-
spender Katrin Gigant.

Was es alles gibt! Bloß keine Bierläden, obgleich Roth und
Rudolf eine gefahrenreiche Odyssee durch die Haus-
schwammkulissen Plzeňs antraten. Kenner des »Szene-
lebens« und der zwischenzeitlich abermals auf Sendung ge-
gangene Lektor M. hatten den Visitatoren eingeschärft und
dahingehend zugesetzt, nie und nimmer die Erzeugnisse
der Brauerei Gambrinus auszulassen. Vorerst fand sich ein
Bistro, in dessen Schaufenster eine letzte Flasche **Radegast**
herumlungerte. Sie thronte da vermutlich seit Jahren – bei
feinster Sonneneinstrahlung –, hatte das Verfallsdatum ge-
nerös überschritten und wurde von der Kauffrau mit der
Bemerkung »Nicht schlecht!« verschenkt. Aber deswegen
noch lange kein Bier.

Wenig später stolperten Roth und Rudolf recht zuversicht-
lich gleichwohl in einen plötzlich am Markt siedelnden Le-
bensmittelkrämer und erwarben Flaschware im Umfang des
Jahresverbrauchs ihres Lektors. Nichts wie weg! lautete
jetzt die Parole, denn es ging hart auf 18 Uhr zu. Man war
übereingekommen, unterwegs jeden erreichbaren Kiosk um
Trinkbares anzuhauen.

Außerhalb der Plzeňer Stadtgrenze wurde das berufliche
Moment der Expedition fortgesetzt. Das helle **Gambrinus**
erwies sich allerdings als Fall für die Stiftung Blasentest.
Überhaupt operierten einige der böhmischen Biere behäbig
in einem unbekannten Refugium zwischen Export und
Leichtbier. Einzig das **Primus** erfüllte, da etwas tapferer gehopft, die Kriterien trinkbaren Bieres – nicht zuletzt, weil
Herr Roth die Verkostung mit Konservenmusik einer
gleichnamigen Metallcombo garnierte.

Die Landschaft indes wollte und wollte kein Ende nehmen.
Der Wissensdurst dito. **Gambrinus**, das zwölfprozentige,

war nicht öffentlich zu tadeln: einen Hauch zu weich, zu zaghaft und unrein im Antrunk, sonst wohltuend über den Schankbieren rangierend. Vierzig Regenminuten später bot ein Kiosk neuerlich **Radegast**. »Nicht schlecht!« lächelte der himmelswasserumhaubte Inhaber. Auf die Flasche! Und der Hopfen dampfte förmlich heraus. Nicht schlecht, befanden selbst Roth und Rudolf. Also doch ein Bier. Und ein gutes dazu.

Die prima Stimmung begann sich weiter zu heben, Herr Roth trat schon mal, ach was: ständig das Gaspedal durch, und Herr Rudolf machte Anstalten, den Sinn seiner Reden gekonnt hinter einem Schwall von Hilfsverben zu verstecken. **Krusovice Dunkel**? Schmeckte die Hölle! Ein ganzer Malznotenständer mit den schönsten und höchsten Tönen. Dämmer umschlang das Böhmenland, der Regen nahm etwas zu, und die Grenze nahte unmerklich. »It's Porter-Time!« schrie der nun merklich angelaufene Herr Roth und biß einer Flasche **Pardubicky Porter** den Kronkorken ab. Ei Wunder! Sofort schien das Auto schneller rollen zu wollen. Gesteigerter Durst breitete sich aus, die rarsten Geschmacksbeschreibungen durchfluteten das forsche Gefährt, an nie gehörten Statements wurde gefeilt – und darob beinahe unerlaubt die Kontrollstation passiert.

O Gott! Vermaledeiter Gambrinus! Nicht ab ließen die herdengleich zusammenströmenden Zöllner und versuchten klarzumachen, die Einreise ins Herkunftsland sei um diese späte Stunde nur über ein Gartenzwergeweitwerfen zu bewerkstelligen. Hastig packten Roth und Rudolf dreihundert zentnerdicke Exemplare und setzten an. Schauerlich hallte und knallte aus den umliegenden Gebirgen das Gelächter des Grenzpersonals zurück, und die dreistellige Windstärke half den beiden wenig. Unsere braven Bierkundler machten sich auf ein längeres Training gefaßt, Herr Rudolf nahm seine letzte Krone und erwarb, ein entsprechender Truck-Lkw stand bereit, zehn Kästen **Budweiser**.

Allein, es war wie verhext. Die Zöllner warfen immer weiter. Sie hatten wohl eine Grundausbildung im Zwerge-

stoßen genossen. Endlich jedoch glaubte Herr Roth die des Schicksals Widrigkeit schlüssig abwendende Idee zu besitzen. Blitzschnell beraumte er Verhandlungen an, nutzte das Budweiserwechselgeld – drei Heller –, um dem Bürgermeister von Voitanov selbigen Ort abzukaufen und den nimmersatten Posten unverzüglich zur Plünderung freizugeben.
Geschafft.

Des Landes Bierführer

12.18 Uhr
Lieber Rudolf,
ich komme gerade vom Kiosk. Heute jährt sich die Geburtsstunde des Deutschen Brauer-Bundes zum 125. Mal. Bei der Zeitungsfrau lag die *WELT*. Sie verkündete, in Dresden käme die leitende Schicht nämlicher Gang zusammen und begehe den ihr gebührenden sauberen Festakt. Das geschätzte Blatt kommt uns deshalb mit einem sechsundneunzigseitigen *WELT-Report Bier*. Schlage nur Seite 89 auf, und Du wirst staunen. Der weltlärmendste Plappersack A. Everding[1] preist den quasi- oder beinahemafiosen Club als »Spitzenverband der Deutschen Ernährungswissenschaft«: »Er verlor sich im Reichsnährstand, er fand sich nach dem Krieg wieder, er gestaltete, mahnte und diente.«
He, Rudolf, ist es erneut soweit? Können die Halunken ihrem dreckigen Reinheitsgebot, diesem germanomanischen Ideologieschrott, jetzt auch noch die höheren Weihen der »Kultur« verleihen, welchselbige, meint Everding, Dinge braut? »Kultur braut Dinge, auf die es ankommt.«
Eile jedenfalls in Deinem köterschmutzigen Zonenhort zur Nachrichtenbörse und halte Ausschau nach der *WELT*. Ich erhoffe mir Aufschluß.

12.22 Uhr
Lieber Roth,
was aber wird es wieder gewesen sein, was Dich veranlaßt, der objektiven Realität derart unverblümt Paroli bieten zu wollen? Da faxe ich Dir guten Willens gestern, Du mögest

---

1 Mittlerweile verstorben. Zur Debatte steht hier der *WELT-Report Bier* des Jahres 1996.

Dir bitteschön die heutige Nummer der *WELT* kaufen, und
Du kriegst es wieder in den falschesten aller Töpfe, rätst mir
gar, ich solle ... Ist es die Euch andressierte, sprichwörtliche
westliche Arroganz? Oder die Flasche Beck's von voriger
Woche noch? – Aber gut.

Der *WELT-Report Bier* ist mir gleich deswegen aufgestoßen,
weil die Texte zwischen den Bierverbrecheranzeigen offensichtlich mit so einem modernen Textverarbeitungsdingsbums
geschrieben worden sind. Lies selbst: »Wer in englischen Pubs
Bier aus deftigen Henkelgläsern mit Butzenscheiben ohne
Schaum getrunken hat, weiß, daß die Krone beim Schöpfen
von Bier eine deutsche Erfindung ist eher wohl ein Kultur-
gut.« Und das im Editorial. Nicht viel gewandter auf Seite 38,
wo die Überschrift alles andere als sinnvoll erscheint: »Wer
Weißbier liebt, ist jung und aktiv«. Und dumm, muß es doch
wahrheitsgemäß heißen.

Oder was geht Dir angesichts dieser schon formellen Misere
so durch den Kopf?

12.27 Uhr

Mensch, Rudolf,

ob's um die Interpunktion zu tun wäre! Hier walten höhere
politische Verdammnisse oder wie das heißt. Klar, Du sprichst
recht, formell ist bereits alles für die Sau. Siehe nur Seite 28,
wo man den Komplex Bieradvertising abhandelt: »Bierwer-
bung ist ein heikel gemachtes Thema.« Freilich. Aber immer.
Vor allem, da Diebels, die evtl. katastrophalste Braustätte
welt-, wenn nicht desasträste landesweit, als Topspotproducer
belobigt wird: »Und dieses Lied summt schon mancher Bürger, wenn ihm Gutes widerfuhr.« Nennen wir das eine Ver-
flechtung von Wahn und Wahnsinn? Oder einen reaktionären
Rollback inkl. Kundenerpressung? Da müßtest Du thüringi-
scher Opfermensch am ehesten Bescheid wissen. Gleichfalls
beim Radeberger: »Elegant tritt in Spots eine so feine Marke
wie Radeberger auf, das mit seinem hohen kulturellen Anspruch
den Weg zum Magnum-Premium angetreten hat ...« Magnum-
Premium. Magnum-Premium. Biereis am Stiel? Mit einem zar-
ten Hauch Jauche übergossen? Kannst Du stillhalten?

Fürwahr, es ist die Seuche. Ich rekonstruiere Dir noch schnell eine gottlose Sentenz aus dem Kölsch-Kapitel: »An di kunde find sich auch da Siegel der Brauerzunft.« Verstehst Du das? Und die Sache bzgl. erneuten Alt-Niedergangs?

12.34 Uhr
Beim Scheitan, Roth,
da ist die Hühnerkacke voll am Dampfen! Ja, Kölsch und Alt seien lt. Markenstatistik leicht rückläufig. Altbier frecherweise »das andere Bier« zu nennen, mag ja noch angehen, aber was hat es nun mit dem legendären Abstieg von Hannen auf sich? Richtig: »Es zeigte sich, daß Hannen die Anfangserfolge nicht festigen konnte.« Gut so. Weiter: »Der wichtige Heimatmarkt wurde vernachlässigt, ein schlüssiges Markenkonzept fehlte. Häufiges Wechseln an der Unternehmensspitze führte bei den Kunden zur Verunsicherung, das Image litt Schaden, entsprechend sank der Absatz.« Ergebnis: von 1,1 Mio. hl auf 340.000 hl. Was müssen das für Kunden sein, die sich von Wechseln an der Unternehmensspitze verunsichern lassen? Fragen die am Tresen nach den jüngsten Wechseln an der Unternehmensspitze? Und was für ein Typ muß Karl-Heinz Voss sein, der mit solchem Tinnef dreifuffzich die Zeile erschwindelt? Ob's nicht vielleicht doch am Geschmack besagter Marke liegen könnte?
Sag' Du.

12.42 Uhr
Gewiß, Rudolf,
am Gout mangelt's allenthalben. Ich sage Warsteiner, ich sage Henninger. Wo Du aber Herrn Voss erwähnst, sei Dir gesteckt: Der letzlich verantwortliche *Bier-Report*-Redakteur hat sogar einen Namen. Täusche ich mich nicht, ist Hans Baumann Deutschlands Bierjournalist mit der geringsten Zukunft und durchaus für weitergehende Einsichten gut, die Deiner Aufmerksamkeit entgingen: »Mit einem exorbitanten Preis macht man sich exklusiv bis mit dem Bier auch der Mensch reift und entdeckt, daß das Faß die Bierszene uriger und die Geselligkeit weniger hektisch macht.«

Hoppla! Verschlungen sind daselbst gewichtige Fragen: Was ist »die Szene«? Was dann »hochpreisig« (das las ich mehrfach analog)? Und wieso Faß und Zapfkult? Im Falle des Kölsch sei der Trunk laut Baumann gar »›Treibstoff‹ für Lebensfreude und Unterhaltung, Schmiermittel für funktionierende, gelebte Demokratie hier kann jeder sagen, was er will, wenn er nicht zu laut ist.« Spendiert ihm ein Komma! Er möge es beäugen und den Mund halten.

Wissen sollen wir detto, »daß Hektiker unter den Brauern in diesem Markt untergehen wie die Lahmen«; andererseits quäkt Herr B.: »Freie Länder brauchen freie Menschen, und zu freien Menschen gehört der freie Umgang auch mit Alkohol.« Solch Bekenntnis sollte Dir freiheitsliebendem, sozialismusgeplagtem Vater munden gleich einem Gebinde Holsten.

Du siehst, hier wölben sich die Problemkomplexe. Und erklär' mir halt die Geschichte mit dem Magnum-Radeberger-Premium. War nicht des Deutschen Tennisbundes Vorsitzender Stauder in dieser Bewandtnis früher als Dein Zonenvolk am Ball?

»Einigkeit macht Kölsch!«

12.50 Uhr

Wahrlich, ich sage Dir, der Baumannhans hat sein Schreiberleben just verwirkt – angelegentlich des unerreichten Untertitels »Bier ist ein Gärungsprodukt. Davon kann es nicht genug bekommen. Jetzt gärt auch der Markt zum Überschäumen«. Und es geht, was sonst, ums »Magnum-Premium«. Dr. Claus Stauder, so heißt der gute Mann komplett, Inhaber eines Hirnes eitel voll mit »Ideen«, welcher zuerst das »Premium« erfand und jetzt das »Magnum-Premium« erfinden will. Einen Trottel, der mit ihm erfindet, sucht er noch. Ob's an den Verfallsraten der Premiumbiere was ändern wird? Kaum. Genußvoll liest sich die Statistik 1995: Warsteiner: minus 200.000, Holsten minus 100.000, Löwenbräu 120.000, EKU 200.000, Wolters minus 180.000, Hektoliter, versteht sich. Den Hut möchte man lüpfen vor soviel Einsicht bei den Trinkern.

Wenngleich Brau und Brunnen, Deutschlands größtes Bier-

syndikat, am rapiden Zerbröseln ist und die ihm einverleib-
ten Renommierhäuser Jever, Berliner und Einbeck hoffentlich nicht gleich mit in den Strudel reißt. Nicht auszudenken.
Justitiabel wird's, wenn der Präsident des Deutschen Brauer-
Bundes, Dr. Michael Dietzsch, auf Seite 87 die Markenviel-
falt durch das bedrohliche Kleinbrauereiensterben nicht im
mindesten gefährdet sieht. Die ließe sich auch mit 4.000 statt
5.000 Marken garantieren.
Sagt Dietzsch. Rübe ab, sage ich.

12.58 Uhr
Genau. Den Namen werden wir uns merken. Dr. Michael
Dietzsch. Possierlich posierte der »Herold der Brauer«
(Hänschen Baumann) zu Dresden neben seinen bauernhaf-
ten Präsidiumsblödeln, und gleich »jubelten die Brauer«
(Baum.), »zelebrieren ihren Stand«, und »die Damen geben
den festlichen Rahmen«, »Tradition, die festlich stimmt«.
Parallel stiegen – hast Du's gesehen? – »fast zwanzig Heiß-
luftballons« auf und brachten dem Himmel Firmenembleme
näher. Dem Anschein nach fehlte Warsteiner, doch der legendäre Dr. Ludwig Narziß (ich erinnere an das epochale
Werk *Technologie der Malzbereitung*, Stuttgart 1976, 6. Aufl.)
hielt die Stellung. Während Dietzsch für »die Szene« zum
neusten Schwarzbier- und Ice-Beer-Trendgeschehen seine
Ausführungen tätigte, pflügte Warsteiner nämlich, eskortiert
von einer Flotte gelber Panzer, nein: gelber Ballönkes, durchs
jordanische Wüstental des Wadi Rum. »Pool-Position«
(Hänni Baumann) weltweit, in Argentinien und Vietnam,
»mit 50.000 Hektoliter brach er (d. i. Firmenchef Hans Cra-
mer) in das niederländische Flaschenkartell ein«. Es wird
doch noch was mit der Weltführerschaft. Und sei's bei
schließlich »Mixeries«.
Gerade kommt es mir übel.

13.05 Uhr
Ob nun westdeutsche Schwarzbiertrittbrettfahrerei, Ice-
Scheiß (immer neue Ideen für Biere, die nach nichts
schmecken müssen) oder Bier-Mixery (»die Jugend über an-

dere Produkte an Bier heranführen«) – alles verblaßt vor dem Warsteiner-Größenwahn, vermittels Gründung der Isenbeck International AG in der Schwyz weltweit durch Casa Isenbeck reüssieren zu wollen. Warsteiner all over the world? Da ist mir gar nicht bange. Die Deutschen haben schon zwei Weltkriege vermasselt.

PS: Erscheinung gehabt: Bierflasche zerhauen und mit dem Knüllpapier vom *WELT-Report Bier* aufgefeudelt und flink in den Plastikeimer ge(w)rungen. Darauf in Flammenschrift Warsteine. Letzter Buchstabe unleserlich. So kann es kommen.

Dein Absender

13.11 Uhr
Du hast recht. Es ist zum Greinen, es ist spät. Besser zu Bett.

Die Reise nach Wetzlar

»In den Wetzlarer Braustuben, die direkt neben dem Brauhaus liegen, wird eine ungefilterte Version des Landpils im Ausschank angeboten«, schrieb der anerkannte »Bier-Guru« Michael Jackson noch in der 5., völlig überarbeiteten 1996er Auflage seines Pocket-Klassikers *Bier – Über 1000 Marken aus aller Welt*. Doch kennt er, der von Nord nach Süd und von West nach Ost den Globus bereiste, um seltene und gute Biere ausfindig zu machen, kennt er sie wirklich wie seine Westentasche, die Brauereien und ihre Erzeugnisse? Speziell Wetzlars Bierwerkstätten und das dort verantwortete legendäre **Euler**?

Unsere Reise war nicht als Exkursion zur Überprüfung des Wahrheitsgehaltes von Nachschlageliteratur konzipiert gewesen; kurzfristig »angedacht« und angepackt hatten wir einen lauschigen, wohl in Maßen auf die beseelende Kraft des Bieres bauenden Trip in die nordmittelhessische Region des Goldenen Grundes, mit Weiterfahrt Richtung Weilburg, Burgfels und Wetzlar, durch jene feinfühlig um die Lahn gelegte, überwiegend laubbewaldete Landschaft voller Charme und Eleganz.

Als die Regionalbahn, von Weilburg kommend, wo man die Bevölkerung um Produkte der örtlichen Brauerei angebettelt hatte und herzlich ausgelacht worden war, in den Wetzlarer Bahnhof einfuhr, entluden sich starke Gewitter. Der ortskundige Kollege Jörg L. schien solches Intermezzo durch urbangeographische Exkurse überbrücken zu wollen, rühmte etwa den stadtmittig plazierten Kastenbau »Euler-Haus« und dessen weithin sichtbare Werbung für »das gute Euler-Bier«, wandte sich aber bald seiner Gefährtin Alexandra S. zu. Daran tat er recht, bis ich nach einer halben Stunde Abmarsch befahl und forderte, schnell das Euler und

gleichfalls das **Waldschmidt-Bier** (eine zweite, etwas unbe-
kanntere Wetzlarer Biersorte) klarzumachen; denn man
wolle wieder weg und weiter nach Friedberg und die Gasthausbrauerei St. Florian checken.

Knapp hinter dem getreidesiloförmigen, honiggelben Bahnhof walzte die Autobahn durch Wetzlar. Links hinten, zirka
zwei Kilometer Luftlinie entfernt, wuchs der alte Schornstein
empor, und ein Schriftzug zeichnete sich gegen den Wald ab,
bevor die Betonbrücke um den Wetzlarer Berg herumgeführt
wurde: Euler Brauerei. Doch warum so weit schweifen und
vor allem laufen! Es gebe ja wohl *Karstadt* oder *Hertie*,
einigten wir uns und gingen Streife über den *Lahnhof*-Ein-
kaufspark. Inzwischen drückte die dick-feuchte Luft auf
Pumpe und Gemüt, und *Woolworth* schien das einzige Wetzlarer Kaufhaus zu sein, führte jedoch dito kein Bier.

»Macht nichts, ist uns doch egal«, motivierte ich meine Be-
gleiter, denen ich einen ausgedehnten Bummelnachmittag,
also Bummelzug-, nicht Bummelspaziertag versprochen
hatte. Ich führte immerhin das *Brauereiadressbuch* mit, aus
dem hervorging, Waldschmidt sei in der Pfannenstielsgasse
und diese wiederum – logisch – in der Altstadt zu finden. So
weit könne das überhaupt nicht sein.

Ich stob voran, befragte herumstreunende Bürger und erhielt, wenn meine Rede auf die Brauerei Waldschmidt kam,
nicht den Hauch einer brauchbaren Auskunft. Wetzlars Gesichter verfinsterten sich, jäh erstarb die kregle städtische
Mitteilungsnatur. Jenseits der Lahn, nahe des garstigen
Doms, fanden wir schließlich eine jüngere, merkwürdig aus-
kunftsfreudige Person, die a) die Pfannenstielsgasse in der
wahrscheinlich richtigen Altstadtzone verortete, b) sogar
Waldschmidt kannte. Doch, existiere durchaus, die Brauerei.
»Und Euler, wo bekomme ich Euler?« – »Im *Tengelmann*«,
da werde Euler sicher geführt. Obwohl: »Man mag das hier
nicht.«

Jörg L. strebte nunmehr lautstark den Kneipen seiner Jugend entgegen und regte beinahe drohend Euler-Proben
»vom Faß« an, »basta, da schreibste was, Ende«. Ich forderte
mein Flaschenbier, nur die Flasche garantiere objektive Test-

ergebnisse, und legte einen »Zahn« zu. Außerdem sei Wetzlars Fachwerk ein Prachtbeispiel für unser schönes Hessen,
wo sähe man so was schon. *Tengelmann* hingegen führte lediglich das ja gar nicht einzuschätzende, das ja gar nicht richtig zu begreifende Licher aus Lich und Gießener Pilsner aus
Gießen. Euler, wo war Euler?
Vorübergehend, so plötzlich unsere minderheitlich ausgege-
bene Devise, werde die Suche nach Euler eingestellt. Es existiere jedenfalls Waldschmidt, eine Brauerei, von der Jörg L.,
seines Zeichens Alt-Wetzlarer, schon 1981 nichts mehr
gehört noch gesehen hatte, was auf seine frühkindlichen Eu-
ler-Räusche zurückzuführen sein durfte. Wenigstens mein
Buch verzeichnete Telephon- und Faxnummer, und: Buch
ergo Brauerei.
Wir kreuzten, Alexandra und Jörg aschfahl, dachpappen-
naße Haare, in die Güll-, dann in die Pfannenstielsgasse. Sofort leuchtete uns ein Kneipenschild heim, *Riesen-Klause –
Waldschmidt-Bier seit 1747*. Tränen des Glücks rannen mir
beinahe die Wangen hinab, ich öffnete die mitgenommene
Tür, und wir landeten in einem fensterlosen Raum, der seit
Jahrzehnten keine Sonne mehr gesehen hatte. Überall ge-
schwärzte, warzige Kunstdrucke und Autokalender. Rätsel-
haft sprachen die wenigen Einheimischen unter Zuhilfenahme ihres alkoholischen Dialekts, der auf eine gewisse
Vernichtung der Sinne und die Austrocknung der Nerven-
ströme schließen ließ. Uns, d. h. mich, die anderen waren
längst auf der erstbesten Bank niedergesunken, interessierte
vordringlich Waldschmidt-Bier. Ich trat zur Dreiergruppe
am Tresen, der durch Nikotin zusammengehalten wurde:
»Ich suche Waldschmidt-Bier, in der Flasche, haben Sie
das da?« – »Nee nett, hehe«, erwiderte der Wirt, »scho lang
nemmer, hoho, wohohoo.« Ein knüsernder Vortrag folgte:
»De ware, weßte, ın so mılchige Flasch, aber kaputt wie
andere Getränk, so sauer, heute grüne Flasch, ich hab nix.
Wer weiß, was da usse Hahn kommt, mir wisse es nett,
hahaarrrr«, blechte Kolesche hinterher. Gut, eins trinke-
mer.
Eine Frau mittleren Alters erklärte währenddessen, wie sie

gleich morgen ihren Ehemann durch die Klotür hindurch erschießen wolle und daß man dafür heutzutage »zwei Jahre«
bekomme »oder siebbe, scheiße«, und als ihr Angetrauter her-
zutrat, erhöhte die Viererrunde das Strafmaß auf »läbens-
länglisch«. Wir entschieden, ein zweites Glas zu trinken. Ob
die Nacht bereits hereingebrochen war und demnach ein
geöffneter Getränkemarkt jetzt nicht mehr zu finden sein
würde, konnten wir ja schwer beurteilen. »Bitte Pils jetzt«,
bat Jörg L. den »Barkeeper«, der schrie retour: »Pils oder Export, iss alles dasselbe, scheißegal, nur zwee Gläser, die verschieden«, rückte umgehend an und antwortete auf meine neu-
erliche Waldschmidtnachfrage: »Des is von Lübeck do obbe
heut, vier Brauereien in eenem, morgen kommt de Laster, holst
dir ne Flasch, haha.« – »Und Euler, die machen noch was?« –
»Ja, nee, in Lüneburg, zusammen mit de Waldschmidt, wart,
ich hol dir ...« Und unversehens hatte er doch Flaschen zur
Hand, deren Etiketten verrieten: **Wetzlarer Dom-Pilsener**
der Wetzlarer Privatbrauereien Gebr. Waldschmidt Gebr.
Euler.
O Wetzlar! O *Riesen-Klause*! Was war denn nun? Wo seid
ihr, ihr Waldschmidt-Brauer? Wenn ein Mercedes im Hof
stehe, arbeiteten die Verantwortlichen noch, heuchelte der
Wirt, während wir unseren Aufbruch vorbereiteten, und
tatsächlich, das schwarze Automobil parkte vor einem zer-
fallenen Ziegelbau. Ich klopfte an verschlossene Türen.
Keine Reaktion. Tauben gurrten.
Die Bierfabrik selbst, zwanzig Schritte weiter, diente augenscheinlich als Schießplatz. Ich zog, der Frage nachhängend,
ob und wo genau in Wetzlar vielleicht doch Waldschmidt-
und auch Euler-Biere zu erwerben seien, einen vorher arglos
eingesteckten, abgegriffenen Bierdeckel aus meiner Jacken-
tasche. Er trug den Schriftzug **Euler Landpils – Wetzlarer
Dom-Pilsener**, die dazugehörige Papierkrause informierte:
Waldschmidt-Bier – Wetzlarer Dom-Pilsener. Hier waren
urige mit radikal neuen, womöglich erst wenige Tage alten
Markenbezeichnungen frei kombiniert worden, so daß jetzt
noch unsicherer schien, welche der beiden Wetzlarer Tradi-
tionsbrauereien denn gegebenenfalls – und wenn ja, dann wo

und unter welcher Flagge – weiterhin lohnbrauen ließ; oder
umgekehrt.

Etwas schwieriger gestaltete sich nun die Lage. Wie sollte ich
mir jemals einen Überblick über zwei oder ein oder gar kein
Wetzlarer Biersortiment(e) verschaffen? Und Waldschmidt
und/oder Euler wann überhaupt wie käuflich erwerben? Es
war halb acht und die Altstadt »ausgestorben«.

Bald, entschloß ich insgeheim, würde ich wahnsinnig werden.
Die Verwirrung der Wetzlarer Bierköpfe, schoß es mir durch
die leicht dämliche Glomme, ist gewaltig und verheerend. Un-
wägbare Bewegungen finden im ehedem glanzvollen Wetzlarer Biergewerbe statt, der düstere Wille zu Vertuschung und
Verschleierung sowie die eiserne Absicht, nichts zu tun,
beherrschen die Szenerie. Glücklicherweise lag neben der
Riesen-Klause dennoch ein fensterreiches Etablissement des
Namens *Zum Riesen – Brauereiausschank*. Also dann!

Die Karte empfahl **Waldschmidt Pils** und **Riesen Pils naturtrüb**. Ersteres mochte wohl identisch sein mit dem Gezapf-
ten aus der *Klause*; wobei dort Export und Pils identisch und
relativ sicher Lübecker Herkunft waren. Welcher Lkw aber
bringt das Riesen? Und wann? So gesehen dürfte das Riesen,
wenn es von Lüneburg und nicht von Euler/Wetzlar herkommt, die unfiltrierte Version des ehemaligen Landpils
und jetzigen Wetzlarer Dom-Pilseners sein, müßte in diesem
Fall aber genaugenommen nicht aus Lübeck herangeschafft,
sondern könnte in Wetzlar bei Euler gebraut werden – wie's
das Etikett behauptete. Saßen wir just einem echten Etikettenschwindel auf?

Mittlerweile glaubten wir, Wetzlar alles, wenn nicht einiges
zutrauen zu können. Die Kellnerin servierte zwei katastro-
phale Bräus, die weder Jörg L. noch ich der Firma Euler noch
dem Unternehmen Waldschmidt anlasten mochte, bei aller
Liebe. Vielleicht Hannover? Oder Kiel? Bzw. mehr und eher
– Wetzlar? »Nee, Waldschmidt wird woanders gemacht, in
Löhnsberg, glaub' ich, weiß aber nich' genau«, auf Wiedersehen. Ich kündigte meinen geringfügig verstimmten Weg-
begleitern den baldigen »Durchbruch«, die umgehende
Klärung sämtlicher Vorfälle und Hintergründe an, sämtliche

Bierabkünfte würden restlos aufgedeckt, mithin hätten wir den direkten Weg Richtung Euler einzuschlagen, das seien wir uns schuldig, das seien »bloß zwei, drei Kilometer«. Endlich Licht in die höhlenschwarze Wetzlarer Bierwirtschaft! Hier wußte ja die eine Hand nicht, was die andere braut.

»Jede Brauerei hat einen Brauereiausschank, der wie 'ne Kneipe betrieben wird«, so eben auch Euler, machte ich uns Mut. Rechts ließen wir die Statue des onanierenden Wetzlarer Hirsches liegen, links blubberte die Lahn und zerfiel ein imposantes Gebäude, der *Brauereiausschank Euler – Grünes Laub*. Fett standen Uferbäume, die späte Sonne ließ Straßen und Wiesen dampfen, eine Uhr schlug Viertel vor neun. Hinter der letzten Biegung, dort, wo Wetzlar-Garbenheim endet, thronte wuchtig das alte Brauereihaus mit seinen erhabenen Lettern. Ich sah, daß eine Tür offenstand und Männer zu Werke gingen. Sie verstauten Bierzeltplanen im restlos heruntergekommenen *Braustüberl*.

»Euler macht noch **Kellerbier**«, erwiderten sie, Pils und Export würden »in Gießen gebraut, im Gießener Brauhaus.« – »Sind Sie sicher?« – »Ja.« – »Wie das denn? Nicht in Löhnsberg? Bzw. in Ludwigshafen?« – »Nein, bei Denninghoff in Gießen. Hier geht kaum noch was. Gießen macht auch Braunfelser Pils. Alles Gießener Pils.« – »Wirklich?« – »Ja, Brau-Ring in Gießen. Braunfels ist schon lange am Arsch.« – »Aber auf den Etiketten …« – »Da steht viel.« – »Und hier? Nichts mehr, kein Euler, kein Landpils?« – »Nein, nur die 1-l-Flasche Kellerbier, und da kommen wir nich' ran.« – »Nicht mal eine?« – »Nein, müßt ihr morgen wiederkommen, am besten vormittags. Oder nach Gießen fahren.« Nein.

Nicht Gießen.

Es war vorbei. Bis Alexandra und Jörg die nur drei Meter weiter gelegene hauseigene Speisegaststätte entdeckten, die, so ein Pappschild, Euler-Bier ausschonk. Tatsächlich, die Speisekarte verriet, das *Restaurant Euler* führe original Wetzlarer Bier. Nämlich Euler Landpils – Wetzlarer Dom-Pilsener. Und habe Ruhetag.

Wetzlar, die Stadt merk' ich mir.

PS: »29.07.1998. – *Frankfurter Rundschau,* Redaktion – Sehr geehrte Damen und Herren, der Artikel von Jürgen Roth in Ihrer Ausgabe vom 25. Juli 1998 ›Die Reise nach Wetzlar – Ein Biersortentest mit Zwischenfällen‹ bedarf einer Richtigstellung: Wir meinen, daß Herr Roth den Inhalt seiner Satire mit Unwahrheiten überzogen hat. In unserer seit 1852 bestehenden Brauerei wird nach wie vor Bier gebraut, und wir laden jeden Interessenten zu einer Brauerei-Besichtigung herzlich ein. Dazu gehört auch im Anschluß ein Umtrunk in unserem bestens eingerichteten Braustübl. Wir wissen nicht, ob es Ihnen bekannt ist, daß Herr Roth im vergangenen Jahr ein sogen. Bierbrevier über deutsche Biersorten herausgebracht hat, das mit verschiedenen Einstweiligen Verfügungen belegt worden ist. – Freundliche Grüße aus Wetzlar, Privatbrauerei Gebr. Euler.«

Erst den Artikel nicht lesen, dann vom Buch irgendwas hören (»über deutsche Biersorten«) und schließlich denunzieren. So kennen wir sie.

Beim Bier geht's um die Wurst

> Sie können so gut wie nichts, sie wissen zu wenig,
> sie begreifen kaum etwas [...]
> *Eckhard Henscheid:* In brandeigener Sache
>
> Sie begreifen nichts, sie ahnen nichts [...]
> *Ders.: ebd.*

Man soll ja, der Anstand gebietet es, nicht pro domo – und öffentlich schon gar nicht – sprechen. Sein eigenes Buch, das 1997 gemeinsam mit dem Greizer Schriftsteller Michael Rudolf verfaßte Werk *Bier! Das Lexikon*, zu behandeln, ist übel. Gleichwohl darf ich mich äußern, denn wir machten in etlichen Fällen mit Anwälten Bekanntschaft. Zwar weiß ich, daß gewisse Spitzbübereien, Polemiken und Sottisen, treffen sie Personen des öffentlichen Lebens oder sich unantastbar dünkende Institutionen, die Androhung resp. den Vollzug juristischer Schritte zur Folge haben; daß aber unsere Getränkeschau halb Bierdeutschland, vornehmlich dessen südliche Weißwurstautonomiegebiete, in Wallung versetzen würde, schien mir geradewegs phantastisch, negativ phantastisch. (Der ehemalige Brauingenieur Rudolf, der früh das Aufbäumen seiner Kollegen prophezeite, sollte also recht behalten.)
Unser Buch traktierte lediglich den Alltagstrank Bier, seine Geschichte, seinen Niederschlag in halbseiden politischen, in kulturellen und in affigen modischen »Zusammenhängen« – und über 800 Marken; nahm sich hie und da besonders törichten Kräften der Branche und des abscheulichen nationalen Biergedankens an; und bezweifelte bisweilen dezent die Grundfeste des urgermanischen Brau- und Saufgehabes, vornehmlich das Reinheitsgebot, einen seit Jahrzehn-

ten beplärrten PR-Protektionskniff, um die meist zugspit-
zenhoch überlegenen »ausländischen« Sorten und Marken
vom hiesigen Markt fernzuhalten. – Wir bedienten uns ver-
schiedener Töne, Stillagen und semi- bis echtliterarischer
Sounds. Das schien zuviel für den deutschen Meisterbrauer,
das verstand er nicht, da blickte er, der auf Klarheit und
Kraft, Anmut und Eleganz seines Produkts so viel hält, nicht
mehr durch. Und drehte ab.

Die ersten juristischen Händel und vorgerichtlichen Konfu-
sionen waren angelaufen, als der Deutsche Brauer-Bund
(DBB) einer eher spielerischen Bemerkung Michael Rudolfs
widersprach (vgl. sein Interview mit der *jungen Welt*, 23.
April 1997). Man forderte bei Androhung einer Vertrags-
strafe in Höhe von DM 10.000 die sofortige Unterlassung
des leichtfüßigen Statements. »Besonders gravierend« und
»strafrechtlich relevant« sei »der beleidigende und verleum-
derische Inhalt« der Äußerung in bezug auf die Repräsen-
tanten des Deutschen Brauer-Bundes. Man hört es genau,
hört es knistern und knacken: Sie halten zusammen, Dach-
verein und Mitglieder, wie Pech und Schwefel, Schmalz und
Schmelzkäse. Kostenpunkt ad Rudolf: DM 800.

Jener partikularen Öffentlichkeit, die sich dem, sagen wir's
vorsichtig, eingeengten Blick des deutschen Brauers und seines fürsorglichen Bundes darstellt, wenden wir uns gleich
zu. Privatleute schienen dem Lexikon günstiger gestimmt.
Jedem Autor behagt, erreichen ihn lobende Briefe. Wenn Leser schreiben, kann das, was sie lasen – bei aller Bescheiden-
heit, Sie sehen mir das bitte nach –, nicht allzu schlecht aus-
gefallen sein. Okay, Herr Weber (Freiburg) war »erschüttert.
Das Buch ist eine einzige Katastrophe, oberflächliches Gela-
ber, keine Informationen, Parteiergreifung, Pseudowitze,
die totale Rohrkrepierer sind. [...] Laut Ihnen verdient das
Tannenzäpfle von Rothaus den Titel ›Das Wein unter den
Bieren‹. Schon blöd, wenn man kein Deutsch kann.« »Sehr
verheerende Lücken« und »grobe Willkür« resp. »Blind-
heit« in der Auswahl beklagte Herr Brill (Füssen), als ob
zwei Lebern mehr denn 853 mal zwei bis drei Flaschen ver-
trügen und die üblichen Riesenhonorare den Erwerb aller

zirka 5.000 deutschen Marken zuließen. (Zu Brills Beruhigung: Jede bekrittelte »Bier-Bildungslücke« schließt dieser Band.)

»Euer Buch, von vorne nach hinten gelesen, vermag mehr Labsal zu spenden als **Veltins**«, erkannte hingegen sehr richtig Herr Fry. Herr Quilitz lobte: »Ihr Werk hat das Zeug, zur Bibel der Bierfreunde zu werden. Trefflich Ihr lakonischer, oftmals geradezu poetischer Stil«, und der »gelernte Bierbrauer« Jens Herdam aus Peine war so freundlich, uns gegen die *Brauwelt*, das überparteiliche Rentnerfanzine des DDB, zu verteidigen, indem er einen Leserbrief gen Nürnberg richtete, der selbstredend nie das Licht der Publizität sah. Herdam vermutete, »daß die deutsche Brauerzunft entweder über wenig Humor verfügt oder für Kritik nicht sonderlich empfänglich ist. Sicherlich werden in dem benannten Buch subjektive Eindrücke geschildert, aber – Hand aufs Herz – kann man manche, gerade mal auf 11% [Stammwürze; J. R.] gequälte moderne ›Spitzenbiere‹ nicht wirklich nur noch mit einem ›bierähnlichen Kaltgetränk‹ vergleichen [...]? Wäre es nicht viel produktiver, die in den Eindrücken der Autoren enthaltene Kritik zu überdenken, anstatt die Verbandsjuristen zu bemühen oder gar einen Ost-West-Konflikt zu konstruieren? Ich jedenfalls bin gelernter Wessi, behaupte, meine Geschmacksnerven noch nicht ganz verloren zu haben, und habe so manche eigene Verkostungsresultate in den Ausführungen des Buches bestätigt gefunden. Ich meine, die deutsche Brauwirtschaft sollte sich lieber wieder darum bemühen, vollmundige, herzhafte und erkennbare Biere zu brauen und die verstärkte Herstellung und Bewerbung ›moderner, schlanker und eleganter Spitzenbiere‹, die kaum noch voneinander zu unterscheiden sind, zu überdenken.« Nutz- und folgenlos, Herdams Appell, der Startschuß war gegeben worden. Erfreulich für mich, entstand eine rege Korrespondenz zwischen Herrn Herdam und mir, inkl. Tips, Hinweisen und regelmäßig Sondersendungen Flaschenbier. Herzlichen Dank, Monsieur Herdam, Sie sind ein guter Mensch.

Herr Weber (Kronach) schloß seinen Brief: »Im übrigen läßt

die Kritiker kritiken, aber ›ihr, die echten Göttersöhne, erfreut euch der lebendig reichen Schöne!‹ (Goethe: *Faust I*,
›Prolog im Himmel‹!!!/Bierhimmel?)« Nicht minder er-
freute uns Götterhurensöhne die prima Presse, die brav die
passenden Worte fand. Rudolf und Roth »entfalten […] einen bierwissenschaftlichen Rundhorizont, der zu Zeiten, als
die akademische Welt noch nicht aus den Fugen geraten war,
mit links als ›Summa cum laude‹-Habilitationsschrift für
mindestens fünf Personen durchgegangen wäre. Die bleibende Größe ihrer Arbeit liegt nicht etwa nur in der enzy-
klopädischen Breite und zugleich Schürftiefe ihres Ansatzes,
genausowenig in der beinhart unbestechlichen Objektivität
ihrer Urteilsfindung in Bewertungsfragen, sondern letztlich
in der sich als Grundfesten zeitgemäßer Lexikographie
kreuzweise gegenseitig beglaubigenden Kombination von
animierter Subjektivität nach bestem Wissen und Gewissen
sowie wahrhaft interdisziplinärer, ethisch fundierter Kultur-
wissenschaftspraxis in der Nachfolge mindestens Wilhelm
Fraengers, Arnold Haus oder Aby Warburgs. Feinste Beseligung, ernste Bildung und schieres Vergnügen bietet dieses
Buch wie kein Lexikon je zuvor.« (Dieter Steinmann) Gut,
oder? Oder: »eine kritische Kultur- und Sozialgeschichte im
Lexikon«, das »ein hintergründiges Porträt des schäumenden Getränks [destilliert]« (*Ostthüringer Zeitung*, 17. Mai
1997); ein »Kultur-Buch. Das geben wir nimmer her. Da
wollen wir weiterlesen und immer weiter und immer mehr
wissen und immer mehr uns ergötzen« (*Frankenpost*, 26.
März 1997); ein »Opus magnum« (*FAZ-Magazin*, 20. Juni
1997), eine »abendfüllend-amüsante Lektüre« (*Die Woche*,
11. Juli 1997), ein »Sprachkunstwerk für die schöne Seele«
(*aktuelles*, Herbst/Winter 1997), »das standardsetzende
Werk« (*Marabo* 6/1997), dessen Texte »uns die Welt erklären, wie sie ist, und nicht, wie sie sein soll« (*DIE WELT*,
19. April 1997) usf. Kurz: »Dem neuen Standardwerk«
(WDR-*1Live*) und seinen keine Spur gefallsüchtigen Schöp-
fern ward attestiert: »Sie haben recht.« (*FACTS*, 30. April
1997) »Her für sie mit dem Bierverdienstkreuz!« (*Mendener
Zeitung*, 31. Mai 1997)

Aber dann hatte es sich mit eitel sonnigem Autorenwohlfühlglück; wäre nicht Herr Zureck (Wunstorf) dazwischengeschossen, den Nagel volle Keule auf den Kopf treffend:
»Ganz großes Kompliment! Vor allem für die Furchtlosigkeit, in der Sie Minderwertiges beim Namen nennen. Es wird
behauptet, Ihr Werk sei Satire. Ich denke eher, es ist bitterer
Ernst. Vor allem auch, weil den Brauern, die uns laufend im
Fernsehen mit ihren Spots bedrängen, kein ordentliches Erzeugnis gelingt, gerade den überregionalen nicht.« Das
stimmte und stimmt mehrfach. Bitterer finanzieller Ernst
wurde aus dem einen oder anderen Spaß; welcher simultan
Urteil sein sollte, anheischig sich machte, Qualität von unqualifiziertem Gebräu zu scheiden – was uns resp. den Verlagsanwalt in die Kalamität trieb, späterhin mit dem Blankoscheck der Satire zu hausieren, wo's um die Freiheit der
Erkenntnis, bei Bedarf des Verdikts zu tun war.
Bevor ich im Selbstlob ersaufe, kratze ich scharf die Kurve.
Während der Enthusiasmus zum Ausdruck kam, dem mutmaßlichen Lebensmittelpunkt der hiesigen Bewohnerschaft
eine sprachliche Gestalt verliehen zu haben, die nicht die
quälend blasierten, gleichdrögen Topoi der Reklame
bemühte, hauten die Betroffenen, unsere Brauer, um so verdrossener auf die Pauke, weil wir es wagten, nicht alles rundherum ähnlich genial zu finden wie die Verantwortlichen die
eigene Arbeit und die daraus bedauerlicherweise oft resultierende Plörre.
Bier! Das Lexikon, »dieses ernstgemeinte Lexikon« (Nils
Folckers: *Komik vor Gericht – Eine Dokumentation,* in: Nils
Folckers/Wilhelm Solms [Hg.]: *Was kostet der Spaß? – Wie
Staat und Bürger die Satire bekämpfen,* Marburg 1997), wurde
rasch – kein Indiz für einen Berufsstand, dem öffentliche Auseinandersetzung etwas gölte – ein verbotenes Buch. Es galt
passagenweise, urteilte der beleidigte *Fränkische Tag* (19. März
1997) vorab wg. unserer Schlenkerla-Begutachtung (»infernalische Brühe«), als »Straftat«. Am 20. Mai 1997, zwei Monate
nach Erscheinen, erging seitens der Licher Privatbrauerei die
Aufforderung zur Abgabe einer Unterlassungserklärung.
Zwei Tage später stoppte Reclam die Auslieferung.

Der Verlag unterwarf sich am 9. Juni, makulierte 2.000 Exemplare, rief den Rest zurück und lieferte Ende des Monats
die veränderte zweite Auflage aus. Anstelle des Licher-Arti-
kels erschien die luzide graphische Darstellung **Liegende
Druckbehälter**.

Nur soviel noch zu den bier- und betriebspolitischen Hin-
tergründen: Am 26. Oktober 1989 versandte die Licher Privatbrauerei an Kneipiers und andere Geschäftspartner ein
»Kundenrundschreiben«: »Seit Frühjahr kursiert das
Gerücht, daß die Licher Privatbrauerei angeblich radikale
Parteien mit Geldspenden unterstützen soll. In den letzten
Wochen müssen wir beobachten, daß das Gerücht immer
weiter um sich greift und sich auf eine angebliche Unter-
stützung der Partei der Republikaner verdichtet. Vereinzelt
lehnten bereits Kunden und Verbraucher den Bezug von Licher Bier ab. Bisheriger Höhepunkt: ein Artikel im *Gießener Anzeiger* vom 25. Oktober.« Dort war zu lesen: »Erstmals aufgekommen sei das Gerücht nach den Münzenberger
Festspielen im Frühsommer. Man habe dem anfangs keine
große Bedeutung beigemessen, habe dann aber feststellen
müssen, daß die Angelegenheit im September wieder ver-
mehrt aus dem Frankfurter Raum vorgebracht wurde.« Wir,
die professionellen Rufmörder, siedelten erst seit Oktober
1989 nahe des Mains. Heute, nach zehn Jahren, geben wir
zur Kenntnis, worum Licher dazumal bat: »Wir wären Ihnen sehr verbunden, wenn Sie all denjenigen, die dieses
Gerücht an Sie herangetragen haben bzw. noch herantragen,
die Stellungnahme zur Kenntnis geben würden.«

»Wenn's bei den Deutschen um Bier geht, dann geht's um die
Wurst. [...] Die Deutschen sollen das Bier, das man ihnen
serviert, schlucken und ansonsten den Mund halten«, kom-
mentierte *konkret* 8/1997 – und zwar auch bereits bezüglich
der nahtlos sich anschließenden Reibereien mit anfänglich
sogar elf mittelständischen Brauereien aus Bayern. Gewiß:
Beweise müssen vorliegen, stellt man Tatsachenbehauptungen auf. Das haben wir, meine ich, nie getan. Die Licher
Brauerei schickte dennoch ihre Anwälte – trotz verlagsseiti-
ger Beilegung – keine drei Tage später neuerlich los, diesmal

gegen Rudolf und mich. Die nächste Runde war Anfang Juli eröffnet, ein rechtlicher Konflikt, in dem es um die Gretchenfrage ging, was komischer Literatur zu artikulieren erlaubt ist: ob grundgesetzlich geschützte Meinungsäußerungen oder Tatsachenbehauptungen vorlägen, fände man bestimmtes Bier schlecht. Wodurch das eine vom anderen zu trennen sei, hieran scheiden sich nicht nur die juristischen Geister. Betreten wir, sobald wir uns der modernen Errungenschaft autonomer Urteilsfindung bedienen, das gesicherte Terrain der Freiheit, oder müssen wir vielfältiger Interessen, die tangiert werden könnten, gewahr sein? Ist es erlaubt, den abgeschafften Gott zu schmähen? Die Stützen des Staates? Dessen höchst entbehrliche, der Vernunft widerstreitende Institutionen, das Militär und die Kirche? Oder die Industrie? Oder das rechtschaffene Handwerk der Bierherstellung?

Während des sog. »Positivismusstreites in der deutschen Soziologie« widersprach Adorno der technokratischen Differenz zwischen neutraler wissenschaftlicher Erkenntnis und Werturteil und insistierte darauf, jede Kategorie sei »evaluierend« und interessengebunden. Die juristische Literatur und die Rechtsprechung sehen's enger und unterscheiden säuberlich die Meinungsäußerung vom Tatsachenkern. Allerdings kommen unsre Fachleute des weiteren nicht entscheidend zu Potte. Annette Roller, Verfasserin der Magisterarbeit *Bierernst! Der Rechtsstreit um das Buch* Bier! Das Lexikon *aus dem Reclam Verlag Leipzig* (1998), referierte einerseits, »daß eine Äußerung, die weder richtig noch falsch ist, über deren Inhalt sich also streiten läßt« – und über Bier läßt sich streiten, außer- und innergerichtlich –, »nicht als Tatsachenbehauptung anzusehen ist«. Der BGH proklamierte: »Ob eine Äußerung Werturteil oder Tatsachenbehauptung ist, richtet sich nicht nach dem Wortinhalt und der äußeren Form, in der die Veröffentlichung gekleidet ist, sondern nach ihrem Inhalt, so wie sie in ihrem Gesamtzusammenhang von den angesprochenen Leserkreisen verstanden wird.«

Was, zum Henker, ist der Inhalt? Was die Form? Und was der Zusammenhang, in dem der Inhalt erscheinen soll – *für* die Leserkreise? Und auf welchen geheimnisvollen Wegen weiß sich der Autor seine Leserkreise zu erschließen? Woher soll er wissen, wie die Leserkreise was und ob sie's richtig oder falsch verstehen?

Zwar erklärt uns die Hermeneutik, es existierten Erwartungshaltungen, stark divergierende Stufen des Vorwissens, festgefahrene Urteilsstrukturen, zeit- und ortsspezifische Lesererwartungen, Sinnerzeugungsverfahren usf., aber die Polyvalenz der Exegese vermag keine Theorie zu systematisieren. Folglich schiebt die Juristik das Problem beiseite und installiert den sog. »flüchtigen Durchschnittsleser«, über den so viel bekannt ist, daß er von Tuten und Blasen keinen Schimmer hat und demzufolge halt der Autor für die sog. Wirkung, die ein Satzpartikel hervorrufen könnte, haftbar zu machen sei. Wer mißverstanden wird, trägt Schuld und Verantwortung. Und muß sie, als Last der Entrechteten, Geschmähten und Beleidigten, tragen, bis er bricht.

Wenn ich das Gewirr halbwegs durchschaue, zieht Art. 5 des Grundgesetzes zur Meinungs- und Pressefreiheit sowie Freiheit der Kunst und Wissenschaft Grenzen dort, wo – nicht zwingend durch Tatsachen gedeckte – Äußerungen »schutzwürdige Interessen« Dritter, den »sittlich-personalen Geltungswert«, verletzen. Der Ehrenschutz orientiert sich am Begriff der Schmähkritik – dem wohl schwammigsten und daher in Prozessen gegen Satire und Komik oft bemühten Bestimmungskriterium hinsichtlich zu mißbilligenden Tadels, etwa einer Invektive, die »nicht mehr die Auseinandersetzung mit der Sache sucht, sondern die Diffamierung der Person« betreibt. Genießen Biermarken Persönlichkeitsschutz? Sind Getränke Menschen? Kann sich jede einzelne blamable Flasche Warsteiner auf ihre sozialen Geltungsrechte berufen?

Der Warentest, soviel scheint unzweifelhaft, darf mehr als die Polemik ad personam. Er stellt subjektiv und ohne Rücksicht auf wirtschaftliche Vor- oder Nachteile fest, ob ein Produkt mißraten oder gelungen ist. Seine Parameter: Sorgfalt, Bemühen um Richtigkeit, Offenlegung der Testbedingun-

gen (bei uns: zwei Menschen, zwei Gläser, Brot, Wasser,
Käse, Bier). Der persönlichen Idiosynkrasie müssen alle Optionen offenbleiben. Daß Rudolf und ich nicht adäquat her-
angegangen seien, daß wir den Leser getäuscht, weil unsere
Verfahrensweise nicht benannt hätten, hielt uns mancher
Brauer vor. Ein Blick in den Eintrag **Verkostung, die**
genügt: »Viele Sorten und Marken begleiten wir schon jahre-
lang, die einen mehr, die anderen weniger. Nur in den sel-
tensten Fällen haben wir uns zu Bieren geäußert, die wir allein oder lediglich einmal tranken. Flaschenbier wollte mit
Faßbier verglichen, aus erfahrungsgesättigten Eindrücken
auch von großen Marken ein definitives, unumstößliches
Urteil deduziert sein. Allein, es mangelte ab und an – unwil-
lentlich, ohne Vorsatz – an der Induktion, am Aufschreiben
z. B. aller relevanten Angaben. So fehlen hie und da entweder Alkoholgehalt oder Brauerei oder beides, weil wir im
Zorn oder im Augenblick seligster V. vergaßen, das Diktier-
gerät laufen zu lassen; oder wir schrieben alles geflissentlich
auf, verbaselten zu guter Letzt die Sache jedoch, weil das
entscheidende Stück Papier zum Zigarettenanzünden verwendet ward. Manchmal hatten wir keine Lust, und gesche-
hen sollte es auch, daß vor Ort, in der Kneipe, im Zwie-
gespräch mit dem Brauer *keine* Facts eingeholt wurden. [...]
Im persönlichen Disput zwischen den Autoren wurde manche Bewertung umkämpft und vertieft, Freundschaften
wurden auf- und Übertretungen des vierten Gebots angekündigt. Alles tags drauf willkürlich widerrufen. [...]
Nicht alles, was wir verfaßten, ist Klamauk und respektlose
Einlassung, ja Einmischung. Im Gegenteil: Vieles von dem,
was wir schreiben, ist wahr bzw. wird wahr werden.«
Geht's deutlicher? Bzw. schwankender, selbstwidersprüch-
licher? Sind größere Eingeständnisse der Fehlbarkeit denkbar?
Ein Bier, dessen Gesamtimpression in unseren Augen die
Würdelosigkeit streifte oder den Tatbestand derselben erfüllte, konnte, wollten wir glaubwürdig bleiben, nicht darauf zählen, als Person von Ehre angesehen zu werden. Wir
mußten das Kritikable kritisieren, der Lächerlichkeit preis-

geben, mal durch die Hopfenblume, mal Breitseite, mal verspielt, mal unmißverständlich. Andernfalls hätten wir lediglich die Tristesse der betriebsblinden, opportunistischen Bierprüfer Seidl, Höllhuber u. a. perpetuiert. Wir mochten keine Langeweile verbreiten. Zwecks öffentlicher Zurschaustellung irgendeines Einerleis, lautet das stille Gesetz der Stunde, dürfen keine Bäume sterben.

Ergo bedienten wir uns – meinethalben – bisweilen des »Mittels des Verstoßes«, eines legitimen – laut Satirerechtsprechung des Reichsgerichtes aus dem Jahr 1879. Genau: Auf dem Boden bewegen wir uns. Sucht man bestimmte Textsorten, die andere Techniken als jene der Berichterstattungsidiotie nutzen, zu klassifizieren, wird pawlowgleich das Satireetikett angepappt, um bloß nicht gucken zu müssen, *was* da steht.

»Ziemlich egal, ob nun Satire wirklich alles darf oder eben vielmehr nicht«, stellte Eckhard Henscheid klar (*Tucholsky und die Spätfolgen*, in: *Kulturgeschichte der Mißverständnisse*, Stuttgart 1997): »So gut wie immer wird er, der Satz, bzw. die Antwortvokabel ›Alles‹, zitiert und hervorgekramt, akklamatorisch oder im Gegenteil, ewig und einen Tag akkurat da, wo es ausgerechnet garantiert *nicht* um Satire geht […]. Ein in Wissenschaft, Feuilletonistik, aber scheint's auch in der juristischen Praxis so zähes wie geläufiges Großmißverständnis; eins nach der Art des bekannten Deutschaufsatzes, den der Lehrer, und sei er sonst noch so schön, jeweils mit dem unbarmherzigen Krakel ›Thema verfehlt‹ unterfertigt.«

Unterfertigt wurden zwischen Juli und September 1997 geschätzte fünfundzwanzig umfänglichere Rechtsanwaltsschreiben, Unterlassungsaufforderungen, Schutzschriften, Anträge, Rückrufe. Ich raffe die drei gerichtsnotorischen Fälle nun stark.

Sei konzediert, man darf heutzutage Meinung nur äußern, wenn sie Kunst ist – der Reservatcharakter des zweckfrei Ästhetischen erfüllt das Postulat der Wirkungs- und Folgenlosigkeit, sofern das Bild, die Sinfonie, das Gedicht die innere Einkehr fördern, andernfalls wären sie des Teufels und würden exkommuniziert –

– dann darf man sogar hoffen, gegen sturmlaufende Brauer seine Chance zu haben, weil sie *keinen* Zugriff auf Meinung = Satire = Kunst reklamieren können. Sei dem aber auch so, daß, wie die Justitiarin der Zeitschrift *Titanic*, Gabriele Rittig, mehrfach darlegte, deutsche Gerichte einfach nicht schnallen, wann Satire zur Verhandlung steht und wann nicht; und daß man die Meinungs- vor der Hammervokabel »Kunstfreiheit« schützen müßte, um nicht in die »ästhetische Falle« zu tappen und den Urteilen jede Schärfe und Relevanz (hier: Biere zu versenken oder sie zu empfehlen) abzusprechen –
– dann wird ersichtlich, weshalb unser Anwalt stets die satirische Aura unseres Kuddelmuddelbuches hervorhob: »Satire ist gelegentlich Kunst, muß aber nicht in jedem Fall Kunst sein, um am Schutz des Grundrechts – dann zumindest – des Art. 5 Abs. 1 GG teilnehmen zu können. Ob also der fragliche Text oder die Texte in dem Bier-Lexikon der Antragsgegnerin insgesamt künstlerische Qualität haben, bedarf keiner weiteren Erörterung.« (Schriftsatz an das Landgericht Bamberg vom 19. August 1997)
Mit dieser Setzung stand der Verteidigungsstrategie einer »satiregerechten Auslegung« nichts mehr im Wege. Zunächst pochte die Gegenseite auf die Unterzeichnung einer Unterlassungsverpflichtungserklärung, die alles verboten hätte (bei Zuwiderhandlung drohte ein Ordnungsgeld bis zu DM 500.000): von der Empfehlung, das **Aecht Schlenkerla Rauchbier Märzen** zu verklappen, der Geißelung bestimmter »Sauereien«, der Behauptung, das **Hersbrucker Lagerbier** sei »die Holland-Tomate unter den Brotzeitbieren«, bis zum Befund, man habe ein »erloschen und verlassen wirkendes Zwickel« getrunken, der Vermutung: »Hier haben die Brauer den Hopfen der Würze höchstens gezeigt« und dem Verdikt, **Wiesener Pils** »schmecke ›wie Warsteiner alkoholfrei‹«. Andernfalls würde man »die geeigneten Maßnahmen ergreifen« (ich verzichte im weiteren auf Nachweise). Am 11. August 1997 kam die Brauerei Wagner Eltmann vor dem Bamberger Landgericht mit ihrer einstweiligen Verfügung durch. Erneuter Auslieferungsstopp inkl. Rückrufaktion.

Um einen Eindruck von der Verhandlung zu geben, lassen
Sie mich aus dem Abschlußbericht unseres Anwalts zitieren:
»[Es] hakte der Vertreter der Antragstellerin ein und bestritt
jetzt erstmals, wenn auch einigermaßen ungeschickt, daß das
Eschenbacher Export ›durch subtilen Schleier getrübt sei‹, es
weise nämlich überhaupt keinen Schleier auf, so daß man
diesen auch nicht wertend als ›subtil‹ bezeichnen könne. Ich
habe dann etwas polemisch gefragt, wie er das denn, bezo-
gen auf das seinerzeit von den Autoren probierte Bier, glaubhaft machen wolle, worauf er den prozessual sinnlosen Versuch unternahm, insgesamt die Qualität des Bieres durch ein
noch einzuholendes Sachverständigengutachten unter Beweis zu stellen.«

Reclam feuerte am 8. September eine Presseerklärung ab:
»Insbesondere bayerische Brauereien taten sich mit den
satirisch-frechen Bierbeurteilungen des fachkundigen Auto-
renduos eher schwer und zogen vor Gericht. Zwei einstwei-
lige Verfügungen ergingen in dieser ›bierernsten‹ Angelegenheit. Eine Verhandlung vor dem Landgericht Bamberg
am 27.8.97 endete mit einem Vergleich, der dem Reclam Verlag Leipzig weiterhin erlaubt, über die Eschenbacher Privatbrauerei, Eltmann, vieles zu sagen, was die erregten Inhaber
verbieten wollten. Rechtzeitig vor der Eröffnung des
Münchner Oktoberfestes kommt es am 15.9.97 vor dem
Landgericht München zur Verhandlung dessen, was den
Brauereien Sperber, Sulzbach-Rosenberg, und Jacob, Bodenwöhr, nicht gefallen hat.«

Die Brauer brannten jedoch auf Vergeltung. Die dritte Buch-
fassung, bereit zum Verkauf, mußte zurückgehalten werden.
Erst unter Androhung gerichtlicher Schritte gegen diese
»Blockade« erschienen die Gegenparteien am 15. September
1997 vor dem Landgericht München I. Die Argumente waren nicht eben neu: Schmähkritik, Geschäftsschädigung,
Diffamierung usw.

Was lernen wir? Daß Satire entschieden ihre Grenze finde,
»wenn es nicht um Angelegenheiten von hervorragender öffentlicher Bedeutung geht« (Wann, wenn nicht beim Bier,
frage ich, handelt es sich um eine Angelegenheit von hervor-

ragender öffentlicher Bedeutung?); daß man während des
Warentests »angeben [müsse], welche Geschmacksmerkmale
der Tester wertet, wo seine persönlichen Vorlieben liegen«,
heißt: für jede Flasche zwanzig Absätze Explikation zur La-
borsituation, Trinkerbiographie und allgemeinen Bierphy-
siognomie, alsdann unser Buch auf jedermann zufriedenstel-
lende 3.800 unverkäufliche Seiten hochgewuchtet worden
wäre; daß man wg. »extrem groben Ausdrucks« die Klappe
halten solle (und das in Bayern mit seinem spezifisch fäkal-
durchtränkten »Humor«); daß, verfolgen wir keinen »ethisch
anerkennenswerten Zweck«, Kritik unterbleibt (sagt einer,
der Leute vertritt, die offenbar durch die Veräußerung von
Bier zum Selbstkostenpreis schwer löbliche moralische Ziele
verfolgen, etwa die Festigung und Mästung des süddeutschen
Volkskörpers); daß der Leser ja gar nie raffen könne, was Iro-
nie, Komik, uneigentliches Sprechen etc. sei und daher ab ovo
fehlgeleitet ist; oder wird oder wie; –
– daß andererseits, und nun schließt sich der Kreis, unsereins
ohne die Schutzzuweisung, Satiriker zu sein, keine Schnitte
gesehen hätte. Es ist zum Jammern und zum Heulen. Eigentlich zum Brechen. Wir pflichten Robert Gernhardt, dessen Betrachtung *Warum ich nicht gern Satiriker bin und
mich nur ungern als solchen bezeichnet sehe* (1984) im
Grunde alles erledigt, bei: »Landauf, landab ist mittlerweile
keine Diskussion über einen satirischen Text oder die Satire
als solche mehr denkbar, ohne daß er mit ›Was darf Satire?
Alles‹ eingeleitet, unterbrochen oder ausgeleitet wird. Hinter irgendeiner Schulmauer, einer Universitätswand, einer
Funkfassade oder einem Gerichtsportal in diesem unseren Land wird Tucholsky wohl tagtäglich zitiert, und bisher ist kein Fall bekannt geworden, daß ein Lehrer, ein Professor, ein Intendant oder ein Richter aufgestanden wäre
und ›Gar nichts darf sie, die Satire!‹ gerufen hätte oder
doch wenigstens ›Wissen Sie, was die Satire mich kann? Alles!‹«
Es war und ist dies Bierlexikongequäle ein sehr deutscher
und notgedrungen sehr richterlicher, oberlehrerhaft und
professoral aufgequollener Akt. Und der Gegenstand, der

rotzfrech doofe Buchklumpen, ohnehin nicht wörtlich auf-
zufassen; weil: ein Dokument des reinen Dafürhaltens,
vulgo: Schwallens. Bzw. der Kunst, der hehren.
»Magie eines Klassikerwortes«, schrieb Eckhard Henscheid:
»Es blendet, wie einst Goethe- und Schillersprüche geblen-
det haben mögen. [...] Satire? Was war damit noch mal?
Richtig: Darf alles.«
Oder eben auch nicht. Es kenne sich noch einer aus.
Bereits im Fall Eschenbacher hatte unser Vertreter extempo-
riert: »Die Antragstellerin verkennt [...] den Charakter dieses
satirisch gemeinten Buches, der sich dem Durchschnittsleser
durchaus erschließt. Da sie in ihrer Betroffenheit dies nicht zu
erkennen vermag oder nicht erkennen möchte, unterläßt sie
es, auf den von ihr beanstandeten Text die Maßstäbe anzu-
wenden, die allein der Satire gemäß sind. [...] Der Leser des
Bier-Lexikons [...] wird auf keiner Seite im Zweifel daran
gelassen, daß es sich nicht um ›bierernste‹, wortwörtlich ge-
meinte Aussagen handelt, sondern um eine vergnügliche und
stellenweise höchst unernste Auseinandersetzung mit dem
Gegenstand ›Bier‹.« Was war los, da wir uns doch, s. o.,
der Wahrheit in allen Punkten (der Anklage) verpflichtet hatten?
Anders: Was ist denn *Bier! Das Lexikon* für ein Wechselbalg?
Zum guten Teil Parodie der Verkostungsliteratur; zum guten
Teil Räuberei im Fundus der herabgesunkenen Sprachspiele;
zum guten Teil ernsthafte Qualitätsprüfung; zum guten Teil
Abschweifung; zum Teil Plauderei, Anekdote, Erzählung,
Witz, Gealbere, teils höllisches Wortgeklimper und -gespiele;
teils gediegene Aufklärung über Brautechnologisches und
bierhistorische Maßnahmen und Ereignisse; zum besseren
Teil ein Text, der mit dem Zaunpfahl schwenkend demonstriert, daß man der gespreizten Scheinobjektivität des kra-
wattengewickelten Etepetetestertums, dem aufgeblähten
Getue der grassierenden Besser-fressen-Zeitungskotzbrok-
ken nicht für einen Pfifferling traut; daß einem der Hoch-
glanzmüll und Zeitgeistschwurbel der krautigen Kulinar-
publizistik nicht unbedingt behagt. Und dies und das nach
Laune und allerbestenfalls völlig unsystematisch ineinander

verschlungen. Freilich apokryph und »mit Absolutheitsanspruch« (Roller). Und astrein hundertprozentig totalsatirisch.

Ergo viel Qualm um goar nix?

Nö. Das Zeitungswesen nahm sich der Gerichtsvorgänge schwungvoll an und bretterte los: »Preiß'n verklagt: Sie beleidigten bayerisches Bier« (*tz*, 16. September 1997), »Herbe ›Bier-Kritik‹: Brauereien klagen« (*Nordbayerischer Kurier*, 16. September), »Bier-Kritik stieß sauer auf« (*Nürnberger Zeitung*, 16. September), »Brauer schäumen: Keine Bierverhunzer« (*Mittelbayerische Zeitung*, 16. September), »An Bier-Kritik ›verschluckt‹« (*Fränkischer Tag*, 16. September), »Bei Bier kennt der Bayer eben keinen Spaß« (Münchner *Abendzeitung*, 16. September), »›Bier-Verhunzer‹ war zu viel« (*Straubinger Tagblatt*, 17. September). Ahnungsvoll jubelte schon am 23. Juli die Nürnberger *Abendzeitung*: »Mit einem genauso profunden wie frechen Sachbuch« hätten wir »einen hinterhältigen Anschlag auf den legendären Ruf einheimischer Bierqualität« unternommen: »Und die Stammtische biegen sich vor Lachen bei Testurteilen wie: ›Voll daneben. Voll verhauen.‹« Und weiter: »Obwohl diese bierologische Untersuchung [...] selbst der ausgepichteste Bierdimpfl ohne viel Grübeln als Satire entlarven kann, haben elf unwohl gesinnte Brauer [...] juristische Schritte angedroht« –: »Wir im Raum für volle Köpfe sitzen jetzt dumm im Wirtshaus und wissen nicht mehr, von was wir lustig werden sollen. Weil die zwei Hopfendoldi das letzte Nürnberg-Fürther Bier, das es überhaupt noch gibt, madig geschrieben haben. Und zu allem Überfluß liest sich das auch noch so schön.« Hinterher rückte die kluge *Süddeutsche Zeitung* (17. September) die Schädel zurecht: »Selbst in Bayern, dem Urland des Bierbrauens, werden in manchen Sudstätten Hopfen, Malz und Wasser derart ungenießbar zusammengepanscht, daß sogar militante Biertrinker ihre Halbe nach wenigen Schlucken voller Grausen stehenlassen. [...] Manches Bier, das ausgeschenkt wird, erfüllt den leider nicht existierenden Tatbestand der Geschmacksnervenverletzung [...]. Also, Bierbrauer, bayerische: Geht nicht vor

Gericht, sondern in euch! Braut endlich wieder Biere, die ihr
auch selbst gern trinkt!«
Gleichwohl: Der Braumeister mochte – partiell – nicht ruhen.
Mochte fortgesetzt nichts begreifen und ließ den Kleinge-
werbetreibergeist rastlos kreiseln. Der *Spiegel* 30/1997 kannte
den Grund: »Eine Nation, die in der Not Hopfen und Malz
verloren sieht […], ein so betreutes Volk läßt sich nicht von
zwei Möchtegernprofis die Autorität streitig machen.« Daher stieg zuletzt der Oberspaßmacher der Nation K. H. Heyse
in die Krachbütt. Seine Kommentatorenspitzenleistung anläßlich des haarsträubenden Remmidemmis erbrachte er per
Editorial unserer geliebten *Brauwelt* (31–32/1997), vollge-
packt mit Verschwörungstheorien und anderem gefährlichen
Kauderwelsch, betitelt – Sie ahnen es – »Was darf Bier-
Satire?«:
»Bier-Satire darf alles. Zu diesem Schluß kommt der *Spiegel*
[…]. Nun soll man bekanntlich über Geschmack nicht streiten. Aber bei den in diesem Buch abgegebenen Beurteilun-
gen einzelner Biere aus deutschen Brauereien sträuben sich
einem ausgebildeten Brauer mit halbwegs intakten Geschmacksnerven auch noch die letzten Haare. Das hat meiner Meinung nach auch mit Meinungs- und Pressefreiheit
nichts mehr zu tun. Erreicht dann eine Brauerei per Gericht
die Entfernung ihrer Eintragung und die Einstampfung der
ersten Auflage, dann versucht der Reclam-Verlag, den Absatz dieses sogenannten ›Bier-Lexikons‹ durch einen Beitrag
im *Spiegel* erneut zu puschen, indem die untersagte Passage
gleich noch mal wiederholt und auf einige besonders nega-
tive Kritiken eigens hingewiesen wird, wohl weil der Ver-
band Mittelständischer Privatbrauereien juristische Mittel
gegen das Buch angekündigt hat. Vielleicht bezeichnet der
Spiegel das Büchlein deshalb als satirisches Bier-Lexikon,
das damit über jede Kritik erhaben ist. […] Vergleicht man
die Befunde der beiden selbsternannten Bierkritiker mit denen aus der alljährlichen DLG-Verkostung, an der an der
VLB Berlin und an der TU München-Weihenstephan ausge-
bildete Brauer und Verkoster teilnehmen, könnte man schon
fast von einem West-/Ostgefälle sprechen. An Satire erinnert

das Buch dann letztendlich doch noch, wenn man sieht, wie
der eine oder andere Brauer mehr oder weniger diskret auf
die zufällig schlechte Beurteilung seiner Konkurrenz in diesem Machwerk im Bekannten- oder Kundenkreis hinweist.
Schadenfreude ist ja die reinste Freude, und diese scheint unter Brauern besonders weit verbreitet zu sein. Wie aus diesem Beispiel zu ersehen, lassen sich derartig rufschädigende
Pamphlete juristisch kaum verhindern.«

Was, schwanke ich – im Bunde mit dem Teufel, der DDR,
der Selbsternennung, dem *Spiegel* und sonst wem – unterdessen selbst, haben wir angerichtet? »Beinharte Satire [...]
mit ganz schön deftigen Sprüchen« *(Bild)*? Denn: »Dieses
Lexikon ist so ironisch« (*Bremer* 10/1997), einfach so ironisch?

»Mein Gott, was habe ich gereihert«, bekräftigte Leser Quilitz unser Urteil betr. **Weltenburger Asam Bock** und fuhr
fort: »Den in Ihrem Interview beim Deutschlandradio
geäußerten Worten glaubte ich schon entnehmen zu können,
daß Sie in der nächsten Auflage Ihres Buches einige zu harsche Äußerungen zu bestimmten Bieren zurücknehmen
oder zumindest umformulieren wollen, weil Ihnen einige
Brauereien bereits mit einstweiligen Verfügungen gedroht
haben. Sollten Ihre handzahmen Bemerkungen zu **Ureich
Premium Pils** und **Stuttgarter Hofbräu** bereits Reaktionen
auf angedrohte rechtliche Schritte sein? Was bedauerlich
wäre; schließlich handelt es sich bei Ihren Kommentaren um
Meinungen (nicht zu verwechseln mit der gleichnamigen
Bierbrauerstadt), und das Recht auf freie Meinungsäußerung
dürfte auch deutschen Gerichten heilig sein.«

Sein Wort dröhnend in Justitias sperrangelweit lauschendes
Ohr.

Beim Bier geht's um die Wurst, beim Bier geht's um die Koh-
len, die gut verdienende Kanzleien aus den Feuern unter
jenen Sudkesseln holen, denen wenig Bekömmliches
entspringt. Diesen Tatbestand wird kein Bierlexikon und
kein Gericht der Welt aufheben, es sei denn, die hiesige
Brauermehrheit käme zur Besinnung – wofür wenig Hoff-
nung besteht; im Unbeachteten, im Abgeschiedenen

aber die bekömmlichsten Beispiele gegeben werden –
bis der DBB zwischen Bamberg, Bayreuth und Nürnberg
den Kleinen die Hähne zudreht und die Flur bereinigt für
des Volkes herrliche Biergiganten König, Warsteiner, Licher
et al.

Dann allerdings braucht's keine Bierliteratur mehr, wie immer sie geartet sei, satirisch, wahrhaftig oder beides.

Sei voll! oder: Ein Land säuft ab

Man kennt seinen Russen ja. Zwar fliegt er ins All und bietet den Sternen die Stirn, baut Prachtalleen und Atommeiler, U-Bahnkathedralen und erstklassige Rennräder (oder Eishockeypucks?), leitet Flüsse um und entwickelt Kunstregen, sinfonische Kadenzen von schwermütiger Erhabenheit und Stalinorgeln; gründet Milchwerke groß wie Hochöfen und fertigt Zigaretten aus Spanplatten; ja, pflegt die Kunst des Frickelns, der Hundeabrichtung und des närrischen Parlierens. Doch andererseits hält er einem Präsidenten gewissermaßen widerwillig, aber stur die Stange, der rund um die Uhr neben sich steht oder zu Boden rauscht und »in der Welt« (U. Wickert) ein Landesbild vermittelt, das nur begrenzt fernsehtauglich zu nennen ist.
Was geht im Russen vor? Wie tickt er?
Technologisch gesehen verachtet der Russe, soviel wäre zu sagen, die Feinmechanik und präferiert die Gesamt- oder Paketlösung (siehe U-Boot-Programm). Sein Charakter gleicht dem eines Bären und seine Stärke der eines stolzen Greifs. Trotzdem, Schattenseiten werden unter den Eindrücken der leicht ins Stocken geratenen kapitalistischen Umwälzung zunehmend klarer. Neben der Konstruktion und Bedienung schneller Handfeuerwaffen liebt er den raschen Griff zum Glas. Seine Häuser läßt er implodieren, seine Felder verkarsten, sein Vieh setzt er auf den Hungerast. »Kein Hund kommt heraus, um den Fremden zu verbellen«, berichtete die *FAZ* am 28. November 1998 aus den Weiten der Taiga. »Das Krankenhaus praktisch geschlossen«, Kolchosemitglieder treten zum Glauben über, die Futtermittelproduktion ist eingestellt.
Schrumpfung und soziale Desintegration, wohin man blickt. Jelzin hält ein Nickerchen. Die Hauptstadt röhrt und tobt.

Das Land schlummert zart und trinkt. »Auf dem Dorf beschreibt man deshalb die Männer nach dem Grad ihrer Abhängigkeit vom Wodka« *(FAZ)* und zählt die Toten. Früh-
vergreisung und Debilität verdunkeln den Locus spiritus des
hinteren Riesenreiches – Wirrnis und Vernebelung statt
Elektrifizierung. Alle Menschen werden müder.

»Fünf Tage lang trank ich täglich eintausendfünfhundert
Gramm, um es zu Hause auszuhalten, und hielt es trotzdem
nicht aus«, gesteht der Brigadier Wenitschka in Wenedikt
Jerofejews alle Dostojewskische Schwall- und Rauschprosa
überflügelnder Novelle *Die Reise nach Petuschki* (1973, dt.
München 1978). Während seiner Zugfahrt gen Petuschki,
dem unerreichbaren Paradies, versumpft er derart konsequent, als gelte es, den edlen Vorsatz der »planvollen Gestal-
tung des gesellschaftlichen Stoffwechsels« (Engels) auf die
Reorganisation neuronaler und physischer Kapazitäten zu
richten. Friedrich Engels war ein kompetenter Zecher, Marx
stand ihm kaum nach, doch beide ächteten den Branntwein
ob seiner politisch dysfunktionalen, eben weniger beleben-
den denn sämtliche theoretische und Klassenkampfstrate-
gien verheerenden Wirkungen. Der Gesellschaft des Auf-
baus und ihren bürokratischen Apparaten zu entkommen,
»montiert sich« (E. T. A. Hoffmann) Wenitschka vollab-
sichtlich am Arbeitsplatz; die Genossen ziehen mit, er erstellt Alkoholdiagramme über Monatsleistungen und preist
den Segen geistiger Getränke – Cognac oder Eau de Colo-
gne: »O Freiheit und Gleichheit! O Brüderlichkeit und
Schmarotzertum! O Wonne, keiner Rechenschaft zu unter-
liegen! O glückseligste Zeit im Leben meines Volkes – o Zeit
zwischen Öffnung und Schließung der Geschäfte! Wir legten alle Scham und weitere Sorgen ab und lebten nur noch
für geistige Werte.«

Jerofejews Ode an den Suff ist dem Russen als solchem gewidmet. Er ästimiert die Freiheitsmomente, welche das
ruinös-komatöse Bechern spendet, jene im Alltag stabil ver-
ankerte rituelle Beseligung, die, wenn viel geweint wird, zum
endlosen Leichenschmaus gerät. Die Fahrt aufs Land, wo Russen sich heute, so die *FAZ* deprimiert, bevorzugt betrunken

spontan erschießen, gleicht einer Abfolge phänomenal humaner Augenblicke und steiler Erkenntnisgewinne: »Bitte sehr, die schenken ein und trinken, ohne sich im geringsten zu genieren. Die rennen nicht auf die Plattform hinaus, verrenken sich nicht die Hände. Der Stumpfsinnige kippt einen, grunzt und sagt: ›Ah! Die rinnt wie geölt, die Pisse!‹ Dann der Gescheite, kippt einen und sagt: ›Tran-szen-den-tal!‹«

Etwas Jenseitiges, Metaphysisches, etwas Unerklärliches haftet dem russischen Trunke an. Während der Weg des christlichen Europa in die Moderne über vornehmlich lutherische oder calvinistische Morallehren und deren Selbstdisziplinierungstechniken und -vorschriften verläuft, fließt weiter östlich orthodox der Wodka. Dem »Prozeß der Ernüchterung und Entkörperlichung«, wie Hasso Spode (*Die Macht der Trunkenheit,* Opladen 1993) den Gang der säkularen, sich industrialisierenden Gesellschaften unter Anteilnahme ihrer erst frömmelnden, dann agitierenden Temperenzler- und Abstinenzlerorden deutet, korrespondiert zwischen Brest und Wladiwostok die Konstanz narkotischen Zechens – mit steigender Entleibungstendenz. Allein, die Schnapsreligion und der Wille zum gottlosen Taumel gründen in spezifischen historischen Dispositiven.

Rußland ist ein echter Sonderfall, ein Territorium geschichtlicher Stagnation. Keine Debatte über Wirtshäuser und Parteibudiker erreichte je den Wodkakontinent, kein Mäßigkeitsbewegter bezwang je die großen Spritseen. Denn obschon nicht ausgemacht scheint, ob der Russe seinen Seelentröster selbst erfand oder litauische Kaufleute zu Beginn des 15. Jahrhunderts erstmals Wodka importierten – die sozial-institutionellen Bedingungen für den Dauervollrausch schuf er zweifellos.

Iwan der Schreckliche installierte Destillen und Schnapshähne, wie eine luzide Studie Sonja Margolinas in der *Berliner Zeitung* vom 17. Oktober 1998 zeigt. 1552 nahm er Kasan ein und wurde des Kabaks, eines rundum versorgenden Gasthauses, gewahr. Da der expandierende Zentralstaat erheblich gesteigerter Steuereinnahmen bedurfte, ordnete er die Errichtung von Kabaks zunächst in Moskau an und »ra-

tionalisierte« die Schenken zugleich, verbot nämlich Speise-
verzehr und bequemes Mobiliar. Vereidete Aufseher, Kneip-
wächter mit Beamtenstatus, überwachten die Funktions-
fähigkeit der neu geschaffenen öffentlichen Einrichtung,
konfiszierten hausgebrannten Spiritus, schufen ein Klima
der Gewalt und Bespitzelung und kontrollierten die Erfül-
lung des Trinksolls. Der »Typus des korrupten, rücksichts-
losen Kabak-Angestellten« war geboren.
Iwans Zwangsmaßnahme, durchaus ein Akt von Foucault-
scher Infamie, stellte die Reproduktion der Staatsapparate
sicher, während die Reproduktionsfähigkeit der Bevölkerung schwand. Eine Gesellschaft säuft ab, ein Herrscher
sieht Land: Im 17. Jahrhundert überziehen das Zarenreich
unzählige Spelunken und Tankstellen, die immense Steuer-
summen akkumulieren. »Unter besondrem Sporn des Berei-
cherungstriebs« (*MEW* 23, p. 641) schwingt sich der Staat
zum Ur- und Hyperkapitalisten auf und zwingt seinem
Fußvolk die Buddel an die Lippen, gerät allerdings – Dia-
lektik von Herrschaft und Rationalisierung – selbst in Abhängigkeit, eine nüchtern monetäre: »Eigenartig blieb die
Abhängigkeit des Staates vom Wodka, die Mitte des 19. Jahrhunderts ihren Höhepunkt erreichte. 1859 machte der
Wodkahandel 20 Prozent des inneren Warenumsatzes und
fast 46 Prozent der Staatseinnahmen aus.« (Margolina)
Eine Welt, zwei Sozialgeschichten des Alkohols: hie, vorneweg in England unter der Last der Branntweinepidemie (das
Festland und die USA reagieren notgedrungen später), von In-
dustrieinspektoren und Produktionsmitteleignern, also der
besitzenden und herrschenden Klasse forcierte, erpresserische
Kontrolle, Domestizierung, Trockenlegung, der maßvolle
Umstieg auf die organischen Alkoholika Wein und Bier, die
traditionellen Kräftigungs- und Nährmittel; da, womöglich
begünstigt durch die nachsichtige Haltung der russisch-or-
thodoxen Kirchen gegenüber den »Sorgenbrechern«, die Er-
haltung und Ausdehnung vormoderner Sozialakte wie Zu- und
Wetttrinken. Destillierter Alkohol sättigt und stärkt nicht,
sondern stachelt auf und zehrt aus. Das wild reizende Fluidum
wirkt, pharmakologisch betrachtet, dauerhaft stillegend.

Vielleicht spielt der russische Sonderweg in der wissenschaftlichen Rauschliteratur keine Rolle, weil er schwer zu
begreifen ist. Staatlich verordnete Wodkaexzesse zu jeder
Zeit und (mittlerweile) an jedem Ort unterminieren alle Versuche, Arbeit und sog. freie Zeit zu strukturieren und zu ver-
walten (Stechuhr einerseits, rebellische Handlungen wie
Blaufeiern und Maschinenstürmerei einhegende gewerk-
schaftliche Organisationen andererseits). Die Industrielle
Revolution zerstörte ländliche Lebensformen (»Alles Stän-
dische und Stehende verdampft«) und schuf eine neue Klasse
(selbst-)bewußter Lohnabhängiger, der Wodka verlang-
samte sämtliche gesellschaftlichen Verrichtungen und hielt
den Menschen auf dem Hofe fest.

»Während Bier und Wein in Zügen getrunken wird und der
Vorgang der Berauschung ein allmählicher ist, wird der
Branntwein *gekippt,* und der Rausch ist die sozusagen
schlagartige Folge. Einen Vorgang der *Beschleunigung* des
Rausches stellt der Branntwein dar, innerlich verbunden anderen Beschleunigungsvorgängen der Moderne«, schreibt
Wolfgang Schivelbusch (*Das Paradies, der Geschmack und
die Vernunft,* München/Wien 1980) über das England des
18. Jahrhunderts. Verkehrtes Rußland. Rußland erreichte nie
das Durchgangsstadium der bürgerlichen Gesellschaft mit
ihren regulierenden Überbauten. Den Sprung vom zaristi-
schen Absolutismus in den Sozialismus begleitete zwar der
Akzelerierungsstoff Wodka. Indes, jene, die hätten produktiv gemacht werden sollen, schliefen am Tresen ein.

Rätselhaftes Rußland. Es stimulierte, erhob die Schnapsin-
toxikation zur »Staatspflicht« (Margolina): »Der russische
Absolutismus bestrafte seine Untertanen [...] für schlechte
Trinkdisziplin.« Europa stranguliert die Abhängigen, indem
es sie bildet und ihnen die abstrakte Freiheit der Arbeits-
platzwahl und der Gesangsstunde zubilligt, der russische
Steuereintreiber statuiert »die ›freiwillige‹ Pflicht des Volkes,
sich im staatlichen Lokal zu betrinken«, unter Aufsicht und
zum Wohle der Autokratie.

Laut Spinoza anerkennt bereits der Kniende die Allmacht des
Schöpfers; i. S. Iwans des Schrecklichen anerkennt der – re-

signierende – Wodkaabhängige die Unveränderlichkeit der Welt, mithin den Staat. Bis heute. 1982 trieb die sowjetische Administration ein Drittel ihrer Steuern bei den selbster-zeugten Säufern ein. Gorbatschow, der Retter des Vaterlan-des, beherzigte Brechts spätes Diktum »Wozu brauchen wir noch zu trinken, außer ihr wißt Getränke, die nüchtern ma-chen« *(Me-ti – Buch der Wendungen)*, appellierte 1985 via *Prawda* an wen auch immer: »Laßt uns mit der Vergiftung des Volkes aufhören« – und führte, trotz späterer Aufhebung der Prohibition, den Zusammenbruch herbei. Schon 1925 hatte man die Wodkaproduktion legalisiert, nachdem sie 1918 verboten worden war. Um zu retten, was nicht zu retten ist, stellte Ministerpräsident Primakow jüngst – seine erste Amts-handlung – das in einem schäbigen Akt des Liberalismus 1992 abgeschaffte Staatsmonopol für Alkoholika als Conditio sine qua non der russischen Volkswirtschaft wieder her.

Der Kreis schließt sich. Rußland schwankt im Circulus vi-tiosus der Berauschung – eine tradierte und zugleich die »postsowjetische Realität, die ihren Ursprung im Trinkhaus hat.« (Margolina) Just dort, wo Karl Kautsky, den Absti-nenzlern um Viktor Adler scharf opponierend, 1891 den Hort politischer Reflexion und solidarisierender Gesellig-keit erblickte, im Wirtshaus (»Die Politik der Bourgeoisie kann desselben entbehren, nicht aber die Politik des Prole-tariats«), stürzt für Rußland singularstrukturell alles zu Bo-den.

Der Arbeiter, erkannte Friedrich Engels, »verlangt mit Ge-walt nach einem Stimulus von Außen; sein geselliges Be-dürfnis kann nur in einem Wirtshaus befriedigt werden«. Wo aber keine Arbeit, mutiert der Kopf zum Schankraum, den es zu fluten gilt, und der Schankraum zum Strohhalm des Staates, der Schnapslachen und -leichen anzapft und aus-saugt. Soweit, immerhin, hat es der (nachholende) Neokapi-talismus gebracht – daß er nichts Neues gebracht.

Quo vadis, Rußland? In den *Goldenen Krug* oder ins *Ab-sturz*?

Vom Affen zum Wein und zurück

Sommerzeit, Weinzeit. Wer nicht grillt oder Biergärten heimsucht, greift zum kühlen Glas Weißwein, und wer dies standortpolitisch verantwortlich tut, erwählt deutschen, rein deutschen, der klarer und feiner ist als alles, was die Rebstöcke der fremden Welt hergeben.

Sie meinen, ich spinne?

»Griechischer Wein, komm', schenk' mir ein!« sang der bundesdeutsche Balkonbürger vor Jahren, heute handelt er bewußter, legt Wert auf nationale Herkunft der schnöden Produkte und strebt den sog. »vollendeten Genuß« an. Jeder Bissen, jeder Schluck eine sensorische Sensation, suggeriert nicht nur die Werbung, die Eiscreme, Fischstäbchen, Chips und Cola lebensästhetisch drapiert, sondern eine expandierende Expertenbuchkultur, die sich bei Luxustrinkern und Normalverbrauchern gleichermaßen steigender Beliebtheit erfreut.

»Wein«, wußte Ambroce Bierce, sei schlicht »vergorener Beerensaft«, Lichtenberg stieg härter in die Eisen und behauptete, jener habe »manch große Tat hervorgebracht«. Was er nicht ahnen konnte: daß der Berner/Stuttgarter Hallwag Verlag nimmermüde Anstrengungen darauf verwendet, kompetente, exklusiv ausgestattete Weinkompendien zu produzieren, die dem grassierenden lukullischen Etepetete geben, was des Zeitgeistes ist.

Der einschlägig bekannte Weinjournalist Hugh Johnson zeichnet ebenda für die Reihe *Weinreisen* verantwortlich und schenkte Stuart Pigotts Band *Rhein und Mosel* ein Vorwort, das uns schwanken macht: ob denn hier, im Bannkreis der Eliteverkostung, noch alles mit rechten Dingen zugeht oder vielmehr jegliches Maß verlorenging.

»Der Wein«, hebt Johnson an, »strahlt mehr als alles andere,

was wir essen und trinken, die Atmosphäre seines Entste-
hungsortes aus. In ihm spiegeln sich [...] der Boden und das
Klima.« Wie machen die das, Boden und Klima? Sich so spiegeln? Und was erwächst, umgekehrt, dem Wein aus solch
rätselhaftem Vorgang? Sittliche Reife? Ich-Stärke? »Sein Geschmack und seine Persönlichkeit werden geformt durch die
Kultur einer Region«, raunt Johnson, als grüble Heidegger
über die Seelenverwandtschaft von Schwarzwald und dem
Holz einschlagenden Menschenschlag des gewöhnlichen
Landsknechtes.
Immerhin, laut Johnson verläuft die Entwicklung des Wei-
nes, ähnlich jener im bürgerlichen Roman, etwa Goethes
Wilhelm Meister, erfolgreich bis zur Etablierung des seiner
selbst mächtigen Individuums. »Am Ende«, jubelt er, »steht
dann der Wein, an den sich die Menschen in seiner Umgebung gewöhnt haben.«
Die Bildung aller fünf Sinne sei das Ergebnis der menschli-
chen Geschichte, dekretierte Marx. Vom Affen zum Indu-
striearbeiter führe der zunehmend komplexer organisierte
gesellschaftliche Stoffwechselprozeß. Wein, das hochherr-
schaftlich geborene Getränk, hat's einfacher. Er ist unter der
Obhut »jahrhundertealter Herrschaftsdynastien« gewachsen und gediehen und steht heute in schönster Blüte. Seine
Pracht sucht ihresgleichen. Voller Geheimnisse stecke der
Wein, tapfer verteidigt er das eigene Ich und die Region, der
er sich verdankt, gegen die furchtbaren Nivellierungsten-
denzen der Globalisierung: »Je reicher eine Region ist«, so
Johnson, »und je länger ihr Boden kultiviert wurde, um so
stärker werden dessen Eigenheiten auf die jeweiligen Pro-
dukte übergehen.«
Hugh Johnson – der Le Pen der Vinologie? Wein, das reine
Blut unseres Bodens? Wie viele Schläuche Rebenplempe
muß man weggeknüppelt haben, um einen derartigen
Summsstiefel zu verzapfen? Diesen quasi auf den Kopf ge-
stellten und kräftig durchgeschüttelten Marx (der, notabene,
kraftvoll kistenweise dem Wein zusprach)?
Der überbordende Mystizismus solcher Zeilen erschüttert.
Die wunderbare Welt des Weins scheint zu gleichen Teilen

eine des Wahns zu sein, einer Ackergesinnung, welche der elementarsten Kategorien entbehrt und der landläufigen Erfahrung hohnspricht. Der »Riesling vom Rhein«, schwenkt Johnson die Weihrauchtonne, kultiviere das »Aroma aus dem Boden«, und die wackeren, ehrlich deutschen Erzeuger verkörperten »die liebenswürdigsten Wirte« des »angenehmsten und offenherzigsten Weinlandes überhaupt«. Franzosen, Italiener, warm anziehen! »Gäbe es eine Olympiade der Gastfreundlichkeit«, dampft Johnson aus dem letzten Loch, »kein Land in Europa könnte es mit Deutschland aufnehmen im Wettstreit um die herzlichste Aufnahme«. Er *hat* zu tief ins (Gülle-)Faß geguckt.

»Kultur ist Reichtum an Problemen«, beschied Egon Friedell. »Alkohol ist keine Lösung«, entgegnete Harald Juhnke 1982 mit seiner gleichnamigen Autobiographie. Irgendwo dazwischen, im Nebelniemandsland der Gourmetliteratur, eiert der distinguierte Weinschmecker herum, dessen steifer Habitus und dessen Bedürfnis, einem Rauscherzeuger ziselierte Bennsche Tiefe zu verleihen, ihn auf die Evolutionsstufe des Affen mit Hut und Rebstock zurückwerfen. Meinethalben darf er liegenbleiben und jene Trauben anhimmeln, die immer weit droben hängen. Als Vorbild mag ihm der auch nicht ganz saubere Großweimarer und europäische Kulturstadt-Goethejahr-Goethe dienen, der, wahrscheinlich alkoholisch hoch stimuliert und »hochsterilisiert« (Bruno Labbadia), messerscharf deduzierte, es lägen »im Wein produktiv machende Kräfte sehr bedeutender Art«, um zu ergänzen: »Wein macht dumm«.

Wir, klug wie Lumpi, hängen das Getränkethema niedriger und nehmen nach diesem Text ein, sagen wir, fürstliches Kölsch aus der Dose zur Hühnerbrust. Oder doch besser belgische Limo light mit Glykolschuß.

Natriumwert 3.687

Schon merkwürdig, was die Spitzengourmets des Landes so treiben. Da glaubt unsereins, die acht gängigsten O-Säfte könnten kaum distinkt beschrieben, geschweige denn Wässer nach »Geschmack«, etwaigen »Wirkungen« und »Bekömmlichkeit« klassifiziert werden – und glatt liegt man meilenweit daneben.

Claus Arius' bei Heyne erschienene, 235 Seiten starke und 44 Mark verschlingende Pionierschrift *Mineralwasser – Der Guide zu 170 Marken aus aller Welt* (München 1996; siehe auch Rudolf, Karl) beweist nämlich das Gegenteil. Sie beweist, daß sich heutzutage über jeden Quark und jedes Geäff der gehobenen Ernährungs- und gastronomischen Nervensägenkultur ein richtiges Buch verfertigen läßt, das zudem vollstens im Trend liegt und gebraucht wird wie nix zuvor, denn »nie wurde so viel Mineralwasser getrunken wie heute, vom reinen Durstlöscher entwickelte es sich zur Lebenseinstellung«. Es muß dem kulinarischen Firstclassjournalisten Arius, dessen »Hauptinteresse« laut Klappentext »den Getränken – und hier im besonderen dem Mineralwasser« gilt, ergo eine wahre Herzensangelegenheit gewesen sein, mit so vielen edlen Getränken zu jonglieren.

Fürs Herz soll Mineralwasser (MW) ja gut sein. Stärken tut's die Nerven, spülen die Nieren, regulieren den Stoffwechsel. Die »große Fülle unsichtbarer Inhaltsstoffe« bilde »den Wert des MWs«, lehrt Arius, MW als solches, ob unter den 500 deutschen, etwa 60 französischen oder 38 belgischen Marken beheimatet, charakterisiere sein »wertvolles Innenleben«, »Quelleningenieure« bergen es aus horrenden Erdentiefen, und selbst im Falle einer »von der Mineralisation her eigenwilligen Quelle« kann sich der Konsument »bei jedem Schluck, den er trinkt, sicher fühlen«.

Das begrüßen wir. Doch wie ergeht es derweil dem MW-De-
gustator, der »zart perlendes« Kohlendioxid beobachtet
(»Es spielt eine große Rolle beim Trinkgenuß und geht von
etwa 8g/l bis zum völligen Fehlen«), der vergeblich Farbe zu
unterscheiden, Antrunk und Finish, Aroma und Bukett ein-
zuschätzen versucht? Was denkt der Herr Arius, wo es
strenggenommen gar nichts zu beurteilen gibt?

»Ein Buch über die edlen Wässer ist nötiger denn je«, erklärt
er selbstbewußt. Sensationelle 170 Marken wollten evaluiert
und vorher sogar getrunken werden. Respekt! Nein, das hat
er schon gut gemacht, und heraus kam nach fleißigem Saufen ein wichtiges Opus. Etliche Professoren wirkten mit, denen er brav Dank sagt, und alle »Aussagen in diesem Buch
sind von Autor und Verlag sorgfältig erwogen und geprüft
worden«, auf daß den hochglanzfarbig präsentierten wunderbaren MW-Flaschen und ihren gleichsam noch bravou-
röseren Inhalten kein Unrecht i. S. des »unlauteren Wettbe-
werbsgesetzes« (H. Faßbender) widerfahre.

Im Grunde ist das Herstellen von MW keine große Kunst,
man muß es halt heraufholen und gegebenenfalls »enteise-
nen«. Den Rest verfügte Gottes langmütige Natur, deren
Werken gegenüber sich Arius zu hoher Huld verpflichtet
weiß. So machte sie ein »Premium Wasser« namens **Canadian Music**, welches als »absolut geschmacklos« eingestuft
wird und »zum Kochen, Mixen, Eiswürfel, Partyspaß« geeignet sei. Sie machte in Ungarn **Hunyadi Janos**, das »stärkste Wasser« der Welt, nötigte mal zu ungeheuren »Bohrungs-
tiefen«, mal zu deutscher Pumptechnologie (c/o Rumänien).
Drei Sorten kennt der Fachmann, diverse Anwendungsgebiete vom einfachen bis zum heilenden Trinken. Und neben
dem mineralischen Profil jedes einzelnen MWs wertet und
bewertet Arius auch wortreich-engagiert dessen »Geschmack«: »neutral«, »weich«, »neutral«, »salzig«, »neutral«,
»neutral«, »neutral«, »absolut neutral«.

Neutraler läßt sich diese interessante Rezension nicht be-
schließen. Nur gestanden sei noch, daß wir ab sofort das russische **Essentuky** mit seinem »überwältigenden« Natriumwert von 3.687 zu unserer absoluten Hausmarke küren und

des weiteren in einer geschmacklosen Welt, die aus Salz, Brot und »Partygag«-Mineralwässern besteht, dann eigentlich doch absolut keinen Bock zu leben und zu loben haben. Und dergestalt lieber den zirka 8.000 global wegzustiefelnden Bieren auf der Spur bleiben.

RECLAM-BIBLIOTHEK

Öde Orte 2

Neue ausgesuchte Stadtkritiken: von Aalen bis zur Zugspitze

Herausgegeben von Jürgen Roth und Rayk Wieland
Illustriert von F. W. Bernstein
315 Seiten. RBL 1662. 19,80 DM
ISBN 3-379-01662-4

»Gelang ihnen mit ›Öde Orte 1‹ eine erste höchstvergnügliche Rundreise durch unsere Lande, setzen sie nun mit ›Öde Orte 2‹ diesen Weg der Fremd- wie Selbstentdeckung fort.«
die tageszeitung

»Ich freu' mich schon richtig auf ›Öde Orte 2‹. Endlich mal was anderes!«
Elke Heidenreich, Brigitte

»Unser Flehen wurde erhört.«
Die Welt

»Fast schon ein Kultbuch.«
Buchhändler heute

»Die ätzenden Stadtkritiken in ›Öde Orte 2‹ kennen keine Gnade.«
Cosmopolitan

»Die Autoren schrecken vor nichts zurück.«
Sender Freies Berlin

Gerhard Fischer/Jürgen Roth
Leben voller Fallrückzieher

Fußballer erzählen – von Fritz Walter bis Lothar Matthäus

352 Seiten. RBL 1640. 20,– DM
ISBN 3-379-01640-3

Wer fiebert nicht mit, wenn unsere Jungs sich in den Kampf um das runde Leder stürzen. Aber wer weiß schon, wie es in den Fußballer-Seelen aussieht?

»Leben voller Fallrückzieher« bringt Licht ins Dunkel. Wer wissen will, was die Stars des deutschen Fußballs bewegt, der sollte nicht den Gazetten vertrauen, sondern ihre Bücher lesen. Mehr als 150 Autobiographien der letzten fünfzig Jahre haben die Autoren Gerhard Fischer und Jürgen Roth gesichtet, bejubelt und bekrittelt. Sepp Maier, Gerd Müller, Franz Beckenbauer, Berti Vogts, Paul Breitner, Edmund Conen, Uli Stein und viele andere Heroen des Rasens kommen zu Wort.

»Roth und Fischer haben das Genre um ein lesenswertes Buch bereichert.«
Neue Züricher Zeitung